U0896643

The Irrational Ape

Why flawed logic puts us all
at Risk, and How Critical Thinking can save the World

非理性决策

在信息焦虑的时代如何掌握真相

[爱尔兰] 大卫·罗伯特·格兰姆斯 著　　朱晔 译

上海文化出版社
SHANGHAI CULTURE PUBLISHING HOUSE

果麦文化 出品

目录

第四部分　谎言、大谎言和统计数据

第五部分　世界新闻

第六部分　黑暗里的微光

引子
Prologue

斯坦尼斯拉夫·彼得罗夫（Stanislav Petrov）算不上家喻户晓的大英雄。这不是一个人们嘴边会经常提到的名字，也没有被刻在丰碑上。不过，我们每个人现在能好好活着，都应该感谢这位默默无名的苏联人。

为什么这么说呢？这要追溯到 1983 年 9 月 26 日，当时彼得罗夫还是苏联的一名防空军中校，在莫斯科城外一处名为“谢尔普霍夫 - 15”（Serpukhov-15）的防御工事中任指挥官。这个工事中装有“苏维埃导弹预警系统”（OKO），也就是苏联监视敌人的眼睛。时值美苏冷战的白热阶段，双方正剑拔弩张，美国在欧洲各地部署了核弹系统，彻底激怒了克里姆林宫，美苏之间的关系变得前所未有地紧张。而就在一个星期之前，苏联击落了一架韩国的民航班机，机上 269 名乘客全部遇难，其中包括一名美国国会议员。

时任美国总统的里根随即宣布苏联为“邪恶帝国”。两个超级大国之间的关系加速恶化，战争一触即发，两方势力纷纷揣测是否会爆发核战争。事实上，当时美苏两国都掌握了火力极为强大的武器。早在 20 世纪上半叶，物理学家们就已经发现了核聚变的神秘力量，向人们展示了恒星是如何制造巨大能量的。在随后的几十年里，美苏双方都为此投入了大量资源，它们想打造足以毁灭所有城市的强大核武器。在如此强大的火力面前，不可能有胜利者，只能有幸存者。

正是在这样的历史背景下，在 1983 年 9 月的这一天，当预警系统

“发现”五枚美国导弹闯入苏联领空时，“谢尔普霍夫-15”立即发出了哀号般的警报。令人难以置信的事情变成了现实：核战争迫在眉睫。对于这种情形，斯坦尼斯拉夫·彼得罗夫早已受过长期的演练，上级给他的指令也非常明确：按照职责向上报告，表示战争已经爆发。而上级的反应也只会是一种：苏联将发射一连串的核弹。尽管苏联会遭到毁灭性的打击，但它也能摧毁美国。而在交战过程中，世界上其他任何一个国家都会非常不幸地沦为两大巨头的共同目标，因为双方都会确保摧毁任何一个敌对势力，以免它们得以苟延残喘，起死回生。

对于如此恐怖而且悲惨的前景，彼得罗夫比任何人都清楚。他还知道，一旦消息逐级上报，苏联的军事指挥官们将会忙不迭地予以还击，摧毁敌人。只要他反应慢一点，就等于把多一点的军事优势拱手让给了美军，他身边的其他军官也会立即察觉到。在这样的决断时刻，容不得片刻迟疑。在如此巨大的压力下，彼得罗夫却做出了一个不同寻常的决定。他给值勤军官打了个电话，平静地报告说 OKO 系统出错了。在场的同事们都惊愕不已，但指挥官的话就是最终的命令。接下来，大家只能静静地等待，要么是中尉判断准确，要么就全体被烧为灰烬。

此刻我们都还在这个世界上，就证明彼得罗夫的直觉是准确的。当时他的思路非常简洁：美国一旦发动进攻，必然不遗余力，以求全面摧毁苏联的导弹防御系统，将敌人从这个星球上彻底清除掉。美军肯定也知道苏联会进行反击。因此，如果发动进攻，肯定是极为密集的强烈攻击。然而区区五枚导弹却与此战略相去甚远，而且地面雷达系统也未发现任何进一步的证据。权衡斟酌之下，彼得罗夫得出结论，系统功能故障才是更为合理的解释。事后证明，他的分析完全正确——OKO 系统探测到的看似凶险的“弹头”不过是几片来自低云的投影，被探测器误读了而已。

彼得罗夫在做出反应前经过了冷静的思考，才避免了一场全面的核灾难。无论如何，他都应该被视为拯救世界的英雄。可他不仅未获嘉奖，反而遭到了谴责，其表面原因是他未能把危机过程中的全部行动详细地记录下来。他在多年后回忆时表示，这在当时根本无法做到："我一手拿着电话，一手拿着对讲机，我可没有第三只手。"实际的原因是，苏联军方对于先进的防御系统出错一事恼羞不已，急于推卸责任，彼得罗夫就成了替罪羊。他在郁闷之下精神崩溃，第二年就离开了军队，进入一所研究机构工作。除了苏联军方高层，没人知道他采取的这些行动，当然也没人知道我们曾经如此接近灭顶之灾。彼得罗夫的事情直到 1998 年才被公之于世。而他始终非常谦虚低调，直到 2017 年离世之前，都一直强调只是尽到了自己的职责而已。也许他说得没错——可如果当时换成一个不那么慎重的指挥官，情况又会如何呢？

在整个冷战期间，此类事件远不止这一次。早在 OKO 事件发生的 20 年前，也就是 1962 年 10 月 27 日，在古巴导弹危机的关键时期，还曾发生过更令人揪心的事件。当时赫鲁晓夫和肯尼迪正在进行紧张的外交斡旋，以避免战争爆发。与此同时，北大西洋的海底却酝酿着另一场双方都不知情的危机。苏联的潜艇 B-59 被美国海军发现后，立即潜入深海，与外界失去了联系。在美国伦道夫号航空母舰（USS Randolph）和另外 11 艘驱逐舰的追赶下，B-59 潜艇一连好几天都无法与莫斯科取得联系。潜艇上没人知道战争是否已经打响，也不知道接下来要做什么。

为了迫使潜艇浮出水面，以便识别身份，美军接连投下深水炸弹。结果不出所料，苏联方面将此视作侵犯行为。当时潜艇上的三位高级指挥官——艇长瓦伦丁·萨维茨基（Valentin Savitsky），政委伊凡·赛莫诺维奇·马斯连尼科夫（Ivan Semonovich Maslennikov）和舰队司令瓦西里·阿尔希波夫（Vasili Arkhipov）——立即开会研究对策。在无法联系到莫斯科的情况下，B-59 潜艇有权自主决定应对威胁的策略，必要时也有权使用潜艇所载的一枚 T-5 核鱼雷。美军当时完全不知道潜艇上装有核武器，还是不依不饶地追赶。

B-59 潜艇里面的气氛变得压抑而沉重。空调系统已经失灵，逼仄拥挤的舱室内温度攀升至 50 多摄氏度，热得像桑拿间，让人无处可躲；二氧化碳的浓度已经上升到危险值，氧气浓度则越来越低——这一切对于做出理性决策都极为不利。饮用水也开始短缺，船员们每人每天只有可怜的一杯。美军投放的深水炸弹令 B-59 潜艇不停地剧烈摇晃，根据情报员瓦季姆·奥尔洛夫（Vadim Orlov）的描述，每一次攻击“我觉得都像是坐在一个金属水桶里，外面有人不停地用大锤子敲打水桶”。在如此艰难而紧张的情形下，艇长萨维茨基心烦意乱，认定战争已经爆发。他宣布：“上面可能已经战火连天了，而我们却困在海底不停地翻跟头。我们要狠狠地反击。就算牺牲自己，也要把他们全部击沉，绝不能让苏联海军蒙羞。”他命令船员将 15 千吨当量的核鱼雷瞄准伦道夫号航空母舰。

马斯连尼科夫也表示同意。按照正常程序，只要获得艇长和政委的许可，一个决定就可以执行。不过阿尔希波夫作为舰队司令，地位与萨维茨基相当，B-59 潜艇若要发射核武器必须获得三位长官的批准。当时萨维茨基和马斯连尼科夫都决定实施打击，最终的决定权就落在了阿尔希波夫宽阔的肩膀上。只要他一声令下，伦道夫号就会被核武器摧毁，从人间蒸发。而此举也必将成为引发第三次世界大战的导火索。无论是克里姆林宫还是白宫都不知道，此刻正进行着一个关乎全球生死存亡的决定。用历史学家小亚瑟·M. 史莱辛格（Arthur M. Schlesinger Jr.）的话来说：“这不仅仅是冷战时期最危险的一刻，也是全人类历史上最危险的一刻。”

不过，舰队司令处理这种紧急情况还是很有经验的。就在一年以前，他在 K-19 潜艇上服役时，该潜艇的核反应堆冷却系统发生了故障。为避免核反应堆堆芯熔毁，阿尔希波夫和船员们临时组装了另一个冷却系统，勉强躲过一劫。在抢险过程中，船员们遭受了超高强度的辐射，但万幸的是，反应堆堆芯熔毁的惨剧得以避免。这起事故是苏联海军史上颇不光彩的一页，但阿尔希波夫在事故过程中表现得英勇果敢，赢得了广泛的尊敬。如今，在闷热难耐的 B-59 潜艇里，所有人的目光都投向了他。面对在场的各位军官，他果断地否决了他们发动攻击的请求。众人随后展开了激烈的争辩，但他始终认为，一旦发射 T-5 核鱼雷，势必爆发全面核战。他坚决表示，没有获得全面翔实的信息就贸然行事是极其愚蠢的举动。非但如此，他还敦促大家及时上浮，与莫斯科取得联系。

阿尔希波夫最终说服了他的同事。白宫也终于获知在北大西洋发生的这场追逐战，并下令不再干扰 B-59 潜艇，允许其驶回苏联。直到很久以后，莫斯科和华盛顿才渐渐回过神来，意识到世界大毁灭与自己擦肩而过；多亏了阿尔希波夫冷静的头脑，人类才免于这场末日浩劫。几十年后，美国国家安全档案馆馆长托马斯·布兰顿（Thomas Blanton）言简意赅地说过这么一句话："一位名叫瓦西里·阿尔希波夫的人拯救了全世界。"

无论是彼得罗夫还是阿尔希波夫都未曾得到应有的认可，人类亏欠他们的太多了。他们设法避免了世界末日的到来，而且两人的行动有一个共同点，就是在千钧一发的紧要关头，做到了理性思考，最终拯救世界。在面对难以想象的巨大压力时，他们依然能够遵循逻辑和概率，进行清晰的推理。正因如此，才有了我们如今这个世界。也许我们自己不会有机会亲自避免核灾难，但也应该从这两位苏联的无名英雄身上学到一点：审慎客观地进行理性思考绝对是一项至关重要的能力。

导言：从荒唐到暴行
Introduction: From Absurdity to Atrocity

反思与推理是我们最精湛的技能之一，可能也是我们人类这一物种最杰出的特征，无疑还是我们成功的秘诀。不过从某些方面说，我们能在这个星球上占据绝对的主导权，也有些意外。作为地球上的一个物种，人类没有什么特别出众之处，不过是没有毛皮、两足行走的猿，身体条件乏善可陈。我们无法像其他灵长类动物那样在树上灵巧攀爬；和那些捕食性动物相比，也不够强壮；在自然状态下，只能在陆地上活动，既不能飞，也不能长时间待在水中，更别提待在水下了。但是我们拥有一份上天赐予的最了不起的礼物，那就是大脑——包裹在颅骨这个保护罩里的那一千克多带有黏稠胶质的肉乎乎的物质。我们独特的大脑拥有非比寻常的力量。从人类踏足这个星球起，这一力量不仅弥补了我们缺少尖牙利爪的先天不足，更是帮助我们一步步攀升到生物链的顶端。

化学信号与电流信号在我们的大脑中发生微妙的反应，由此产生了让我们之所以为人的各种特征，如语言、情感、社会、音乐、科学与艺术，而这些都源于我们的思考能力，以及与他人分享这些思考的能力。是这种交流能力与理性思考的无穷潜能，让人类取得了非凡的成就。头脑赋予我们改造世界的能力，让大自然屈从于人类的意志。我们始终怀着旺盛的好奇心，勤于思考、勇于探索，如饥似渴地了解这个精彩纷呈的世界，更想明白我们在浩瀚宇宙中的位置。人类曾潜入最深的海底，解锁原子的奥秘，甚至还能挣脱地球的束缚。我们在进化史中的称谓恰如其分地体现了这些特征——智人，即智慧的人、爱思考的人——这既是对我们的描述，也表达了我们的意愿。

不过，尽管我们的头脑有种种优点，也免不了会有缺陷。人类与生俱来的硬件条件固然优越，犯错却在所难免，有的无伤大雅，有的却生死攸关。人类在历史上饱受错误的困扰，如今我们比以往任何时候都更迫切地想知道，错误到底会发生在哪儿。从不靠谱的保健知识到不断涌现的虚假新闻与病毒式宣传，生活中的招摇撞骗之徒有增无减。这些倒不是什么新问题，但它们影响的范围却今非昔比。在我们生活的这个时代，只需动动手指就能通往人类知识的宝库，但讽刺的是，这种自由也给我们带来了各种曲解、虚假信息和讹传谬误，传播之快，范围之广，都前所未有。

当然，我们也不用灰心——人类的头脑可以制造错误，自然也能从错误中学习进步。若我们能找到谬误的根源，就可以规避错误思维带来的后果。如果我们想在面对似是而非甚至完全荒谬的刺耳喧嚣时，仍能做出正确的决定，就必须学会从噪音中分辨出有用的信号，并时刻警惕那些不由自主萌生的错误推理。这听上去有点难，但是我们有个得天独厚的优势，那就是理性思考的能力。对此，我们能找到很多定义，《牛津英语词典》中将理性思维定义为："客观分析与评估事物以进行合理判断的能力。"

其中所提及的"分析"是至关重要的。如果我们能够学会追踪每一条定论的逻辑终点，就能得到比本能或直觉更可靠的结论。我们往往会仔细审视他人的信念，但是却很难以同样的态度反思自己。我们必须遵从客观证据的引导，对于错误的想法与观念，不管我们多么喜欢，都要做好丢掉它们的打算。问题不在于我们是否喜欢这个结论，也不在于它是否符合我们偏爱的世界观，而在于这个结论是否源于客观证据和逻辑思考。

这一点非常重要，因为我们对世界的理解从本质而言都是有偏差的。瑞典统计学家和医生汉斯·罗斯林（Hans Rosling）在对全球数千人进行调查时，询问过从医疗到贫困等方面的客观问题。他的研究结果多次表明，无论智商与教育水平怎样，人们对这个世界的了解都非常贫乏。人们的很多印象与观念都与实际数据不符，也远比事实依据更为悲观。究其原因，罗斯林认为，是因为人们的印象往往是依赖媒体报道形成的。他评论说："如果你靠媒体来塑造自己的世界观，就好比通过我脚丫的照片来了解我这个人。"当然，如今的媒体信息比传统的电视、报纸与广播形成的三巨头时代要丰富多了，大多数人会通过互联网，特别是社交网络来获取新闻与信息。但是在这种环境中，失去了约束传统媒体的监管与规范，虚假谣言很容易生根滋长。

我们也特别不善于辨别虚假信息。2016 年，斯坦福大学的研究者曾测试过初中生、高中生和大学生对不同文章可信度的评估能力。用研究者的原话来讲，结果"令人灰心"，而且形成了对"民主制度的威胁"。总体而言，年轻学生们很容易被误导，把可疑的信息来源当作正当的途径，甚至不知道该用什么方式评估信息来源的合法性。只要网站"看上去"不错，或是社交媒体账号被很多人关注这种表面现象就足以蒙骗这群生长在数字时代的年轻人。比如，研究者要求斯坦福大学的本科生阅读关于同性伴侣养育子女的文章。文章分别来自美国儿科学会和美国儿科医师学会，前者是颇具声望且值得信赖的专业机构，而后者则是公认有"恐同"倾向的组织。令人沮丧的是，学生们认为这两个机构同样值得信任，既没有考虑网络以外的信息，也没有进行基本的事实核查。

在社交媒体上分享传播的文章中，59% 是由那些根本没读过文章的人转发的。阅读需要花费精力，相比之下，随手转发一些标题抢眼的文章，可以轻松获得点赞，也不需要花费什么脑力。这种社交因素可谓至关重要。网络分享比传统媒体更容易引发过度沉溺的行为。《科学》杂志在 2014 年曾刊登了一项研究，其中发现，相比于在电视或报纸上看到一些不道德的行为，人们在网络上看到同类行为会产生更强烈的愤怒。其中一部分原因是，负责选材的新闻制作人与网络平台都靠读者转发来获得收益。有良知的传统媒体过去主要依靠负责任的新闻播报来获得收益，可如今实体销售量锐减，就连他们也不得不转投互联网的怀抱。那么，什么决定了网络转发呢？强烈的感情。2017 年《美国国家科学院院刊》（PNAS）上也刊登了一项研究，发现带有强烈道德情感色彩的用词会显著增进政治类题材的文章在社交媒体上的传播。但这样做的代价是，人们就成了喷射怒火的引擎，总是在有意无意间寻找最刺激最耸动的内容，却不会考虑其真实性与社会价值。

群情激愤固然很酣畅，但根本不能有效地解决问题。要说有什么用，那就是让我们愈发固守各自的小团体。强烈的感情容易催生密切的交往，但这往往只限于思想观念一致的团体内部，而不会跨出团体之外。这种集体共鸣和相互应和会让人产生满足感，但说到底只是表象而已。愤怒并不是一种复杂深刻的情绪，它像三棱镜一样，把有着微妙差别的情况扭曲成简单的二元对立，在它的误导下，原本复杂的人物被拙劣地简化成童话剧里的英雄或反派。越来越多的证据表明，随着传统媒体的衰落，信息也变得碎片化，情况令人担忧。通过组织各种来源的信息，我们可以随心所欲地制造出各种独家八卦。但整体而言，我们未能客观公允地审视这些信息。我们会放大那些符合我们内心偏见和成见的信息，而剔除那些对我们内心想法形成挑战的信息。用保罗·西蒙（Paul Simon）的话说，“人们只听自己想听的话，对其他意见则不予理睬”。现代话语形式的即时性，意味着我们更追求速度而不是信度，更看重反应而不是反思。

这一切变化造成的后果实在令人忧心。2018 年《科学》杂志刊发了一篇有关当代话语破碎结构的大规模研究的论文，分析了 2016 年至 2017 年间共计 12.6 万个相互有出入的新闻报道，其发现引人深思。无论从哪个指标看，骗局和谣言都远远盖过了真相，错误信息占据了叙事的绝大部分篇幅："在各种信息类型中，虚假信息都明显压倒了真相，它们传播得更远、更快、更深入，也更广泛。相比于有关恐怖主义、自然灾害、科学技术、都市传说或者财经新闻方面的虚假信息，在政治新闻中这一效应更为突出。"一则新闻能在多大范围内被流传分享，主要决定因素依然是文章中涉及情绪的内容，而精心炮制的虚假新闻往往可以引发厌恶、恐惧或愤怒等情绪。

虚假新闻会滋生不信任，让我们变得更加两极分化。不仅如此，虚假新闻还很难纠正，揭穿谣言可比制造谣言费力多了。尽管一些消息缺乏客观依据，也常常前后矛盾，但只要它们传播快、覆盖面广，总能成功地引起人们的关注。如果多种来源的消息指向同一个结论，哪怕这些消息彼此并不一致，也会显得更为可信。这种手段并不是为了令人信服，而是要让我们深陷大量相互矛盾的新闻故事中，不知不觉地进入困惑混沌的惰性状态。所有这一切会对我们的信念产生巨大的影响，伏尔泰也早就对这种危险提出过警告："凡是让你相信荒谬的人，也必然能让你犯下暴行。"

200 年后的今天，美国战略情报局（OSS）也会认同伏尔泰的真知灼见。他们在二战期间对希特勒所做的心理学画像，就给出了令人信服的解读：

> **他的主要原则是：永远不要让公众的热情冷却；永远不要承认错误；永远不要承认敌人也有可取之处；永远不要留下回旋余地；永远不接受指责；每次对付一个敌人，把所有的问题都说成是他的错；相比起小谎言，人们更容易相信大谎言；只要你不断重复，人们迟早会相信。**

战略情报局的报告不仅生动描绘了这位史上最恶名昭彰的独裁者，还准确勾勒出了独裁的本质。要想维护独裁统治，就必须摧毁人们的批判能力，追踪捕捉我们内心的偏见，并充分利用我们思维中的各种失误。作为一个狡诈而高超的演说家，希特勒天生就深谙心理学中所谓的“虚幻的真相效应”。也就是说，我们在反复多次听了之后就很容易信以为真。当然，他并不是第一个认识到这一点的人。据说拿破仑·波拿巴也曾说过类似的话：“最重要的修辞手段只有一个，那就是重复。”研究表明，仅仅多次重复错误信息会让我们对不确定的消息更加迷惑，有时甚至可能误导我们，即便知道了正确答案也仍会接受错误的观点。

现实竟能被如此轻易地篡改与侵蚀，这着实让人不安。我们都亲眼见证着当今政治事件中不断出现的这类问题。这不仅不利于我们了解身边的世界，也有损于社会的凝聚力。广泛传播的虚假消息损害了我们对社会、政府机构以及彼此之间的信任，而捕风捉影的不实报道常常会很快填满怀疑和猜忌留下的空白。雪上加霜的是，全人类正面临着很多亟待解决的严峻挑战，气候变化日益恶劣，冷战时期的地缘政治思维再度抬头，抗生素耐药性问题也日趋紧迫。在人类历史上，我们人类的行为从未像今天这样，产生如此长远的影响。

尽管我们拥有精妙复杂的大脑，但仍是感情化的动物。我们是非理性的猿类，总是免不了妄下结论并草率行事。我们创造出难以想象的毁灭性武器，但是却把它们交给了反复无常的情绪。正如伟大的生物学家爱德华·威尔逊（E.O.Wilson）所说，人性真正的麻烦是我们有着“旧石器时代的情绪、中世纪的体制，以及天神般的科技”。

当然，我们每个人头脑中或多或少都存有一些妄念或幻想。但我们可能尚未意识到，这些想法会明显影响甚至改变我们的感知。思想从来不会孤立存在，信念也不是存在于真空之中。我们遇到的各种信息都构成了威拉德·范奥曼·奎因（W. V. Quine）所谓的“信念之网”，我们的思想深陷在这个网中，哪怕是一个可疑的信念都会对其他信念产生一连串的影响。比如，所谓接种疫苗会导致自闭症的说法后来被证实为谣言。对此，哲学家艾伦·杰伊·列文诺维茨（Alan Jay Levinovitz）

做出了以下分析：

> **为了把“接种疫苗会导致自闭症”这条信息加入你的信念之网中，你必须弱化自己对于“科学权威”的信心，同时增强其他更高阶的信念的力量，这样就能给自己提供足够的理据。那些一直关注有关疫苗争论的人们，对这些高阶的理据和信念就再熟悉不过了：自然的总比不自然的好；科学家都是被大型制药厂控制的；不能相信主流媒体；自己最知道什么是对身体有好处的。**

那些阴谋论者也常常会说类似的话。阴谋论中的各种信念总是遥相呼应，紧密交织。一旦某人接受了阴谋论，就会觉得身边处处充满了阴谋诡计。

正因如此，我们变得日益分裂甚至相互对立。民主本来就是一个脆弱的理念，我们共享这么一个世界，如果不能在一些基本事实上达成共识，又怎么能期待去处理好眼前的各种问题呢？我们的出路，就是采用科学方法中最核心的理性思维，对各种想法做谨慎的检验。那些经得起批判考验的思想可以被暂时接受，而那些经不起深究的想法，无论看起来多么美好，都应该被抛弃。这个方法在本质上并不算是科学，说到底只是为我们的宏观决策提供一个科学的语境，让我们不急于盲目接受各种想法，而是先检验。反过来说，这也意味着这种理性的思维方法并不仅限于处理科学问题。分析思维可以用来处理各个领域中的各种问题，包括各种生活决策、选择合适的保险，甚至避免全球灾难发生。学会像科学家那样去思考，我们就能拥有所需的思想武器，用来评估和判断我们身边蜂拥而至的各种言论与信息，冷静思考，去伪存真。更重要的是，我们还能练就一双慧眼，看穿其中可疑的论断与混淆视听的伎俩。

这双慧眼不仅能让我们做出更好的决定，更是我们获得自由的根本保证。理性思维是煽动分子最讨厌的事情。在1995年发表的一篇文章中，意大利伟大的小说家与哲学家翁贝托·艾柯（Umberto Eco）历数了所有法西斯意识形态共有的14个特征。他的观察主要来自历史上的独裁政权，但人们发现许多特征在当今民粹主义的政治运动中大有死灰复燃之势，实在令人担心。其中最主要的，是企图损害人们批判性思维的反智主义和反理性主义的邪恶思潮。艾柯指出，对法西斯运动及其同类而言：

> **思想也是一种阉割形式。所以，只要文化中存在批判性的态度，那就是可疑的。对知识分子的不信任始终是永恒法西斯主义（Ur-Fascism）的症状之一，这既体现在戈林的陈述（“只要听见有人谈论文化，我就会拔枪”）中，也常见于各种类似的表达，例如“堕落的知识分子”“书呆子”等。**

这类运动总是试图压制理性思维，大肆侮辱进步人士，其背后的动机其实也不难理解。如果一个社会看重理由与证据，勇于挑战错误观念，对表里不一的欺诈手段保持警惕，那就不会被独裁者的各种伎俩所蒙蔽。这种分析性思考能力对我们而言并非是与生俱来的，它要求我们必须审慎思考而不是被动地做出反应，要重视信度而不崇拜速度。虽然这些能力不符合我们的直觉，但也是可以通过后天学习而掌握的。

有人可能觉得理性是智力的副产品。但实际上，智力与理性的关系并不大。高智商和低智商的人同样可能存在理性障碍，即具备思考的能力却仍然无法做出理性的思考和行为。理性与智商不同，它是可以逐步改善并提高的。2015年一篇精彩的论文评估了日常决策中偏见对人们的影响。评估结束后，一部分受试者观看了有关自身逻辑错误的视频，并参加了有助于消除偏见的互动游戏。数月后，当这些人再次面对类似的问题时，参加过培训的那些受试者进步显著：他们较少有人会重复原来的错误，反而更有可能辨别出可疑的信息。

作为一名科学工作者，我有幸接受过多年分析性思维训练。时至今日，我依然在不停地汲取新知识，纠正旧错误。作为科学思想的传播者，我更有机会接触到不同的人，倾听他们在科学与医药方面的见解，他们的疑虑与困惑也给我提供了可贵的启发。在过去几年间，我花了很多时间来澄清和普及公众关心且存有争议的问题，比如癌症之谜、气候变化、疫苗接种和基因改造等。在这一过程中，我也见识过与逻辑混乱和非理性相关的阴暗面：居心叵测的阴谋论、误导性的救世运动，甚至还有因此白白死掉的生命。我希望所有这些经验和教训，能让我们变得更加敏锐机智。

我写这本书的目的，是要说明我们犯错的主要原因，然后探讨如何让我们每一个人都学会运用分析思维和科学的方法，这不仅有助于提高我们的生活质量，还能让整个世界变得好一点。当然，想用一本书就说清楚这么多内容，不免有些愚蠢和狂妄，我只是把那些主要的有误导性的问题与思维方式展示出来。我不想把它写成一本教科书，相比于摆事实、讲道理，故事更能引起读者的共鸣。因此书中每一个话题都是通过一些真实有趣的故事展开的，这些故事来自世界各地，从古至今，有些滑稽荒诞，有些惨烈沉重。

本书共分六大部分，每部分有一个贯穿始终的主题。第一部分“不讲道理”探讨了人类理性思考的能力。理性是人类最伟大的禀赋之一，而幻想出来的逻辑也会招致灾难。第一部分的几章都是关于逻辑的重要性，并探讨毫厘之差如何可能让我们落入灾难的深渊。第二部分“纯粹又简单的真相？”主要涉及我们身边无休无止的各种争论和辩论，探讨言语的伎俩是如何扭曲我们的思想能力，从而让我们被煽动与摆布的。

第三部分“头脑的陷阱”揭示了我们对自己生活细节的描述也是不可靠的。我们自己的思想、情绪、记忆与感觉比想象中的更容易被改变。我们将逐一分析引人误入歧途的各种潜在偏见、心理误区和感知盲点。第四部分“谎言、大谎言和统计数据”将关注当今世界无所不在的各种统计数据和数字信息。这些数字的真实意义常常遭到误读，而大多数人在数据方面茫然无知，也难免遭人算计利用。

我们获取信息的方式与来源也在很大程度上影响着我们的感知。在这个意义上，媒体对我们的影响远远超过了我们自己所认为的程度。第五部分“世界新闻”将告诉读者，我们通过电视和社交媒体所接收的信息也塑造了我们的感知。而我们的信息来源也会轻而易举地误导我们的思想。最后第六部分“黑暗里的微光”着重介绍了理性思维与科学方法，以及我们该如何运用这些工具来改善周围的世界。这几章将着重厘清科学与伪科学之间的微妙差异，介绍怀疑论的非凡力量，并说明批判性思维如何帮助我们改进决策，甚至也许拯救世界。

我并不希望让读者觉得科学家是完美无缺的，事实正好相反。作为人类，我们都会犯错。犯错总是难免，但我们也能从中汲取经验教训。分析思维与科学方法也并非科学界的独门绝技，而是属于我们每个人的能力。科学家不是高居奥林匹斯山巅妒火中烧的天神，而是乐于分享火种的普罗米修斯的后裔。我们这个时代充满了阻碍真相的谣传和刻意的操纵，我们比以往任何时候都更迫切地需要获得去伪存真的辨识力，但难度也更大了。由此我坚信，无论是艺术家还是会计师，警官还是政客，医生还是设计师，我们都急需掌握分析思维的能力。让我们从人类最基本的能力——理性——开始谈起吧。

第一部分 不讲道理

Section I: Without Reason

不愿使用理性的人，是偏执；不能使用理性的人，是愚蠢；而不敢使用理性的人，就是奴隶。

——洛基阿尔蒙德的威廉·德拉蒙德

（William Drummond of Logiealmond）

1 不正当的主张
An Indecent Proposition

听起来可能有些奇怪，中世纪的天主教会勾心斗角的政治权谋，不亚于小说家乔治·R. R. 马丁（George R. R. Martin）在《冰与火之歌》（*A Song of Ice and Fire*）中刻画的场景。在云谲波诡的梵蒂冈宫斗剧情中，最离奇、最有戏剧性的，当属公元 897 年 1 月间所发生的一系列事件。故事发生在宏伟的圣约翰·拉特兰大教堂（Archbasilica of St John Lateran）的审判室，刚刚上任的教皇司提凡六世（Stephen VI）正在大发雷霆，控诉他的前任教皇福尔摩苏斯（Pope Formosus）犯有伪证和腐败的罪行。面对激烈的控诉与指责，福尔摩苏斯始终面无表情、一言不发。不过，他的沉默并没有让在场的人感到奇怪，因为福尔摩苏斯早在审判开始前八个月就死了。

尽管如此，福尔摩苏斯的尸身还是被挖了出来，被支撑着坐好，身上披着教皇的服饰，另外还有一名惊慌失措的执事被指派来替他发言。毫无意外，福尔摩苏斯（这位教皇的名字意思是“英俊”，与他死去多日的状况有些违和）在整个过程中始终保持沉默，不卑不亢。按照教会控诉的理据，沉默就是有力的罪证。司提凡宣称说，真正无辜的人是会为自己辩护的，既然福尔摩苏斯毫不辩解，那他就一定有罪。于是，司提凡立刻做出判决，宣布这位尸骨已寒的教皇福尔摩苏斯有罪，还下令将他左手的三根手指切断，让他永远无法主持圣礼，这样福尔摩苏斯也就绝无可能再给自己增添什么成就了。

那骇人的场景事后被称为“僵尸审判”（Synodus Horrenda）。民意也从此转而开始反对司提凡。[1]当然，司提凡也不是傻瓜，这场审判的真正动机是赤裸裸的政治斗争。被扭曲的逻辑只不过是这场骇人听闻的事件的借口，让毫无正义可言的闹剧披上看似理性的外衣。不过，司提凡也没能得意太久。897 年的夏天还没过去，他自己就被投进牢狱，被人勒死。至于针对福尔摩苏斯的“死后制裁”，教廷认为是出于政治而非宗教虔诚的原因，因此没有理会，巧妙地让整件丑闻随着时间的流逝，最终被人淡忘。但该事件背后蕴含着一个重要的教训：幻想出来的逻辑是如何误导我们的。

理性思考的能力是人之为人最显著的标志。我们是善于思考的动物，而且拥有了解这一事实的元认知能力。每个人都在努力掌握各种或抽象或具体的概念，不断学习历史、预期未来。而这一切的基础就是理性思考的能力，它像是一点星火，照亮了最黑暗的角落。尽管人脑的能力卓越，成就非凡，但也不是永远可靠的机器，我们会频繁犯下大大小小的各种错误。有鉴于此，心理学家理查德 · E. 内斯比特（Richard E. Nesbitt）和李 · 罗斯（Lee Ross）评价说：“哲学中最古老的悖论之一，就是人类思维取得的丰功伟绩和犯下的惨痛失误，两者之间形成强烈的反差。对于各种复杂微妙的推理问题，人类的解决能力不逊于最先进的电脑，可同样是这种生物，在简单的日常事务中也常常做出错误的判断。”

仅仅拥有一个强大的头脑是不够的。我们还要确保它训练有素，才能处理好更加棘手艰难的情况。

我们不妨用电脑来做个简单的类比。如果没有相应匹配的软件支持，即便拥有最高配置的硬件，电脑也无法正常运转。人脑固然结构完

1　福尔摩苏斯最终被恢复了名誉，并被穿上罗马教皇祭衣重新安葬，但他的苦难并未结束。几年后，残暴好色的塞尔吉乌斯三世又推翻了赦免。有消息称，为了以防万一，他甚至又切下了福尔摩苏斯尸体的头颅。这个消息的真伪很难确定，不过就算在最邪恶的中世纪教皇中，塞尔吉乌斯也算得上是特别臭名昭著的一位，被当时的人描述为“恶棍，应该被吊死，被火烧死”。

美、复杂精妙，但理性思考远不止于简单的直觉判断，需要学习才能熟练掌握。不健全的思维会导致不正确的结论，计算机科学家们常常念叨“垃圾进，垃圾出”，可见也是老生常谈了。被誉为计算机之父的查尔斯·巴贝奇（Charles Babbage）早在19世纪中期就曾发出过感慨：“‘巴贝奇先生，请问如果把错误的数字输入电脑，会出来正确的结果吗？……’我始终没办法理解，是怎样混乱的想法才能让人问出这种问题。”

当然，人类并不是电脑，而是完全另外一种东西。我们有能力深思熟虑，也会基于直觉做出快速反应。比如，在判断一件事是否构成威胁的时候，我们会考虑有没有类似的情况。这类经验法则被称作“启发法”（heuristics），是人类与生俱来的能力。这类思维捷径并非总能提供最佳方案，也不会永远正确，但足以应对大多数的情况，而且不会耗费太多宝贵的认知资源。更重要的是，这类经验判断往往依赖直觉，我们几乎不假思索就能完成，得到结论。这种“急智”非常有用，在漫长的史前文明时期，人类时常需要在瞬间做出生死攸关的快速反应。

不过，我们今天所面临的大多数重要抉择都需要进行细致和深入的思考。启发法虽然有用，却不适用于我们眼前的挑战和问题。无论是地缘政治还是医疗保健，这些问题都不能单凭无意识的直觉做判断，在这些情形下，任何下意识的反应都可能造成灾难性的后果。如今人类面对的大多数问题都不是非黑即白那么简单，也没有直截了当的解决办法。事实上，这些问题就像是光谱上深浅不一的不同色调，此消彼长，相互制衡。那些最为紧迫的问题通常并没有显而易见的最佳方案，要做出正确的决定，就必须反复斟酌思量，根据各种信息不断对其修订完善。

所幸我们不是只有条件反射和本能直觉，我们还能够分析思考、收集信息、逻辑推理、发挥想象，最终做出结论。其实在一些细小的方面，我们一直都是这样做的，比如日常选择、查找路线、规划未来等。

不过，虽然我们以拥有逻辑与理性为傲，却也总免不了会犯错。长久以来，人类一直苦于头脑的各种陷阱，也很难规避各种逻辑错误。在这方面，有大量的例子可以说明幻想出来的逻辑会经常让我们产生错觉，甚至一点结构上的错误就能完全颠覆整个论点。这类错误影响到人类生活的很多方面，从政治到医疗等各种领域，都曾让我们付出了惨重的代价。

这并不仅仅是学术问题。我们聪明的头脑引领我们一路走到今天，可我们还是免不了因为思虑不周而屡屡犯错。要想纠正错误，最重要的是找出错在哪里。人类今天面临的挑战绝非寻常小事，从医疗方案到国家政策，我们一直在不停地解决复杂问题，不断评估各种风险与收益。作为一个整体，从气候变化、疫情蔓延到全球冲突，人类也面临着前所未有的生存挑战。只有运用理性思考的能力，我们才有机会找到务实的建设性方案，解决这些冲击。要解决层出不穷的现实问题，我们可不能拍拍脑袋，随意听信各种不成熟的想法。那么，真正严谨扎实的理性思考与其他漏洞百出的妄想之间，到底有什么差别呢？

这也是数百年来众多思想家特别关心的问题之一。古希腊的哲学家们就花了大量时间深入探究逻辑的结构，也为今天的数理逻辑打下了基础。这一基础学科不仅有着精巧严谨的理论价值，在实践中也有着极大的应用价值，从搜索引擎到太空飞行，从比萨外卖到应急救援，这一切的基础都有赖于数理逻辑。严密精准的逻辑推理绝不是学者与工程师的专属特长，无论是日常所见所闻的各种措辞言论，还是解决问题所用的各种工具和方法，其中最根本的基础都是逻辑推理。

为了说清楚，我们把“论证”定义为得出结论前的一连串推理步骤。当逻辑存在内部缺陷时，所造成的思维错误就叫“形式谬误”(formal fallacies)。要充分说明这个问题必须借助抽象的数学知识，但我们只需关注几个必要的概念即可。一个合理的论证，需要符合两个条件：(1) 有效的结构；(2) 正确的前提。结构有效是指论证的结构或者框架正确。被公认为西方哲学之父的苏格拉底曾经给出一个经典的例子：

前提1：所有的人都会死。
前提2：苏格拉底是人。
结论：因此，苏格拉底会死。

这就是“演绎推理”（deductive reasoning）的经典例子，我们可以从前提中直接推演出结论。奇怪的是，苏格拉底并没有留下相关的记录，我们只能从与他同时代的思想家色诺芬（Xenophon）和柏拉图那里略知一二。至于这些流传下来的内容在多大程度上继承了他的哲学思想，其中所描述的究竟是一个真人还是理想化的人物形象，都还存有争议，与之相关的重重谜团被称作“苏格拉底问题”。我们确实知道的是，他于公元前399年被雅典城邦判处死刑，服下毒芹身亡，除此之外，相关史料都语焉不详。尽管他是被处决的，但我们的论证也表明，这位伟大的哲学家最终也难免一死。一个论证要成立，最重要的条件是整个逻辑结构必须正确，这样就能从前提推导出结论。让我们看几个瞎编的前提：

前提1：希腊哲学家是穿越时空的机器杀手。
前提2：苏格拉底是希腊哲学家。
结论：因此，苏格拉底是穿越时空的机器杀手。

尽管听起来非常荒诞，但逻辑是成立的。只要接受前提，就可以得出随后的结论。很显然，仅仅是逻辑句法成立是不够的，演绎论证若要站得住脚，不仅要逻辑成立，还要前提为真。上面几个例子比较简单直白，很容易让人觉得合理推断是一件轻而易举的事情。但其实并非如此，和世界上所有的事情一样，逻辑推论的成败也取决于细节。形式谬误是论证的逻辑结构出现了小错误，导致整个论证不成立。有些谬误可能非常隐晦，别有用心的长篇大论中往往暗藏着逻辑陷阱。让我们再回头看看狡诈的教皇司提凡在控诉前任时是如何论证的。

前提 1：无罪的人会为自己辩护。

前提 2：福尔摩苏斯没有为自己辩护。

结论：因此，福尔摩苏斯是有罪的。

这里的结论是从一个根本站不住脚的说法推论得来的。事实上，无罪的人也可能因为种种原因选择不为自己辩解，例如为了保护他人，或者拒绝承认一个昏庸的法庭，或者就像福尔摩苏斯这样的特殊情况：已经死了。这种逻辑谬误叫“否定前件”，或者“反谬误”。仅仅因为条件 X 意味着条件 Y（“无罪的人会为自己辩护”），就认为缺乏条件 X 就意味着缺乏条件 Y（“福尔摩苏斯没有为自己辩护，因此他是有罪的”），这显然是错误的。这个论证尽管从表面看似合乎逻辑，但却有内在的缺陷。古希腊的学者们早就指出过这类反谬误的危害，却无法阻止这类错误的出现。在随后的几个世纪里，总有一些像教皇司提凡那样别有用心的人制造谬误，混淆视听。

这类逻辑谬误通常能得出看似合理的结论，更重要的问题反而被掩盖了起来，因此更需要谨慎思考才能察觉。例如，因果之间就可能被颠倒。如果说条件 X 意味着条件 Y，那么我们似乎也可以合理地反过来认为，条件 Y 也意味着条件 X。我们再以苏格拉底为例，可以做出下面的推断：

前提 1：所有的人都会死。

前提 2：苏格拉底会死。

结论：因此，苏格拉底是人。

至少从表面上看，这样的说法也没错。两个前提合情合理，结论也看似顺理成章。不过，尽管这里的结论为真，整个论证却是无效的，仅仅因为条件 X 意味着条件 Y，我们并没有理由就此认为条件 Y 也意味着条件 X。这样的逻辑错误叫作“肯定后件”错误，也被称作“逆谬误”。这类错误其实非常普遍，因为它的逻辑结构虽然不严密，却推导出了看起来正确的结论。不过，这种推理只能依靠碰运气。即使能得出看起来合理的结果，整个论证结构依然是无效的。如果我们把例子中的“人”替换成“狗”，两个前提依旧正确，却推导出了错误的结论：

前提 1：所有的狗都会死。
前提 2：苏格拉底会死。
结论：因此，苏格拉底是一只狗。

我们再来看一个更切实具体的例子。

前提 1：巴黎在欧洲。
前提 2：我在欧洲。
结论：因此，我在巴黎。

对于巴黎 221 万市民而言，这样的结论也许是真的，但对于欧洲 5 亿人口中的绝大多数人而言，这绝对是错误的。在这里，“肯定后件”引出了一系列错误的结论，如果把都柏林、伦敦、柏林、布鲁塞尔或其他许多地方的居民都认为是在巴黎城内，可能还会引起大规模的地铁延误，埃菲尔铁塔前也会排起长队。就算对巴黎市民而言，这样的结论也未必正确。这类错误虽然经不起推敲，却常常在论证中被用来误导他人。

上述例子中的逆谬误很容易被察觉。但如果使用巧妙，伪装高超，许多精明的人也免不了受骗上当。广告商大量使用这类谬误来兜售奢侈品，从香水到跑车无所不有。广告中常会出现这样的典型画面，充满魅力的成功人士非常渴望某件商品，似乎在暗示观众，对那件商品心生渴望就能让你也变成富有魅力的成功人士。故事的逻辑就是，最终买下那件商品就能增添个人魅力、提升社会地位。其实，任何人只要见过发福的中年人开着跑车的画面，就知道这个结论并不成立。

除了撩拨人们的虚荣心，逆谬误还可能使某些居心叵测的论调也看起来合理。2001 年 9 月 11 日，恐怖主义极端分子同时行动，劫持了四架美国客机。美国航空 11 号航班以每小时 790 公里的速度撞向纽约世贸中心双子塔北楼 93 层至 99 层之间。几分钟后，美国联合航空 175 号航班以每小时 950 公里的速度撞向双子塔南楼 77 层至 85 层之间。剧烈的撞击让两座高楼顿时陷入浓烈的黑烟之中，随后被熊熊烈火吞噬。由于大楼主体结构不堪承重，上午 10 点 30 分时，两座大楼先后坍塌，场面惨烈，举世震惊。

与此同时，在美国的另一端，劫机者驾驶着美国航空 77 号航班撞向了五角大楼。而在美国联合航空的 93 号航班上，英勇的乘客们冲向劫机者，不惜牺牲生命，最终迫使飞机提前坠毁，没有撞向原本位于华盛顿政治中心的目标。当混乱最终化为飘着浓烟的废墟时，有 2 996 人死于这场美国本土最严重的恐怖主义袭击。世界最强大国家的中心竟然遭到如此规模的悍然袭击，令全世界惊愕不已。而巍巍双塔轰然倒塌的画面由此也被永久铭刻在我们的文化意识深处。

然而，浓烟还没散尽，就出现了不少阴谋论的说法。浩劫之后，惶恐的人们急于找到最简单的答案，各种阴谋论便有了可乘之机。阴暗的猜想在人们的描述中不断发酵，逐渐演变成一个个细节丰富、有头有尾的完整故事。比如，很多人坚持认为，班机上的燃油不足以热到造成大楼钢筋熔化坍塌。也有人认定双子塔是在控制爆炸中倒塌的。至于“真正”的肇事者究竟是什么身份，人们的观点也因为各自的偏见各不相同。有人认定这场袭击就是政治博弈的牺牲品，也有人认为这是美国政府的一次“伪旗行动”，或者是以色列情报机关摩萨德（Mossad）的杰作。还有人认为整个事件就是一场精心策划的骗局，还有人说飞机其实是伪装的导弹，甚至可能仅仅是天空中的全息投影，地面上的目击者和数百万电视新闻观众都被愚弄了。

不可否认，这些奇谈怪论听起来确实能够蛊惑人心。“9 · 11”事件之后，有关阴谋论的网站如雨后春笋大量涌现。人们在视频网站“油管”（YouTube）上如饥似渴地观看五花八门的阴谋论视频，其中一个名为《零钱》（*Loose Change*）的纪录片的观看次数达到了数百万。这个火爆的视频还打破了数字化互联网的传统边界，连《名利场》（*Vanity Fair*）杂志都将它称为全球第一部“互联网票房大片”。这些五花八门的奇谈怪论往往相互矛盾，荒诞不经，但它们却有着一个共同的信念：官方说法是不可信的。这种自以为掌握真相的“真相者”运动从曼哈顿市中心的废墟中爬起，跌跌撞撞地走进了公众的意识中。

总有人乐意听信这些耸人听闻的谣言，这其实也不难理解。在某种意义上，它们有一种诡异的安慰作用，让人们在难以置信的灾难面前还能找到一些解释和理由。如果说“9 · 11”事件是点燃这些谣言的火苗，那美军在 2003 年对伊拉克的入侵行动则无异于火上浇油。当时并没有证据表明萨达姆 · 侯赛因与基地组织有何关联，但是布什政府还是急于把恐怖袭击与这位伊拉克的统治者强行联系在一起。最后发现，有关萨达姆政府拥有大规模杀伤性武器的指控并不成立。入侵伊拉克完全不得人心，加拿大、法国、德国和俄罗斯等国均反对采取战争手段。2003 年 2 月 15 日，全世界 600 多个城市爆发了反战游行，吸引了 1000 万至 1500 万民众参加，这是历史上规模最大的游行示威活动。应该说，是布什政府单方面的猜测，给热衷阴谋论的人们提供了充足的弹药。

群情激愤之下，围绕“9 · 11”事件的各种谣言被不断放大。2003年我17岁，即将步入大学校门。与当时很多人一样，我也参加了反战游行。我至今还清楚地记得，那年秋天踏入大学校园时，我看到一群人正聚精会神地听一位同学演讲，他滔滔不绝地把各种事件都串联在了一起。按照他的说法，双子塔是被人为操控炸毁的，而制造这起事件无非是让美国有借口入侵伊拉克。奥萨马 · 本 · 拉登不过是美国的代理人，萨达姆 · 侯赛因只是个无辜的替罪羊，他让伊拉克人民过上了好日子，但美国人需要他们的石油。这位学生所传播的观点算不上新颖独到，类似的说法在世界各地四处流传，很多人都信以为真。这些观点听起来简明扼要，有强大的解释力和抚慰人心的功能。但除此之外，这些故事只是一些荒诞不经的奇谈怪论，一旦对事实依据略有了解，就能立即将其拆穿。

以一个广为流传的谣言为例，所谓飞机燃油不足以让大楼钢筋熔化。燃油的主要成分是煤油，燃烧时的温度大约是815摄氏度，而钢筋的熔点大约在1 510摄氏度左右。“9 · 11”事件的“真相者”揪着这个事实细节不放，大肆渲染炒作，可对于一个非常简单的技术原理却表现得非常无知：钢铁在如此高温情况下会迅速失去抗张强度，在590摄氏度时，钢铁的抗张强度只有正常温度下的一半。在双子塔燃烧产生的高温下，其强度可能只有正常状态的十分之一。在当时炼狱般的烈火中，钢筋结构必然不堪重负，再加上大楼结构已经遭到严重损害，直接引起大楼地板下陷，层层叠加，也就是所谓的“平降效应”，在这种情况下，每塌陷一层楼，整个损毁程度都将翻倍。大楼倒塌并不需要钢筋彻底熔化，只需要断裂就足够了，这一点已经得到了工程师和专业机构的多次证实。

两座高楼相继倒塌产生了大量浓烟，窗户也随之被冲击波震碎。熊熊燃烧的煤油顺着楼梯和井道四处流淌，曼哈顿的天际线上随即窜起片片火焰，远远望去不免让人怀疑大楼是因“控制爆破”而倒塌的。事实上，控制爆破拆除工程都是自下而上，而非自上而下的。无论如何，要产生这样的效果，首先得设法把数吨重的炸药偷偷带入大楼而不被发现才行。

在严谨客观的审视之下，“9 · 11”事件“真相者”运动的信念支柱顿时崩塌。众多机构都对这场灾难开展过全面调查，其中包括美国联邦紧急事务管理局（the Federal Emergency Management Agency）、美国国家标准与技术学会（National Institute of Standards and Technology），以及《大众机械》（*Popular Mechanics*）杂志。这些调查结果一一揭穿了各种阴谋论的谎言。“9 · 11”调查委员会发现，是穆罕默德 · 阿塔（Mohamed Atta）主导了这次袭击，所有劫机犯都是本 · 拉登“基地”组织的成员。调查的另一个结论是，萨达姆 · 侯赛因与伊拉克并未参与“9 · 11”袭击，这让那些把根本不存在的关联作为入侵伊拉克借口的政客颜面扫地。

我自己曾经对所谓“控制爆破”的谣言还将信将疑，但我的父亲曾经是一名结构工程师，他非常耐心地把逐步坍塌的过程解释给我听。另外，我自己是在沙特阿拉伯长大的。

我很幸运能够从身边获取信息，做出合理的判断。目前也已经有很多研究报告和调查证据都足以揭穿各种谣言，可那些阴谋论的说法却总能死灰复燃，卷土重来。“真相者”运动的势力依然强大，面对大量强有力的证据也能不为所动。就在我写这本书期间，大约有 15% 的美国民众仍坚信“9 · 11”事件是“自己人干的”，而一半的美国人相信历届美国政府对此都有所遮掩，没有将所有真相公之于众。时至今日，恐怖袭击已经过去多年，这样的立场还能站得住脚吗？这类逆谬误被肆意滥用其实就回答了这个问题。它是那些居心叵测的阴谋论的核心，宛如神来之笔，把各种流言蜚语打造成精彩的好故事。“9 · 11”事件“真相者”所抛出的各种奇谈怪论早就被一一驳斥，面对所有不利证据，他们还是不断用逆谬误来为自己的信念进行顽强的辩解。

前提 1：如果有所掩饰，官方报告就会驳斥我们。

前提 2：官方报告驳斥了我们。

结论：因此，肯定有所掩饰。

捕风捉影的谣传原本就没有证据可言，但在这个扭曲的逻辑下，没有证据反而变成了有力的佐证。无论公正权威的机构与专家如何驳斥谣言，在这套歪理的作用下，谣言的信徒们根本不予理睬。只要用谷歌浏览器随便搜索一下，就能发现有数千个网站都是基于这样的歪理来排斥甚至反驳“9·11”的“官方解释”的。看来，这些“9·11”事件“真相者”在给自己取名的时候实在是没有一点自知之明。当然，这类情况远不止“9·11”事件。如果一个人对合理的论证视而不见，满心接受逆谬误，那再怎么偏执的世界观看上去都会变得很合理。我们在本书中会发现，这支撑着阴谋论的方方面面。它让原本空穴来风的荒唐说法摇身一变，给充满情绪与偏见的论调披上看似睿智的外衣。尽管毫无实质内容，却总有人爱用这些歪理来反驳基于事实的合理论证。

破除迷信的过程就像永远完不成的任务，需要极大的耐心与毅力。每每铲除一个，又会像水螅一样生出一个新的。社会学家泰德·戈策尔（Ted Goertzel）发现，“每当一个所谓的事实被推翻后，阴谋论者便会用另一个所谓的事实取而代之”。无论来自现实依据的挑战有多大，逆谬误就是他们用来抵御现实攻击的屏障，也是他们用以维持信念的图腾。一些已经持续了很久的对某些科学阴谋论的笃信也很有意思。比如，很多人认为制药公司并没有把治疗癌症的药物公之于众，也有人认为气候变化不过是一些科学家编造的骗局。大约有 7% 的美国民众认为当年美国登月是假新闻，还有更多的人怀疑疫苗只是政府的邪恶阴谋。这些荒唐的说法有一个共同的主线，就是认为科学家们是愚弄大众的同谋。事实上，任何接触过科学家的人们都会觉得这个想法很好笑，如果你想要说服一群科学家达成一致意见，难度绝不亚于赶一群猫。

我在参与外联工作时不止一次亲自接触过这样的情况。只要在公众理解与科学共识有所偏差的问题上，总会出现一些言之凿凿、活灵活现的谣言。每当我写到有关疫苗、核能、饮用水氟化或者气候问题这类话题的时候，边缘分子通常采用的策略就是把我称作“托儿”，说我其实是大公司买通的代理人，是他们花钱雇了我。这些无端指责其实只是在不断重复同样的逆谬误：“托儿都是这么说的，所以，作者肯定是个托儿。”对于有悖于自己立场的各种信息，那些指责者选择视而不见，从不接受“自己也可能犯错”这个事实。我一直非常好奇，想知道这类阴谋论到底有多大的影响，又是如何影响公众对于科学事实的理解的。在兴趣的驱动下，我在 2016 年写了一篇科学论文，着重分析了阴谋论信念的生存能力，还试图探讨这样一个问题：让全世界的科学家们进行大规模的串通共谋究竟是否可行？比如，美国航空航天局（NASA）是否真有可能伪造了登月行动，或者气候学家们真的可以维系全球变暖的骗局吗？只需构建一个简单的数学模型，就不难得出一个明显的结论：就算所有同谋者都伪装高超、守口如瓶，要在一定时间里维持这么大规模的阴谋也是几乎不可能的。

这个结果一点都不奇怪。尽管阴谋论总是层出不穷，但纸始终是包不住火的。早在 1517 年，马基雅维利（Machiavelli）就曾表达过类似的意见。他发现“许多（阴谋）其实在一开始就被揭穿并粉碎了，如果有什么阴谋能够蒙骗大众很长一段时间，那简直算是个奇迹”。本杰明·富兰克林（Benjamin Franklin）在两个世纪前的断言更是一针见血：“若要三个人都保守秘密，除非其中两个都死了。”

在如今这个万事万物相互联通的时代，想秘而不宣更是难上加难。尽管如此，我的这番结论似乎也不符合阴谋论的核心原则。在那篇论文发表后短短几个小时，我就被大量的电子邮件、博客文章和视频淹没了。很多人激烈地抨击我，说我否认科学界存在阴谋，恰好“证明”我是这个阴谋的一部分——这又是逆谬误的生动一例。有这种经历的并不只有我一人，“阴谋攻击”是很多阴谋论者遭到驳斥时最自然的反击形式。指控对方为阴谋的一部分，就可以回避深入交锋，否定有冲突的信息，避免矛盾冲突带来的认知失调。但这种方式实在令人遗憾，因为我们都知道，矛盾冲突可以为我们揭示更多的实际情况。

2 归于荒谬
Stripped to the Absurd

如果有人告诉你钢铁比空气更轻，你肯定会反对。当然，如果真是那样的话，钢铁就会轻飘飘地浮游在半空中，像蒲公英种子那般随风飘散。用不着做简单的测量，我们就知道那是不可能的——汽车不需要抛只锚才能停泊，战舰也不会像气球那样飘来飘去。而如果我们接受那样的说法，就必然引出一连串与我们的观察经验相悖、根本站不住脚的结论，这些荒谬的结论让我们完全有信心去反对它。这就是“归谬法”（reduction to the absurd）的主要思想。也就是说，因为前提会导致无法克服的矛盾，由此证明前提是错误的。在这个论证中，矛盾发挥了重要的作用，警告我们在假设或推理过程中出错了。著名数学家 G. H. 哈代（G. H. Hardy）将这类矛盾称为“比国际象棋中的开局让子更为精妙的一步好棋。棋手有时会牺牲一个兵或其他什么棋子，但数学家有时会让出一整盘棋”。[1]

这个数理形式的来历非常有趣，它很可能源自史上最自相矛盾的人物之一：出生在萨摩斯岛的毕达哥拉斯（Pythagoras of Samos）。即使在他离世 2 500 年后，他的名字还因为以他名字命名的三角定理[2]

---

1 哈代曾自嘲他的工作完全不实用，但他仍然很骄傲。这只是玩笑话。实际上，他的数字理论是信息时代所依赖的密码学的核心。西蒙 · 辛格（Simon Singh）在他的《密码书》（*The Code Book*）中对该理论进行了全面的探讨。

2 毕达哥拉斯定理，即勾股定理，直角三角形斜边长度的平方等于两条直角边长度的平方和。—— 译者注而被铭记于世。[1]这位重要的历史人物不仅有一个著名的绰号，性情也很古怪。他是一个神叨叨的数学家，不仅恪守奇特的精神教义，而且非常自负。相比于G. H. 哈代，毕达哥拉斯用自己的名字创建了毕达哥拉斯学派，详细的教义已经在时间的长河中被磨蚀得模糊不清了，只留下一些片言只语的信条。这一学派笃信希腊版本的转世轮回论。按照色诺芬的说法，毕达哥拉斯被狗叫声吓到后，就认为这是他死去的朋友转世投胎成了狗。这个“哲学家-数学家”教派的信徒戒绝吃肉，因此成了史料记载中最早一批素食主义者。令人费解的是，毕达哥拉斯本人特别反感豆类，因此严禁他的门徒食用豆类。具体的原因早已淹没在时间的迷雾中，但据说他认为豆类与生命之间存在某种神圣的关联。有人还据此推断，毕达哥拉斯认为人类在放屁时会丢失一部分灵魂。

毕达哥拉斯住在萨摩斯岛上一个隐秘的洞穴中，当地有名望的公民向他咨询公共事务，要前往一所名为“半圆学院”的学校。他在埃及也待过一段时间，深受当地大祭司们的符号主义和神秘论调的影响。他在希腊殖民地克罗顿（Croton）创立了自己的学派，加入者必须宣誓保守秘密，并在公社共同生活。随着时间的推移，学派也开始吸收女性。学派极度重视符号，公社内部使用神圣的标识，如果信徒不慎将神圣的符号透露给外人，便会受到严厉的责罚。而宗师下达的法令往往怪诞奇特，似乎都是心血来潮的念头。他命令信众不可面向太阳小便，也不能从躺在路中间的驴子旁边走过。可无论怎样，毕达哥拉斯的影响

---

1 史蒂芬·施蒂格勒（Stephen Stigler）教授在其自创的一条“施蒂格勒命名法则”（Stigler's Law of Eponymy）中称，“没有哪个科学发现是以其发现者的名字命名的”。毕达哥拉斯定理就是一个很好的例子，因为古巴比伦人和古埃及人早已经知道了。有趣的是，施蒂格勒为了确保这个说法没有漏洞，将这条以他名字命名的法则归功于社会学家罗伯特·K. 默顿（Robert K. Merton）。数学有太多命名和发现者不一致的定理，历史学家卡尔·博耶（Carl Boyer）记录了很多这样的例子，而这促使数学家休伯特·肯尼迪（Hubert Kennedy）建立了一条“博耶法则”：“数学公式和定律通常都不是以其最初的发明者命名的。”然后肯尼迪发现，这是“一条很少见的自述了其正确性的法则”——这个说法无疑会让希腊哲学家们睡不着觉了。

力还是深远的。正如伯特兰·罗素（Bertrand Russell）在《西方哲学史》一书中所说：

> **毕达哥拉斯是历史上最有意思又最难理解的人物之一……简单来说，我们可以把他说成是爱因斯坦与埃迪夫人[1]的混合体。他建立了一个宗教，其主要教义是灵魂的轮回与吃豆子的罪恶。他的宗教体现在一套宗教秩序中……还建立起一套圣徒规则。不过，那些冥顽不化之人还是渴望吃到豆子，早晚会造反。**

抛开那些稀奇古怪的想法不论，毕达哥拉斯一贯的理念是在数学恒等式中融入宗教思想。对他而言，数字散发着神性，数字之间的关系蕴含着宇宙的奥秘。他也同样重视宗教精神，这一点毫不夸张，当毕达哥拉斯的信徒们为欧几里得第 47 命题[2]找到证明之后，他们举行了一个杀牛献祭仪式。他们在数字的和谐关系中探寻秘而不宣的隐晦奥义，其中最看重的是神秘的比例关系。毕达哥拉斯教派坚信所有的数字都可以表达成某种特别的比例关系，即带有神秘特质的分数形式。比如，数字 1.5 可以被简化成一种比例关系 3/2，而 1.85 可以被简化成 37/20。整数也可以按照同样的逻辑进行简化，因此整数 5 就可以被写成分数形式 5/1。

这些能用简单分数表示的数字被称作“有理数”。所有的数字都能表现为这样的形式，这是毕达哥斯拉学派的信仰，而理性就是支撑他们精神哲学的坚实根基。自然界中的一切似乎也与此相互印证。毕达哥拉斯和他的追随者们对音乐充满浓厚的兴趣，他们发现，当振动的琴弦被

1　玛丽·贝克·埃迪（Mary Baker Eddy），基督教科学派创始人。

2　即毕达哥拉斯定理。—— 译者注

整齐分段时，就能发出优美的谐音。调好音的吉他就可以证明：先拨一根空弦，让它发出声音。现在，按住这根琴弦的中点，也就是第 12 品柱的位置，这时的音调就比空弦音高一个八度，也就是两倍的频率。如果你按下电吉他的第 24 品，振动的弦长就再折半，结果发出的声音就比空弦音高出两个八度。人们在调音和谐音中感悟出形而上的思想，由此进一步证明了这些比例的神圣意义。数字中蕴含着的神圣奥义是不容置疑的，对毕达哥拉斯学派的信徒而言，一切皆数，万事完美。

可惜再完美的理论也会在丑恶的现实中幻灭。毕达哥拉斯的哲学不仅遭到学派之外敌对者的驳斥，甚至也有虔诚信徒提出了质疑。我们对来自麦塔蓬图姆的希帕索斯（Hippasus of Metapontum）所知甚少，根据现有文献记载，他曾经是一名虔诚的毕达哥拉斯派信徒，从未想过对理性的真知灼见提出质疑。

至于他究竟如何沉重地打击了毕达哥拉斯哲学，流传着不少相互矛盾的说法。他最广为人知的贡献就是找到了 2 的平方根。这一点对毕达哥拉斯而言可谓至关重要。假如一个正方形的边长是 1，根据著名的毕达哥拉斯定理，该正方形的对角线长为$\sqrt{2}$。这是一个非常重要的发现，而且毕达哥拉斯学派也知道这个数字大约是 1.414，但很显然是得不到这个神秘的比例的。他们也努力尝试了一番，比如 99/70 和正确答案就差了大约 1/10 000。另外一个分数 665 857/470 823 更为接近，和正确答案相差了不到万亿分之一。可只有这些近似数是不够的，他们必须找到一个更为精确的、独特的比例关系，才能维系他们笃信的教义。可惜他们最终苦寻无果。而希帕索斯用简洁而完美的论证，残酷地表明了毕达哥拉斯学派的努力寻找注定是愚蠢和徒劳的。首先，希帕索斯假定存在一个不可约的最简比例关系，也就是说 $\sqrt{2}=\frac{P}{Q}$ 。

接下来，他放弃了含糊不清的根，基于等式两边同时进行相同的运算结果不变的原理，他把等式两边同时平方。这样运算之后，他得出了另一个等式：$2Q^2=P^2$。乍看起来，这么做好像没什么用。但希帕索斯注意到了非常关键却又容易被人忽略的细节：如果 P^2 是 Q^2 的两倍，那就应该是一个偶数。如果 P^2 是一个偶数，那么 P 本身也只能是一个偶数，我们可以把它写成 2K。回到刚才看似简单的表达式中，我们就能得到 $2Q^2=(2K)^2=4K^2$，因此我们可以说我们再做一遍刚才的推理过程，就会发现 Q 也必须是一个偶数。但这是不可能的，因为我们最初的定义就是 P/Q 是一个不可约的比例，而两个偶数之比是可以约的。由此就产生了一个不可避免的矛盾。这是一个惊人的结论——通过假设存在完美的比例，希帕索斯证明不可能解决的荒谬发生了。

要解决这个矛盾，就必须承认$\sqrt{2}$根本无法表达为一个优雅而神奇的比例关系。“无理性”这个魔鬼的出现，粉碎了人们的信仰，沉重地打击了原本神圣不可侵犯的比例关系。更糟糕的是，小心翼翼地运用反证法也会揭示出$\sqrt{2}$绝不是邪恶的异常值，不是不能被合理化解释的怪胎。事实上，希帕索斯发现了一类全新的数，完全无法用最简的比例形式来表达，这就是无理数。更令毕达哥拉斯学派恼火的是，按照同样的逻辑还能推导出另一个重要发现：无理数的集合无限大于有理数的集合。[1]

尽管希帕索斯取得了重要的学术成就，却并没有因此获得公社的好感。他的发现令毕达哥拉斯学派蒙羞，关于他的传说也迥然各异，其中史实与讹传混杂在一起，令人难以分清。但我们可以确定的是，胆大妄为的希帕索斯以彼之矛攻彼之盾，彻底激怒了他们，他们判他犯有不敬之罪。在流传最广的传闻中，希帕索斯最后被判处相应的责罚：沉海溺亡。尽管毕达哥拉斯学派杀死了希帕索斯这个人，却无法掩盖他所发

1　这不是一种修辞格，真的有很多种无限。自然数集合（1, 2, 3……）中最小的集合类型是“可数”无限。实数集合（包括无理数）无穷大于“可数”无限集和“不可数”无限集。这些内容超出了本书探讨的范围，但这是一种有趣的值得探讨的想法。无限是完全不直观的。数学家们称最小类型的无限为“阿列夫零”（Aleph null）。其怪异的特性之一为，阿列夫零加上或减去任何有限数还是阿列夫零。这就产生了一个可怕的集合论笑话：“墙上有阿列夫零瓶啤酒，拿下一瓶，分给大家，墙上还是有阿列夫零瓶啤酒！”所有数论学家的集合和所有喜剧家的集合之间，难得有那么一点点交集。

现的重要事实。没过多久，无理数就彻底摧毁了毕达哥拉斯学派神圣的根基。当然，“无理”在这里的数学意义并不等同于我们日常理解的“无逻辑”或者“不合理”。真正让人感到荒谬可笑的是，毕达哥拉斯学派固守有理数的教条显然是无理性的，而接受无理数的概念才是唯一理性的结论。

矛盾是无价之宝，因为当事情出现偏差时，会有矛盾出来警示我们。遗憾的是，我们也非常善于忽视矛盾，有时甚至因此伤害了自己。让我们来考虑这样一个事实：我们的四周围绕着各种看不见的光线。尽管人类的眼睛只能感知到电磁波谱上很小的一部分光线，却也足以包含了我们所知道的各种颜色和能看到的各种景象。我们身边处处都有电磁辐射，从我们熟悉的普照世间万物的可见光，到传遍全世界的广播媒体赖以传播的无线电波，再到给解剖成像技术与癌症治疗带来根本革新的 X 光。在当今这个无线通信时代，我们的手机与路由器利用了微波辐射技术，只需动动手指就能即刻开启人类知识的宝库，速度快得令人难以置信。可是，如今这个手机与无线网络（WiFi）无处不在的世界，是否也给我们的身体健康造成了隐忧呢？

如果去网上快速了解一下，我们可能会觉得真是这样。很多网站都旗帜鲜明地表示，手机会显著提高罹患脑癌的风险。有些网站认为手机和路由器正在“烹煮”人类。有些咨询机构着重强调了 Wi-Fi 会带来的风险，并提供价格不菲的套餐帮助客户减少暴露于 Wi-Fi 辐射的风险。还有人坚持认为电信巨头与手机制造商们向公众隐瞒了射频辐射的危害。甚至有人在 2017 年成功起诉了加利福尼亚州公共卫生部，要求该部门颁布针对手机辐射的指导方案。在这类说法中流传最广的，应该是 2007 年首次在网上发表的《生物创新报告》(*BioInitiative Report*)。报告一经发表立即引起媒体的强烈反响，并在 2012 年有所更新。据称这是公共卫生领域的专家与研究团队所开展的一项研究报告，其结论简明清晰：射频辐射会引发诸多健康问题，包括大幅增加癌症风险。

先不要急着扔掉手机，或者断开路由器。你应该知道的是，这份报告的观点与现今大多数的科学数据截然相反。世界卫生组织（WHO）指出，“尚未发现使用移动电话会给身体带来有害影响”。英国癌症研究院（Cancer Research UK）也指出，目前已有数据“表明手机不太可能增加罹患脑部肿瘤或其他癌症的风险”。如果手机确实能导致癌症，那我们就应该看到，在过去二十年间，随着手机使用的大幅增长，有关病例也应该有激增的趋势。可是大规模流行病研究并未发现这个趋势。有 13 个国家曾参与了一项名为 INTERPHONE 的研究，结果并未发现手机使用与恶性胶质瘤、脑膜瘤等常见脑瘤发病率之间存在任何因果关系，辐射剂量与反应曲线也并未表现出任何相关性。另一项类似的丹麦定群研究，也没有发现手机使用与肿瘤发病率之间存在显著的关联。尽管美国人的手机使用率从 1992 年接近为零的水平迅速增长到 2008 年接近 100% 的水平，截至目前，相关研究表明胶质瘤的发病率并没有随之增长。

现有证据已经有力反驳了“使用手机会增加患癌风险”的说法，可为什么还有那么多人执迷不悟呢？一部分原因在于“辐射”的意思含糊不清。很多人对这个概念存在很深的误解，总不免联想到恐怖的核辐射。有这样的误解着实令人遗憾，因为“辐射”只不过指能量在媒介或空间中的传播。就电磁辐射而言，这里是指以光速运行的一定量的电磁能，电磁波谱包含了一切可能存在的电磁辐射频率，而能量与频率是成正比的。对人类而言的可见光只是波谱上的很小一部分，我们可以把它想象成带有不同能量的一系列光粒子（即光子）。

这些粒子中有些带有足够的能量，可以打破化学键，从原子中释放出电子。具备这种特质的粒子有可能造成 DNA 损伤，进而可能诱发癌症。这种所带能量足以释放电子的光线被称为电离辐射，确实有害人体健康。不过，即便是这种看似有害的高能量电磁辐射也可以被人类善加利用，发挥积极的作用，例如X光如今就被用来进行放疗以杀死肿瘤细胞。若孤立看待这一事实，有人也会感到不安，不禁会提出一个问题：如果光线可以被用来杀死细胞，那大量使用无线通信设备是否会引发类似的DNA损伤并最终致癌呢？

人们有此顾虑也不难理解，而困惑误解的症结还是在于公众并不知道电磁波谱的范围其实非常广。像Wi-Fi和手机网络这些现代通信工具只属于整个波谱的微波一端，频率在300MHz至300GHz之间，属于低能量的光子。准确地说，能量最低的可见光光子（光波长度约为700纳米，1纳米等于1米的十亿分之一）所带的能量大约是最活跃的微波光子（光波长度为1毫米）的1 430倍。也就是说，手机和路由器所使用的微波辐射毋庸置疑绝非电离辐射，因此也绝不会直接导致DNA损伤。正因如此，癌症患病率自然不会随着微波辐射的使用而增长，因为这类微波辐射也根本无法破坏人类的细胞。

如果你还在考虑该如何把这些理据与《生物创新报告》中的末日预言进行协调，那答案很简单，你根本做不到。那份报告尽管披着学术文件的外衣，其实就是一派胡言。它压根就没有经过同行评议，也没有接受过业内专家的严格评审。随着媒体曝光和公众关注度提升，这份报告也引起了全世界科学机构的重视，不过他们很快就对报告进行了驳斥。荷兰健康委员会（the Health Council of the Netherlands）发表声明说："《生物创新报告》中关于当今科学研究现状的观点既不够客观也有失公允。"欧盟委员会的EMF-NET项目、澳大利亚的频射生物效应研究中心（Center for Radiofrequency Bioeffects Research）、美国电气与电子工程师协会（the Institute of Electrical and Electronics Engineers）以及法国环境和职业健康与安全署（the French Agency for Environmental and Occupational Health and Safety）也都发表了类似的指责。所有来自科学界的批评都有一个共同点，而其中德国联邦辐射防护办公室（German Federal

Office for Radiation Protection）表达得最为清晰明确："（《生物创新报告》）试图把低频与高频两个领域的健康问题合并起来，这在技术上是不可能的。"

用更朴实的语言来说，这份报告的作者犯了一个非常严重的根本性错误。为了佐证他们那些耸人听闻的说法，他们把"高频电离辐射有害健康"这个事实错误地移用到非电离射频电磁共振的情况，还声称：

前提1：所有的射频辐射都是电磁辐射。

前提2：有些电磁辐射可以致癌。

结论：因此，射频辐射可以致癌。

这是个非常典型的"中项不周延谬误"，就是说三段论的中间项（这一项出现在两个前提中，但并未出现在结论中）并没有清晰准确的分布范围说明，比如"全部"或"无一"等。在这个例子中，我们都知道"有些"电磁辐射可能致癌，但这个分布所包含的范围并不清晰准确。基于这个逻辑所得的结论当然是无法成立的。如果我们用一个更极端的例子就能把问题看得更加清楚：

前提1：所有的古希腊哲学家都死了。

前提2：吉米·亨德里克斯（Jimi Hendrix）已经死了。

结论：因此，吉米·亨德里克斯是古希腊哲学家。

这里的中项是死亡的状态，对两个前提而言都很普通。但"已经死了"并没有明确的范围说明，其中包含了比吉米·亨德里克斯和古希腊哲学家更广泛的内容。由于分布范围不明确，这个结论就是荒谬的。当然你也可以给它添加一些范围限定，比如把前提1修改成"所有死了的人都是古希腊哲学家"，这样一来，这个三段论就可以成立，但结论依然不合理，因为这个前提是荒谬的。在论述结构上，中项不周延谬误和前文提及的反谬误和逆谬误都很相似。

与此类似，《生物创新报告》也用了似是而非的伎俩，把截然不同的放射类型混为一谈，引起讹传。这样的说法毫无科学依据，却能混淆视听，不仅是普通大众，连有些科学家都被误导了。2017 年有一篇发表在权威期刊上的文章，声称射频电磁波辐射不仅与癌症有关，还可能导致自闭症。我读过这篇论文，心理学家多萝西·毕晓普（Dorothy Bishop）也读到了。多萝西不仅是一名出色的作家，还是英国皇家学会（Royal Society）院士，主攻的学术领域是发展性语言障碍。她读到这篇有关自闭症的文章后，感受与我完全一致，对文中有关生物物理学的论断倍感震惊。这种谬论的来源到底是什么呢？当然还是那份《生物创新报告》。事实上，那篇论文的第一作者不是别人，正是报告的始作俑者辛迪·塞奇（Cindy Sage）。此人并不隶属于任何学术机构，但运营着一个环保咨询公司，主要方向是减少射频辐射，蹊跷的是，报告的利益冲突声明中却没有提及这个事实。

这篇论文很快得到了媒体的关注，随后有记者请我和多萝西就此发表评论。当我们指出文章中的错误后，大部分的媒体都选择不再报道这则消息。这样的情形也很常见，我觉得有时候科学家对公众认知的最大贡献，就是帮助记者剔除一些糟糕的新闻，以免这些假消息四处招摇撞骗，引起不必要的恐慌。尽管如此，还是有些媒体不够谨慎尽责。比如《每日快报》（*Daily Express*）的报道标题就表达得特别隐晦："无线技术有可能导致孩子出现重要的健康问题吗？"

这一切都源于编辑的失职。论文评审早该发现，论文中提出的惊悚观点其实只提到一个证据，而且还来自一份不足采信的报告，当时就应该果断拒稿。可惜某个工作环节因为缺乏责任心导致疏漏，让危言耸听的谣言居然登上了科学权威的大雅之堂，甚至死灰复燃，重获新生。多萝西和我很快予以回应，让期刊发现了自己判断失误有造成危害的潜在风险。这份期刊随后承认自己有重大的疏失，并邀请我们写一篇全面驳斥的文章。我们在文章中不仅反驳了错误的观点，还提出了一些意见，以助评审与编辑提高对伪科学观点的警惕。说来真是令人遗憾，目前并没有证据表明射频辐射有害人类健康，但是公众对此观念依然存疑。如果连科学家都有可能被危言耸听的言论所愚弄，那普通大众为此担心害怕也就不足为奇了。

这种言论中有几个密切相连的逻辑错误，会把我们引入歧途。其中之一是“肯定选言谬误”，就是假定两个条件项不能同时为真。让我们看一个日常生活中的例子：“他的宠物要么是一只狗，要么是一只哺乳动物→他的宠物是一只狗→因此，它就不是哺乳动物。”这一连串论证显然是错的，因为两个选择项并不相互排斥，狗是哺乳动物的一个子集。当然，如果两个条件项是完全对立的，就不会出现谬误。例如，众所周知一个人不可能同时既活着又死去。 因此，“吉米 · 亨德里克斯不是活着就是死了→吉米 · 亨德里克斯没有活着→因此，吉米 · 亨德里克斯死了”，这样的论证就不是肯定选言谬误，因为这两种状态不可能同时发生。

在争辩中常常会遇到这样的“肯定选言”，比如：“不是你错就是我错→你是错的→因此，我是对的。”当然，这种说法更像是虚张声势的恐吓，事实上，可能两个人都只是在胡扯。政客们特别热衷于这类形式错误，人们也总是错误地认为，只要演讲人能驳倒对手就能证明自己的观点是正确的。而事实上，演讲人的责任就是要论证自己的观点为真，仅仅揭露他人观点中不合理之处（也许是真的，也许就是想象出来的），并不能等同于证实自己的立场是对的。

与这一谬论紧密联系的另一个论证错误是“从否定的前提中得出肯定的结论”。有些自以为是的乐评人常常喜欢用这种错误推理来进行自我吹捧：“我不听那些音乐→有品位的人不听那些音乐→因此，我也很有品位。”如此主观性的前提，就算在客观上为真，这位虚伪的乐评人所得的结论也是不合理的。

这样拙劣的逻辑为那些伪善的人提供了指责他人的理据。这类谬误形式多样，但大多都显得道貌岸然，自诩正义在握，完全置逻辑错误于不顾。有些人似乎秉持一种根深蒂固的假设，如果能发现对方道德上的缺陷并加以抨击，那就等于确立并巩固了抨击者自身的道德立场。这个伎俩一点也不新鲜。过去处决罪犯是可以供民众围观的，而围观者则故意表现得虔诚而正义，不遗余力地对罪犯进行谩骂控诉。所幸如此虚伪丑陋的演出在当今世界的大多数地方已不多见，我们甚至可能以为人类已经脱离了这种猥琐的低级趣味。可惜，互联网上迷雾重重，充满戾气的舆论很快就击碎了我们美好的幻觉。在今天的互联网上，只要出现一点离经叛道的风头，那些枯燥乏味又自以为是的人必然会马上跟进。

这种现象很常见，以至于到处都能看到让人沮丧的各种例子。为了让大家有所警惕，我在这里举一个知名度较高的例子，谈谈琳赛·斯通（Lindsey Stone）莫名其妙遭到网络暴力迫害的事情。2012 年，斯通在一家非营利性公司工作，为有学习障碍的成年人提供相关帮助。她工作高效，人缘也好，常常与朋友们说些心照不宣的玩笑。其中一个无关痛痒的玩笑是在警示牌前做出与警示内容相反的动作，例如在“严禁吸烟”的指示牌下方假装吸烟。在正常情况下，根本没人会把这些毫无恶意的小玩笑当真。可是，就在她前去参观弗吉尼亚州的阿灵顿国家公墓的时候，这种看似无伤大雅的恶作剧造成了始料未及的严重后果。当时她站在一块指示牌下拍照留念，还假装做出诅咒叫骂的动作，而那块指示牌上的内容是要求静默致敬。

很快，这件事就在数字时代引发了完全意想不到的可怕后果。原本只不过在几个朋友间分享的一张照片以始料未及的速度与广度传播开来。在剥离了关键的语境信息后，这张带有侮辱意味的照片，在一次次分享的过程中一遍遍激起公众的愤慨。在不经意之间，斯通触痛了全体美国人的神经。可能因为相比于其他国家，美国人对于自己的军队怀有格外强烈而深厚的感情，任何一点批评都可能引得全国上下义愤填膺。当这张照片在网络上疯传的时候，公众的怒火也在不断蔓延，无法容忍有人对英烈如此不敬。照片被断章取义，又被肆意传播，斯通很快就发现自己成为公众仇恨与唾弃的对象。至少有 3 万人在网络上聚集起来对她展开“人肉”搜索，当然也很快找到了她的下落。

她遭到了近乎疯狂的谩骂，完全没有人表示出同情。她不仅失去了工作，还被指责为道德沦丧，并遭到无数的死亡和强奸威胁。结果不言而喻，她陷入了抑郁与焦虑之中，根本不敢走出家门。网络暴民的集体思维，或者称蜂巢思维中潜藏着一个逻辑缺陷，正因为这种扭曲的思维才让他们理直气壮地去威胁一个并无恶意的女孩，因她的崩溃而陶醉狂欢，还固执地坚信自己占领着道德高地。这个逻辑缺陷就是：“她没有道德→我攻击她→因此我是有道德的。”

科学家琼·弗里登伯格（Joan Friedenberg）在探讨暴民现象的时候曾经写道：“甚至在法庭宣誓作证这类需要严肃思考的场合，还有在记者采访或司法听证这种情况下，大多数暴民还是会认为，只要能找出对手的过错就可以充分证明自己有理。”只有把对手贬低为值得仇恨的对象并彻底摧毁，暴民正义才能获得正当性。于是，人们为了追求这种扭曲的正义感，总是无所不用其极，以非人道的手段打击对方。正如弗里登伯格所指出的，“只要有一点疏失瑕疵，暴民们就会认为是罪大恶极”。

这就是“从否定的前提中得出肯定的结论”[1]。讨伐斯通的人们坚信，对她的过错抨击得越猛烈，就越能显得自己更有正义感和更有道德。而事实上，斯通非但不是什么邪恶的魔鬼，而且一直品行端正，还热心帮助残疾人士。有充分的证据表明，斯通的过失只是一次偶然，就算斯通

1 就像你猜到的那样，这个谬误的反面是：从肯定的前提中得出否定的结论，而否定的结论是从两个肯定的前提中得到的。这同样是荒谬的，而且内容相同：“要么你对，要么我对 ⟶ 我是对的 ⟶ 因此你是错的。”

是故意为之，羞辱她的这些人的行为也是非常恶劣的。而且就算她人品糟糕，也绝不表示对她大肆抨击的那些人的人品就是好的。张牙舞爪根本算不上英雄行为。

如此疯狂地诋毁一个可怜的女孩也许能让这些网络暴民们找到一点道德优越感，但是他们的逻辑是扭曲的，所得出的推论也不过是自以为是、道貌岸然的幻觉罢了。正如所有的网络暴力一样，群情激愤过后，人们很快就会忘记处于震中的那个人，转而去关注下一个类似的目标了；可对于承受了如此巨大仇恨的当事人来说，所受到的伤害会持续很长时间。[1]

在此，我必须指出一个明显的问题：尽管我们目前探讨的问题都在于逻辑错误，但大多数的问题当中，都隐藏着更深层的人性缺陷。我们并不总是像数学家或逻辑学家那样思考问题，常常固守错误的思维，有时也并非仅仅由于误解，而是源于某些更为本能的动机。在下面几章中，我们会发现我们越是固执己见，就越容易接受那些支持自身观念的错误思维。我们总是感情用事，然后为自己的一时冲动寻找冠冕堂皇的借口。我们也不愿敞开心胸接受对立的意见，以不断完善自己的想法，正相反，我们更像是怒火中烧的毕达哥拉斯，为维护自以为是的理念，急于扼杀一切不同意见。如今，现实也令人沮丧，我们似乎更热衷于反击，而不是勤于反思。这种趋势对于整个人类而言是有害的，要想做出合乎情理的决定，我们首先应该甘愿抛弃错误的逻辑，尽管这么做，可能意味着要把我们心中的海市蜃楼也一并舍弃。

---

1 想要感受一下处于震中的人所遭受的伤害，乔恩·龙森（Jon Ronson）的书《所以你被公开羞辱》（*So You've Been Publicly Shamed*）绝对会让你大开眼界。

3 不合逻辑
It Does Not Follow

我们都是重度社交动物，别人对我们的影响远远超过我们自己。我们依赖他人的经验，把各种故事和传闻，当作帮助我们认识世界和其中各种不确定因素的快捷手段。那些生动形象的故事和饱含喜怒哀乐的逸闻轶事，也有意无意地影响着我们怎样做出决定。这是一把双刃剑：生动的描述有助于我们做出判断，但也正因如此，它们也可能掩盖或扭曲了一些关键信息，令我们得出完全错误的结论。这种道听途说的论证过程有另一个名称——“误导性鲜活个案谬误”，也叫作“轶事谬误”。

轶事中的信息常常包含很多错误与讹传，误导性的“事例”很容易让人对现实形成扭曲的印象。巨额彩票中奖、绝症奇迹痊愈，还有“草根”人物戏剧性的“逆袭”，这些都是引人入胜的好故事。但是它们之所以让人印象深刻，是因为这类事件很少发生，压根不代表其中有什么深层的规律性。如果我们试图过度解读这类故事，就会犯下论证错误，有时还可能造成灾难性的后果。

我们先天很容易受个人言论的影响。下面就以广告为例，看看它们是如何利用我们这一弱点的。这种情况常常出现在产品的评价中，其中都是顾客对产品或服务的溢美之词。这类口口相传的评价容易博得大家的信任，因此也很容易影响其他顾客的意见，比单纯客观的评价更容易诱导顾客购买该商品。这其中很显著的一个例子是“直接面向消费者的医药广告”（Direct to Consumer Pharmaceutical Advertising，DTCPA）这类荒唐现象，也就是面向普通观众的大众药物营销方式。

出于伦理考虑，这种做法在全世界大部分地区都已经被明确禁止，但美国和新西兰却是两个明显的例外。在这两个国家，无论是抗抑郁药物还是勃起功能障碍治疗药物，都和时尚品牌与早餐麦片一样，堂而皇之地出现在电视屏幕或报刊上。

在这类广告中，总会有一些病人绘声绘色地描述自己服用药物后如何改善了生活，或者是医生对药物的疗效赞不绝口。一个典型的例子，是辉瑞制药公司 2006 年推出降胆固醇药物“立普妥”（Lipitor）时的推广活动。在活动中，他们首先向观众们介绍了“人工心脏的发明者”罗伯特·贾维克（Robert Jarvik）。贾维克面向镜头告诉我们：“尽管我是一名医生，但这并不意味着我不用担心自己的胆固醇。”接下来他告诉观众这种药如何帮助他控制了胆固醇水平。随后的广告画面转为贾维克身形矫健地在湖面划船。这类广告大多制作精美，据说辉瑞制药为推销立普妥花费的广告费高达 2.58 亿美元，其中大部分花在了贾维克参与的这则广告上。他们打的算盘是，观众并不会知道贾维克在生活中从未行过医，而且也没有专业资格给别人开药。

众议院能源和商业委员会后来对此展开了调查。贾维克被迫承认，在为辉瑞公司代言之前他本人从未服用过这种药物。更令人啼笑皆非的是，贾维克过去在犹他大学的同事也公开表示，他根本就不是人工心脏的发明人，这一荣誉本应属于威廉·科尔夫（Willem Kolff）和阿久津悦夫（Tetsuzo Akutsu）。在一片非议声中，辉瑞制药在 2008 年与贾维克解除了代言合同。即便如此，整场营销还是成效斐然。美国消费者报告国家研究中心（Consumer Reports National Research Center）的研究表明，这场营销让立普妥稳居降胆固醇类药物销量第一的位置，仅 2007 年的销售额就达到了 127 亿美元；而且，41% 的电视观众都觉得立普妥比其他同类药物更好，而其他有着同样疗效的药物，价格只有立普妥的一半。更令人咋舌的是，92% 的受访者都表示喜欢这则广告，觉得贾维克很有说服力。还有更夸张的——人们后来发现那个广告最美的画面中划船的甚至都不是贾维克本人，而是广告公司雇的一位身形健美的替身演员。

如今这样的事情并不少见。在信息时代，用户的购买评价成为许多商业网站产品优劣的标准，虚假评价和捏造的赞美之词比比皆是。电子商务饱受虚假评价的困扰，而写虚假的好评已经成为非常赚钱的行业了。这种虚假推荐的影响实在太大，迫于压力，很多国家的商业标准组织不得不出手干涉。美国联邦贸易委员会就曾在 2009 年颁布相关法令打击虚假评论。但网络评价数量庞大、杂乱无序，司法管辖权限界定不清，所以这类法令通常很难真正落实。

网上评价系统也非常容易被操纵。2017 年，一家名为“达利奇小屋”（The Shed at Dulwich）的餐厅一跃成为“猫途鹰”（TripAdvisor）网站上评分最高的伦敦餐厅。伦敦全城共有 18 149 家餐厅参与评分，这家餐厅因为收获了众多的溢美之词，从而脱颖而出，位居榜首，红火的架势显得一位难求。但食客们并不知道，这座“小屋”压根就不存在，它是作家奥巴·巴特勒（Oobah Butler）设计的一场恶作剧。他曾经收费给自己从没去过的餐厅写评论，这种经历让他萌生了制造这场闹剧的灵感。所以，即便好评如潮，消费者还需自行谨慎选择。

这种现象也是自古有之。只要有人生病，就肯定会有人吹捧某种灵丹妙药的神奇疗效，从驴奶到熊胆无奇不有。在人类历史上，只要有痛苦，就肯定有人巴不得利用别人的痛苦来牟利。每个时代都充斥着五花八门的骗局与谣言，只需看看语言中有多少词源不同的术语专门用来指代骗子就知道了。法语中“charlatan”（江湖骗子）一词最早出现在 17 世纪，专指吹嘘兜售药物的江湖郎中。英语中“quackery”（庸医）这个词至少有 200 年历史，源于荷兰语中“quacksalver”一词，意思是卖狗皮膏药的人。

“snake oil”（蛇油）这个词在今天依然带有贬义，意思是那些未经检验甚至来历不明就四处兜售的药物。不过“蛇油”最初是指用真蛇制作的某种药膏，在 1863 年至 1869 年间开始出现并传播开来。当时美国正在修建从艾奥瓦州至旧金山的第一条横穿北美大陆的铁路，这项巨大的工程总共需要铺设 3 000 多公里铁轨，世界各地的工人来到美国参与建设。如此艰难繁重的工作无疑会让很多工人关节酸痛，于是就出现了许多民间偏方。其中一种中国的药方特别受到来自各地劳工的追捧，据说这是一种简单易行、包治百病的传统灵药：蛇油。当时中国工人们用蛇油和一起干活的美国人进行交换，关于其神奇疗效的说法就更多了。

这些故事很快就传开了，一传十，十传百，药效也被不断夸大。精明的西部商人嗅到了商机，此后不久，一个庞大的销售王国发展了起来。这些商贩很善于花言巧语，还雇佣一些观众来吹嘘药物的疗效，说得天花乱坠神乎其神。[1]尽管这些所谓证据不过是道听途说的传闻，他们的生意还是非常红火。[2]其中一位很出名的蛇油商贩名叫克拉克·斯坦利（Clark Stanley），他自称“响尾蛇王”，还特意为此编造了一段离奇荒诞的故事。他声称，自己当了 11 年的牛仔，后来以展示枪法作为交换，他被亚利桑那州沙漠最深处的一位神秘的霍皮族巫医收为学徒，然后在这段学医过程中，他逐渐掌握了蛇油的神奇疗效。在一位波士顿药剂师的帮助下，斯坦利开始亲自售卖自制的蛇油，吸引了全国的观众。他的观众数量可不少。1893 年在芝加哥举办的世界博览会，是美国历史上最大规模的公共活动，斯坦利也参加了。他把自己装扮成异域冒险家的模样虚张声势，在众目睽睽之下杀死了一条响尾蛇，然后他捏着软绵绵的死蛇，宣称挤出来的液体就是那种包治百病的神奇灵药。

---

1 在观众中还有不少应和骗子的“托儿”，添油加醋地吹捧神药的疗效。

2 如果这种药物没什么效果，为什么还会有如此巨大的吸引力呢？所谓“回归平均数”原则可以在一定程度上解释这个现象。人类天生就容易受到自身期待的左右，有关这一点，我们将在下文中进行讨论。就当时的修路工人而言，他们听信谣言在很大程度上是因为缺乏其他有效的药物。

他的生意变得非常火爆。有一阵子他开了好几个店，吹嘘自己一年要杀 5 000 条蛇才能满足需求。不过这位奸商的黄金时代还是过去了，1906 年，美国政府出台了《纯净食品与药品法案》（*Pure Food and Drug Act*），以遏制这类兜售虚假神药的热潮。不过斯坦利还是继续卖了几年药。直到 1916 年，一位化学分析师对这个被吹得神乎其神的灵药进行了严谨细致的分析，结果发现蛇油的成分不过是些很平常的物质：矿物油和松节油。这种被兜售多年的“灵丹妙药”中连一滴蛇油都没有。斯坦利因广告误导公众而被处以 20 美元的罚款，之后就慢慢淡出了人们的视野，而“蛇油”反而变成一个流行词，专指那些传说能够包治百病的万能药。就算如今全世界的药物管制与贸易标准都更加严格，但各种各样的“蛇油”还是大有市场，任何一种病痛都会出现一种热卖的神药，伴随着各种口碑与好评，拥趸成群，口口相传着神奇的轶事。

讲到这里，我必须说明一个问题。虽然在前文中已经提到，但这里有必要再明确地表达清楚。所有的形式谬误都存在一个根本问题，那就是论证中存在着逻辑错误，而导致整个论证无效。也就是说，所有这些形式上的问题都属于“不根据前提的推理”，简单地说就是“不合逻辑”，结论不是从前提得出的。任何“不根据前提的推理”都会形成内在错误的观点。基于轶事奇闻得到的结论尤其可疑，有关“蛇油”的那些神奇治愈故事，很容易让人觉得这个药物肯定有疗效。如果是比较好的情形，有很多所谓的“万灵药”仅仅是完全没有任何效果；但更糟糕的时候，有些药可能有损健康，要么是直接伤害身体，要么是耽误必要的治疗。

生动逼真的故事中渗透着真实的生活体验，往往比单纯的统计数据更能够激发人们的想象，正因如此，这类故事还会引发恐慌，助长流言的传播。人们都倾向于关注生动具体的事例，却忽略背后的基础概率信息，而正是这些信息让我们能够更好地理解那些事例的本来面貌，或者有什么特殊之处。这类错误叫作“基础概率谬误”，指人们容易从单一案例出发，不充分考虑基本现实情况而妄下论断的错误思维。轶事奇闻尤其吸引眼球，就更容易造成这种错误。

这类谬误有时并不明显。脱离具体情境的观察体验，可能在潜移默化中诱导人们在思考过程中不根据前提条件进行推理。比如，癌症发病率在 20 世纪到 21 世纪之间有显著的增长。这一点是毋庸置疑的事实：在 20 世纪，大约有三分之一的人患上了某种癌症。而最近的预测表明，患癌比例有显著攀升，在未来，我们中可能将有一半的人在一生中患上某种癌症。这个消息听起来很吓人，许多人急于迁罪，便草率地把责任推卸到身边的事情上，从转基因食品到疫苗无一幸免[1]，就连一些稍有科学常识的人们也开始忙着追查元凶。

这并不是因为我们生活的环境毒性更大了，只是因为我们活得更久了。事实上，随着诊断与治疗水平的不断提高，癌症存活率也在不断创造新高。癌症主要还是一种衰老性疾病，最大的致病风险因素就是年龄。我们已经能够在很大程度上避免各种传染病，改善卫生条件，减少使用杀虫剂，这些都让我们比前几代人更长寿了。尽管听起来有些矛盾：癌症发病率的上升，恰好反映了全社会健康水平的改善。然而若只是孤立地看待癌症发病率上升这个简单的事实，会让人出现完全与实际情况相悖的逻辑误差。

有一个重要的问题：如果传闻通常都不可靠，那我们该怎样获得相关数据呢？科学家们警告说，再多的传闻都不能算作数据。这是什么意思？毕竟一则传闻，如果内容准确的话，也可能让我们了解一个系统可能产生的结果。比如，我们都知道会有人中彩票。但这类传闻本身并不能告诉我们，中奖的结果究竟是不是有代表性，或者说是不是常见。

1　有不少误入歧途的不良分子会利用这类出于本能的恐惧为自己牟利——我们将在后面几章中介绍他们的故事。

有时候，问题在于我们真正需要的信息最初都是看不见的，而各种传闻反而掩盖了真实的情况。第二次世界大战中有一个案例特别能说明这一点。当时美国和日本的飞行员在争抢太平洋上的制空权，飞行员们经常在危险的高空混战，双方皆伤亡惨重。为了避免这种惨烈的作战模式，美国海军分析中心（CNA）决定仔细调查返航战斗机的弹痕分布，以求发现机身的薄弱区域。

分析人员在弹痕累累的机身上寻找数据，仔细标注损伤程度与损伤位置。他们发现受损位置遍布机身外壳的各个地方，奇怪的是，像引擎和驾驶舱这些地方却很少受到严重的损坏。由于驾驶舱周围机身受损的情况比较少，工程师们便未予理会，只对机身其他部位进行了加固。但有一位名叫亚伯拉罕·瓦尔德（Abraham Wald）的统计员认识到这种缺失是非常严重的，并提出了一个完全不同的想法。实际上，一旦引擎或驾驶舱受损，战斗机就会燃烧坠毁，根本没有机会返航接受分析。他的真知灼见颠覆了海军分析中心之前的工作，让分析结果指向了完全相反的结论。

这类错误被称作“幸存者偏差”，即人们在不经意中总是容易忽略那些看不见的案例，而只是基于成功的案例得出结论。在一些高度竞争的行业中，这类错误的常见形式就是失败者逆袭的故事：比如一位辍学生逆袭成为身价上亿的总裁，或者自学成才的音乐家一鸣惊人成为巨星。这些故事中隐含的道理是，每个人都能成功，但完全忽略了运气与时机的巨大作用。在这些行业中，很多同样才华横溢的年轻人最终归于平庸，默默无闻，就像是亚伯拉罕·瓦尔德在研究中缺失的驾驶舱数据——人们对此常常视而不见。

还有一种错误逻辑与轶事谬误密切相关，两者有时很难分辨。如果把轶事谬误比作车辆，那么这种谬误就是拉动车辆的引擎，它被称作“证据不完整谬误”或“采樱桃谬误”。所谓“采樱桃”就是选择性地采纳证据，排斥或忽略那些有悖于或不利于自己观点的细节。这里所说的证据可以有不同的类型，也可以涵盖不同的范围。有些就是我们在上文的轶事谬误中看到的，那些精心收集的佐证传闻与口碑好评。还有些更糟糕的情况，就是只关注那些符合自身偏好的数据，却对证据真正传达的信息毫不理会。

这类谬误是公开讲话中存在的一个严重问题，也是向公众进行科普宣传时常常遭遇到的陷阱。无论是有关替代疗法还是气候变化的各种讨论，既得利益者总会试图回避科学界的共识，反而从嘈杂不清的街谈巷议中抓住一些特例大做文章，甚至与其他证据及科学分析有冲突也满不在乎。我们需要明白的是，并不是所有的证据与实验都是同样有效的，若要揭示因果关系，就必须使用精巧可靠的工具与严谨科学的方法。而采樱桃谬误则会让人在面对大量的反面证据时固执己见、执迷不悟。为了更清晰生动地说明这个问题，我们不妨看一下通灵能力者为何能大行其道。

我们身边流传着许多有关通灵能力的奇谈怪论，还有各种各样稀奇古怪的通灵故事。可如果我们仔细分析这些故事，总能得到一些特别的发现。其中有个经典的例子，1997 年理查德 · 怀斯曼（Richard Wiseman）和唐纳德 · 韦斯特（Donald West）用大学生和所谓的通灵者作对比进行研究。他们把已破获案件中的证物交给这两组人，让他们据此推断犯罪的细节。结果发现，通灵组的表现并不比学生组更好，而且两组表现其实都和随机瞎猜差不多。要知道这项研究可不是离奇的传闻，在严谨的测试条件下，从未有所谓的灵媒展现出任何令人信服的超能力。事实上，美国国家科学院在 1988 年的一份相关报告中指出："过去 130 年的研究结果均未能从科学上证实通灵现象确实存在。"

不过通灵论依然大有市场。在美国，大约 60% 的受访者认同"有些人具备通灵能力或超感能力"这样的说法。而在英国，大约占人口 23% 的人们曾经向灵媒咨询过。只要在谷歌网站上搜索一下，就能找到数量惊人的巫师、未卜先知者和灵媒，他们争相竞价以招徕顾客。那么，这些人是如何说服我们的呢？答案很简单，那些通灵理论虽然有悖直觉，却还是广受追捧，因为它全部的基础都是“采樱桃谬误”，也就是那些精心挑选出来的传闻。自诩的灵媒总会四处吹嘘自己的成功经验，对失败教训却避而不谈，由此营造出未卜先知的奇幻效果。当然，这些通灵神术还有赖于信徒自身的心理盲区和统计知识的缺乏，但赤裸裸的采樱桃谬误始终是最关键的因素。

那些擅长利用采樱桃谬误或制造惊悚传闻的人，往往能够从中牟利。有时看起来只是个无伤大雅的玩笑，被旁人嘲讽为愚蠢的骗钱把戏，但是很多灵媒却利用别人的悲痛或焦虑谋求私利。人们特别容易在茫然无措的时候选择寻求灵媒的帮助。他们得到的建议大多不过是些千篇一律的废话，然而有时也可能会有害处。自 1973 年起直到 2013 年去世，西尔维亚 · 布朗（Sylvia Browne）可能算得上是全美国最著名的灵媒了。作为日间电视节目明星，布朗最突出的天赋就是她的自我吹嘘能力。她声称自己拥有令人咋舌的成功预言纪录，还作为顾问帮助警方破获过好几起轰动一时的重大案件。而实际情况是，布朗确实参与了 35 起警方的案件，在其中 21 起案件中，她所提供的线索都太过含糊，毫无用处；而在另外 14 起案件中，警官和家属都坚称她根本没有发挥任何作用。

不过布朗丝毫不为所动，只要全国电视节目中有重要的人口失踪案件，她都继续高调参与其中。比如，1995 年，格温德琳 · 克鲁森（Gwendolyn Krewson）的女儿，23 岁的霍莉（Holly）在圣迭哥市附近失踪，悲痛焦急的家人们无奈之下向布朗寻求帮助。在全国电视节目中，布朗言之凿凿地宣称，霍莉不仅还活着，而且在好莱坞当脱衣舞女。她的预言让绝望的克鲁森一家人重新燃起了希望，随后他们又积极搜寻了数年，始终一无所获。直到 2006 年，牙医记录终于证实，早在 10 年前发现的一具无名女尸就是霍莉，尸检报告表明，她在失踪后不久就已经死亡。布朗胡编乱造的鬼话完全是无稽之谈。

可是还是有人相信她。比如，2002 年琳达·麦克莱兰（Lynda McClelland）失踪后，布朗在日间电视节目中告诉琳达的女婿戴维·雷帕斯基（David Repasky）说她遭人绑架了，而且绑架者的姓名首字母缩写是 MJ，不过她很快就能活着回来。可到了 2003 年，麦克莱兰的尸体在失踪地两英里外被找到。法医检验表明，杀害她的不是别人，就是她的女婿雷帕斯基，这种可能性被所有人都忽略了。面对害怕又绝望的受害者家属，她经常表现出赤裸裸的麻木不仁。1999 年，6 岁的奥珀尔·乔·詹宁斯（Opal Jo Jennings）在沃思堡市附近的祖父母家门前被人抢走。布朗自信地声称孩子还活着，只不过是被绑架去了日本一个叫 Kukouro 的小镇被迫卖淫。可是，奥珀尔的尸体最终在 2004 年被发现，结果表明她在被劫持几个小时后就死于钝器创伤。当然也不用去找什么 Kukouro 小镇了，这地方压根就不存在。

随着一次次无耻的行为，布朗女士的人气与收益却一路上涨，后来还成为多家电视台联播的节目《蒙特尔·威廉斯秀》（*Montel Williams Show*）的常驻嘉宾，在电视节目上散布一些耸人听闻的荒诞预言，每年的收入高达 300 多万美元，短短 20 分钟的电话咨询要收 750 美元。她还把自己这种无耻的能耐运用在情感操纵上，周围簇拥着大批对她的能力深信不疑的观众。布朗女士还把所谓“知识”运用到了医药领域。在一段令人错愕的影像中，布朗对一位手术后痛苦不已的女士说，有一个金属工具留在了她的身体里，因此需要接受全身核磁共振检查。这说法乍一听好像合理，但我们必须明白一点，核磁共振成像机本身就像是一块巨大的磁铁，可能会把金属物体从身体里面直接扯出来。布朗女士辩驳说，至少这样也算是解决了问题。

布朗的职业生涯就是由这种让人惊掉下巴的荒唐预言组成的，这里只罗列了其中的几个例子。尽管她自称预言的成功率高达 87% 至 90%，但有人分析了她在《蒙特尔·威廉斯秀》中的表现，发现成功率就是零。布朗女士对此不以为然，轻描淡写地回应说“只有上帝才会永远正确”，这种满不在乎只能证明她厚颜无耻到了什么程度。不过还有人为此粉饰，说这是吹毛求疵。她一贯做事高调浮夸，狂妄自大得信口雌黄，让盲信的拥趸们满心敬畏，也令心有存疑的旁人更加愤怒。其中一位不相信她的调查员詹姆斯·兰迪（James Randi），愿意出价一百万美元测试她的超能力。布朗女士当时接受了挑战，她不断夸口说自己能够稳赢，此后却不断找借口躲避测试，直到她死时都没进行。事实上，她曾自信地预言自己能活到 88 岁，结果她 2013 年死的时候才 77 岁，这也算是她最后一个失败的预言了吧。

令人遗憾的是，布朗女士这样的人绝不罕见。电视节目灵媒约翰·爱德华（John Edward）在接受詹姆斯·兰迪的检验时就含糊其辞。《最猛鬼屋》（*Most Haunted*）节目的明星德里克·阿科拉（Derek Acorah）也曾被心理学家夏兰·奥基夫（Ciaran O'Keeffe）耍过，被安排跟一个名叫“克利德·凯法”（Kreed Kafer）的灵魂交流了一番，这是个完全编造出来的人物，这个名字是把“骗子德里克”（Derek Faker）的单词字母换了一下顺序。在英国，萨莉·摩根（Sally Morgan）是个家喻户晓的灵媒，她素有争强好胜的名声，也被很多人控诉弄虚作假。在读到一篇措辞严厉的抨击性文章后，她曾试图起诉魔术师保罗·泽农（Paul Zenon），要求 15 万英镑的赔偿。当时有人问詹姆斯·兰迪教育基金会（JREF）的主席 D. J. 格罗思（D. J. Grothe），为什么摩根只索赔这么小一笔钱，她的能力要是真的，她完全可以索赔上百万美元。格罗思语带讥讽地说：“这确实让人心生怀疑，就连萨莉·摩根自己可能都不相信萨莉·摩根的超能力是真的。”

尽管如此，这些人的腰包还是鼓鼓的，观众数量始终非常可观。如果说这些灵媒的把戏几乎就是胡蒙瞎猜，那为什么还拥有如此巨大的市场呢？主要原因就在于“采樱桃谬误”。随机做出的预言有时也会成功，而灵媒就会抓住这些成功不放，大肆强调准确的预言，对失误则避而不谈。要找到一些成功确证其实并不困难。算命师和灵媒常用的一个老把戏叫作“读心术”（cold-reading），算命师只需分析对方的身体语言、容貌外观、衣着打扮、说话方式和年龄，就可以很快说出一些听起来好像不同寻常的信息，这些捕风捉影的猜测往往说中的概率很高，一旦说准，算命师就会充分利用这些成功的例子继续下去，而掩盖起那些失算的部分。只要运用得当，这类伎俩很容易给人留下未卜先知的神奇印象，灵媒就是利用这些成功来不断巩固自己所营造的幻象。

有些灵媒为了避免正面下结论，还会运用所谓的“彩虹骗术”（rainbow ruse technique），也就是说一些陈词滥调，其中包含对当事人的两种相互对立的描述，比如：“大多数时候你是一个积极向上、乐观进取的人，不过有时候也会觉得沮丧难过。”这样的说法想必每个人都会表示赞同，而对于那些容易受到蛊惑的听众或观众而言，这就又成了一则值得津津乐道的证据了。与此相关的还有叫作“霰弹枪”（shotgunning）的常见骗术，就是快速说出大量含糊不清的信息，希望能够蒙对，让当事人有所反应。典型的“霰弹枪”式断言可能是这样的：“我看到一个男人，他死于心脏病；也许是个父亲，或者类似父亲的角色……祖父、伯父、表哥或者哥哥这类……我还能清楚地看出胸口这边疼痛。”只要有个合适的听众，列举这么多男性角色肯定能猜中一个。更重要的一点是，西方国家中大约一半男性都是死于心脏疾病的。

这就是问题的关键所在：灵媒最擅长把观众的注意力全部集中在那些所谓的“成功”上，其实无非是利用“采樱桃谬误”来蛊惑人心罢了。无论这些言之凿凿的成功案例看起来多么惊人，以此来推断拥有超能力其实都是“不根据前提的推理”。同样道理，口碑与好评也常会诱惑我们去轻信一些不靠谱的事情，可我们之所以会被空洞虚假的伎俩说服，还是因为自己存在思维的误区。想要求证某种药物是否真实有效，或者某种做法是否合适妥当，就一定不能只听信那些赞美的言论。

我们在前几章中讨论了一些逻辑论证中最常见的结构错误。当然，论证中还可能出现其他更晦涩混乱的形式，而这几种只不过是最普通的错误。到目前为止，我们讨论的都是深层逻辑结构出错而导致整个论证自身不成立的情况。更正式的说法是，我们所讨论的是论证思路的有效性问题。不过，要进行合理有效的论证，只有正确的逻辑句法是不够的。在数理逻辑中，合理的论证不仅要求结构正确，还要求前提为真。

并非所有可疑的结论都是逻辑错误造成的。在我们曾经讨论过的“希腊时空穿越机器人哲学家”的例子里，论证结构是合乎逻辑的，但是前提有问题，结论同样也站不住脚。这类错误叫“非形式谬误”。由于论证前提可能存在许多含糊不清的情况，就很容易被偷梁换柱，得出似是而非的结论。非形式谬误的类型五花八门，危害严重，很有必要认真地辨识防范。我们将在接下去的几章中进行详细的讨论。

在结束本章之前，不能忽略一个至关重要的辅助定理（推进逻辑论证的垫脚石）：一个论证即使包含着逻辑谬误，也未必一定会得出错误的结论。听起来很讽刺，不是吗？仅仅因为论证过程有误，就宣称一个结论不正确，这不就是“不根据前提的推理”吗？基于一个错误的理由，却得出了正确的结论，这也是完全有可能的。论证过程再怎么糟糕，最后的结论也未必一定是错的。这类错误叫“诉诸逻辑谬误”，也叫“谬误之谬误”。用一个离奇的例子来说，假设你的朋友认为你不应该把手伸进火里面，因为他们上次这么做过以后就丢了钥匙。你当然会认为这是个奇葩的“不根据前提的推理”，这么想并没有错。但你不应该就此认为这个结论也是错的，因为，对大多数没有“阻燃功能”的普通人来说，把手伸进火里本来就是个错误的做法。

这就是我们需要警惕的地方：驳斥一个论证可能相对简单，但是要排除相关琐碎细节的干扰，对观点进行客观冷静的分析，则需要进行细致耐心的思考。换句话说，错误的论证中也可能包裹着合理的结论。当我们考察各种措辞对人的误导时，这一点就显得尤其明显。为了说明这个问题，我们接下来就来分析各种非形式谬误，并探讨我们推理中这些小问题是被如何操控的。

第二部分 纯粹又简单的真相?

Section II: The Pure and Simple Truth?

纯粹又简单的真相很少纯粹，也从不简单。

—— 奥斯卡 · 王尔德

（Oscar Wilde）

4 细节中的魔鬼 The Devil in the Details

当你患上感冒而全身不适，身边好心的朋友很可能会向你推荐维生素 C 来缓解感冒症状。这种做法长期以来一直深入人心，都源于一位看似不太相关的人物：著名学者莱纳斯·鲍林（Linus Pauling）。他学识渊博，兴趣广泛，从量子化学到 DNA 结构均有涉猎，也有不少令人瞩目的学术成就。迄今为止，他还是历史上唯一一位独立获得两次诺贝尔奖的科学家——分别于 1954 年获得诺贝尔化学奖，于 1962 年获得诺贝尔和平奖。另一位诺贝尔奖获得者，DNA 发现者之一的弗朗西斯·克里克（Francis Crick）曾盛赞鲍林是“分子生物学之父”。在 20 世纪 60 年代，鲍林曾在一次演讲中说到自己还想多活 25 年，这样才能与前沿科学发展比肩前行。这样随口说出的一句话，被观众席上一位名叫欧文·斯通（Irwin Stone）的人记在了心里。不久后，斯通致函给鲍林，向他推荐自己发现的永葆活力的灵丹妙药：每天 3 000 毫克维生素 C。

对于这样的建议，那些善于怀疑的人可能会觉得非常可疑，甚至会认为是个骗局。可鲍林并没有这么谨慎，反而选择听从斯通的建议。没过多久他就声称，自己感觉精力更加充沛，甚至患感冒的次数也比以前减少了。鲍林对此热情倍增，在随后几年间，逐步把服用剂量提高到每天 18 000 毫克之多。到了 20 世纪 70 年代，他在这方面变得非常狂热，还专门写了与之相关的第一本鸿篇巨制——《维生素 C 和普通感冒》（*Vitamin C and the Common Cold*）。他在书中高度称赞了服用大剂量维生素的益处，这本书随即获得了巨大的成功。几乎在一夜之间，人们争相购买大量的维生素 C，对它抵御感冒的功效深信不疑。在有些地方，维生素的销量在一年内增加了近十倍，以至于药店出现供不应求的情况。维生素 C 可以让人免受疾病之苦这个好消息，深得美国乃至全世界的人心。毕竟，这是多次获得诺贝尔奖的大学者提出的医学建议啊。

可惜，鲍林热情传扬的福音其实并没有太多可靠的证据。除了一些传闻，根本没有可靠的理据表明大剂量服用维生素 C 对人体有任何具体的益处。1971 年内科医生富兰克林·宾（Franklin Bing）在《美国医学会杂志》（*Journal of American Medical Association*）上发表文章，言辞激烈地批评了鲍林的著作。文章指出鲍林并未获得现实证据就妄下论断，并感慨道："不幸的是，许多普通民众会轻易相信作者兜售的那些想法。"宾当时并未意识到，自己这番话竟然一语成谶，维生素神话果真深入人心，长久流传。后来一系列研究几乎均未发现支持鲍林观点的证据。即便高达 10 000 毫克的剂量，维生素的效果与安慰剂也并无二致。可惜鲍林的说法大行其道，其影响力与范围不断扩大。后来他还出版了好几本相关著作，坚称维生素是广泛适用的万灵药，从癌症到毒蛇咬伤，甚至对艾滋病也有疗效。

尽管越来越多的证据都表明鲍林的观点有误，可他本人却丝毫不为所动，自信满满。他还曾预言说，那些坚持服用大剂量维生素的人们能够延长寿命至少 35 年，而且不会生病。鲍林本人于 1994 年去世[1]，可他关于维生素 C 的观点却一直流传至今，长盛不衰。事实上，大剂量服用维生素 C 非但没什么好处，也不值得鼓励。这样大剂量的服用

---

1 鲍林于 93 岁时离世，但他的高寿与维生素 C 并没有什么关系，而是主要得益于完善的医疗服务和良好的基因。值得一提的是，我曾有幸在 2016 年牛津大学沃弗森学院的晚宴上见到了病理学家迈克尔·爱泼斯坦爵士（Sir Michael Epstein）。当时他已是 95 岁高龄，却依然思维敏捷、身体矫健。当在座的另一位研究员向他询问健康长寿的诀窍时，爱泼斯坦爵士笑着回答说："秘诀就是选对父母。"

可能带来严重的肠胃胀气和腹泻等副作用，有些好事者不禁怀疑鲍林所说的活力是不是主要发生在他的肠道里。不过，不可否认的是，正是因为鲍林权威的地位，才让这类神话在人们心中牢牢扎根，一直传到今天。

这种错误思想的根源在于我们对术语和概念的理解。在人类各种根本特征中，语言是最独特的，也最强大。在人类文明初创之时，进化赋予我们这一天赋，让我们具备能够说话的生理器官，和将思想转化成语言的思维能力。语言是我们人之为人的核心能力，但它本身是含糊不清、模棱两可的。我们的词汇有丰富的含义，有时根本就不能从具体语境中剥离出来理解。这种含糊的特征，让我们得以表达丰富多样而又细致微妙的含义，诗歌、幽默与戏剧也是基于语言的含糊特征而发展起来的。这一特征也可能掩饰罪恶，词汇与概念的灵活使用也常常引人误入歧途。事实上，很多概念都语焉不详，极易混淆，而“专家”就是这样一个词。

我们常常根据专家的意见，来指导自己的判断。比如在医疗方面我们都会听从医生的意见，医生曾接受过大量相关训练，相信他们当然是最合理的选择。不过实际情况并不总是这么泾渭分明。上文中鲍林的例子也表明，一个领域的专家并不一定在另一个领域里也是专家，有时候甚至连基本常识都没有。这被称为“诉诸权威的论证”，即用看似权威的支持意见来证明一个结论为真。但这种论证中存在一个难以克服的严重问题，就是它假定专家是不会出错的。以政治家为例，他们可能是政策与民主问题上的专家，但是他们的看法可能因为意识形态立场的原因而发生变化。即使所谓的权威，其本身可能也饱受争议，就好像“专家”是一个含糊不清的术语，很难界定。比如人们在探讨一个伦理上两难的问题，专家可能是一位牧师，也可能是一位哲学家，而他们很可能给出截然不同的建议。

就连我们例子中所说的医学问题，也是存在主观性的。相信医生通常是合理的选择，但不少提供替代疗法的人，即使没有证据能够支持他们的观点，在说话的时候仍然表现得很有权威性。一些具备资质的医生也可能听信一些未经证实甚至已经被揭穿的错误观点。看似值得信任的权威专家也可能因种种原因而犯错，比如知识局限、个人偏见、恶意欺骗，甚至人云亦云。完全依靠权威是危险的，尤其是一些权威自身的专业能力本身就值得怀疑，比如，经济学家个个学识渊博，他们的预测却总是相互矛盾。[1]

诉诸权威的论证是经典的非形式错误。当论证的前提出现错误，即便逻辑合理，也会出现这类错误。具体出错的情况千差万别，有时是前提太无力，不足以支撑结论，有时是语言太过含糊，有时则是做出了错误的概括。语言不仅为我们提供了丰富多彩的表达方式，同时也留下了许多缺口与沟壑，其间潜藏着很多似是而非的推论和妄断。诉诸权威的论证总是倾向于树立某种高高在上、亘古不变的绝对权威，但是，随着前沿知识的快速发展变化，这样的推论很快就站不住脚了。

19 世纪 40 年代，德裔匈牙利医生伊格那兹 · 菲利普 · 塞麦尔维斯（Ignaz Philipp Semmelweis）接受了维也纳总医院产科的一项职务。就在他抵达维也纳的时候，正好碰到欧洲各地发生了因大量婚外怀孕导致的弑婴案。为了遏制这一骇人听闻的趋势，欧洲各国匆忙建立了一些免费的产科医院，维也纳总医院下属也有两所产科诊所。此时距离抗生素的发明还很遥远，妇女分娩的危险性很高，许多母亲在产后不久就死于感染。令人奇怪的是，尽管维也纳的这两家产科诊所几乎在各个方面都很相似，第一间诊所的死亡率却远远高于第二间。许多即将分娩的母亲们在知悉了这一情况后，纷纷千方百计入住第二家诊所，有的甚至宁愿在大街上分娩也不愿去第一家诊所。

1　也许有人会抬杠，说科学不就是权威提出的某种观点吗？我们在下文中会看到，并不是这样的，尽管个别科学家确实会利用公众对科学的信赖推销错误观念。

两家诊所死亡率相差太大，一时难以解释，这激起了塞麦尔维斯的好奇心。起初他的调查并没有任何进展。1847 年，他的同事雅各布·克莱奇卡（Jakob Kolletschka）在进行一项常规解剖的时候，意外地用手术刀割伤了自己，结果竟然暴病身亡。塞麦尔维斯发现他的死状恐怖，痛苦的症状和那些不幸的产妇完全一致。克莱奇卡死后，塞麦尔维斯根据这一线索，揣测是某种腐烂的有机物质导致了感染，或者说，这种疾病是由死尸身上的某种微粒传播的。后来他发现两家诊所存在原本未被发现的一个差异，这更加坚定了他的想法：第一家诊所的医生在照顾产妇之余，经常进行尸体解剖以磨炼技艺。为了证实他的想法，塞麦尔维斯设立了一套严格的消毒杀菌流程，包括用氯水清除死尸的气味，由此彻底清除医生身上可能带有的“死尸微粒”。这个办法立竿见影，产妇死亡率随之大幅下降。不到一个月，第一家诊所的死亡率就降到第二家诊所的水平，因发烧致死的数量也降到了历史最低点。

尽管他的实验获得了无可置疑的成功，塞麦尔维斯还是遭到了很多医疗机构的敌视与抵制。尽管 19 世纪的医学已然处于整个科学时代的初始阶段，但老一辈的医生仍然遵从体液病理学的陈旧概念，坚信所有的疾病都是四种体液——血液、黄胆汁、黏液和黑胆汁——相互之间的不平衡状态造成的。受制于这样的传统思想，医生的主要作用就是采用放血这类手段来调节体液平衡。许多医生依然埋头研读古老的医学典籍，对于新颖先进的科学疗法最多略懂些皮毛而已，他们的知识大多还是前辈或教授们代代相传而来。因此，当时的医学领域充满了强烈的个人观念和固执的成见，许多治疗方法与其说是基于现实依据，更像是源自传统仪式。

塞麦尔维斯的观点公然挑战了当时的医学传统，还触痛了很多医生的敏感神经。这样一个自命不凡的年轻人居然敢说他们不够干净，这可彻底激怒了他们。许多人完全无视他的工作成果，声称只要有悖于医学权威就一定是错误的。到 1865 年时，塞麦尔维斯在打击之下已经完全无心工作，还出现了一些认知障碍的迹象。后来，他开始过量饮酒，用恶毒的语言写信回击批评者，言辞一封比一封激烈。他满怀愤懑地抨击当时的产科医生，说他们是“不负责任的杀人犯”和“不学无术的蠢货”。这样的做法也让他付出了相应的代价，不仅自己的学术地位受损，一些比较重视科学、不太教条的同行们也拒绝接受他的研究结论。在47岁那年，塞麦尔维斯不得不住进了精神病院。

那个时代有关精神健康方面的科学知识更为缺乏。住进精神病院后，塞麦尔维斯被捆绑在紧身的束缚衣里，身上还浇着冷水。在尝试逃跑失败后，他遭受了残忍的殴打，最终留下无法治愈的伤口。仿佛是命运开了一个玩笑，塞麦尔维斯在两周后也出现伤口感染，因为无人关心照料，最终孤独死去。除了一些家人与朋友，几乎没有人前来参加他的葬礼。在维也纳总医院，年轻的医生们不屑于认同他的做法，既然权威都认定塞麦尔维斯是错的，便不会再有人提出质疑。没过多久，产妇死亡率还是无可避免地骤然升高了。直到几十年后，人们才普遍接受了“洗手也可以救人”的观念，可惜，因为医学界长期以来的固执和愚蠢，数不胜数的年轻女性已经付出了生命的代价。

塞麦尔维斯的遭遇常被用来作为“诉诸权威的论证”的鲜活案例。在一定程度上确实如此，不过，就塞麦尔维斯的医学发现而言，当时人们的反应和通常所描述的有一些不同。事实上，塞麦尔维斯远远算不上第一个建议用石灰水洗手的医生，不过他在这方面的研究确实很有价值。此外，他认为所有的疾病都来自“死尸微粒”，这个想法是完全错误的。数年之后，路易·巴斯德（Louis Pasteur）才揭示了微生物的存在。即便在塞麦尔维斯的有生之年，也早有很多证据表明他的疾病通用模型明显是不正确的。人们也并不清楚他究竟发现了什么，尤其是他后来精神状况每况愈下。他始终认定只有一种病因，而且否认空气传播的可能性，这令许多笃信科学的同行也感到灰心沮丧，即便在那个时代，这些想法都是明显错误的。尽管事出有因，但他对批评者反应激烈，用词尖锐，着实令人难以亲近。

说到这里，你可能会问我为什么提到这件事。这么做有两个原因。其一，在这个为人熟知的故事中，确有证据表明塞麦尔维斯冒犯了权威。其二，也是更为重要的一点，塞麦尔维斯的故事可以很好地说明另一种更危险却也更顽固的思维缺陷。他主要的科学失误是把复杂多变的疾病简单归于一个病因，如此看问题的角度既不正确也不全面，可他固执己见，并由此得出了许多错误的结论。塞麦尔维斯无意中用自己的故事给我们演示了另一个常见的错误："单因谬误"，或者说是"过度简化谬误"。

想要发现世间万物背后的普遍规律，本是无可厚非的。人们在内心总会渴望那些简洁明确的说法，有因有果，清晰精准。可在错综复杂的现实世界里，这种简约往往只是例外，并非常规。也许我们面对命运无常，内心渴望获得某种容易理解、贯彻始终的原则与规律，单因谬误才会有吸引力，但是往往会得出完全错误的结论，或因过于简化而毫无用处。尽管如此，我们还是希望从杂乱无章的世界中寻求简单明确的意义，所以还是会常常使用这样刻板无聊的思考方式。单调乏味的政治话语和媒体话语中常常会用到它。面对复杂多变的社会现象，那些专家学者在各种意识形态主导下，或提出看似简单明确的解释，或提供简便可行的解决方案，却根本没有意识到，许多社会问题其实是诸多原因与相关因素共同作用的结果。这种过度简化谬误最常出现在有关社会问题与政治问题的讨论中，往往混淆视听，后患无穷。

1918 年，当第一次世界大战接近尾声的时候，德军最高指挥机关"最高陆军指挥部"（OHL），实质上是一个军事独裁机构。在西线的春季攻势快要结束的时候，最高统帅部已经看清局势——赢得战争已无可能。面对即将到来且不可避免的战败结局，最高陆军指挥部迅速转型，采取简单的议会制度。最终，在这个新的民主政府的领导下，交战双方签署和平协定，并结束了这场战争。可是，1918 年 11 月的停战协议却让德国国内的民族主义右翼势力陷入混乱：强大的帝国战争机器怎么可能被彻底颠覆？更让他们恼羞成怒的是，随后签订的《凡尔赛和约》明确认定德国是整场战争的罪魁祸首。

曾傲视群雄不可一世的德国陆军和海军被逐一肢解，战争还造成了巨额的债务负担，在德意志帝国的军国主义势力看来，这些都是难以想象的奇耻大辱。事实上，德国的军事力量衰退有着众多复杂的因素，但他们就是拒绝直面这些问题。在残酷的战争现实与战败国的挫折与羞耻之中，他们竟然滋生了诡异的妄念：必定是德国的大后方出现了叛国势力，并密谋从内部摧毁了德国。这个说法让许多人坚信不疑，甚至连像埃里克·鲁登道夫将军（General Erich Ludendorff）这样的名人也不例外。1919 年，与英国将军尼尔·马尔科姆爵士（General Sir Neill Malcolm）共进晚餐的时候，鲁登道夫将军情绪激动，滔滔不绝地谈论德军在一年前惨遭溃败的原因。他怒气冲冲地罗列了很多战败的借口，其中就提到了那个如今听来颇为荒唐的谣言，即德国后方背叛了它的军队。历史学家约翰·惠勒-班奈特（John Wheeler-Bennett）是这样描述两位将军之间的交谈的：

> **马尔科姆问他："将军的意思是，有人从背后捅了你们一刀？"鲁登道夫两眼发亮，就像看见骨头的狗一样，立即重复了这句话说："从背后捅了一刀？是的，没错，就是这样。有人从背后捅了我们一刀。"从此这个说法就流传了下来。**

有了这一次错误的灵光一现，鲁登道夫更加不遗余力地传播这个"背后捅一刀"（Dolchstoßlegende）的说法。这个谬论，举重若轻地把责任都推卸到一群秘而不宣的破坏者头上，很快就让很多德国人深信不疑。至于所谓的邪恶势力究竟是什么身份，心怀偏见的人们各有各的想法：布尔什维克主义者、共产党人、和平主义者、行业工会会员、共和党人、犹太人，也有人怀疑是一群乌合之众。这个说法与一些极端民族主义的论调不谋而合，也正吻合了理查德·瓦格纳（Richard Wagner）的歌剧《诸神的黄昏》中一幕的象征意义：哈根将长矛刺入西格弗里德裸露的后背。于是，魏玛共和国早期的民主领袖与德国停战协定的签署人，被疯狂激进的右翼分子污蔑为“十一月的罪人”。谣言与激愤甚嚣尘上，1921 年，作为签署人之一的马蒂亚斯·埃茨贝格尔（Matthias Erzberger）遭到极端民族主义的“执政官组织”（Organization Consul）的刺杀。随后一年，外交部长瓦尔特·拉特瑙（Walther Rathenau）也被同一组织刺杀。

当然，这种简单粗暴的背叛阴谋论根本没有任何实质内容，无论是德国国内还是国外的学者都已将其彻底否决。尽管内容不实，这个空洞荒谬的言论却仍不失为一个博人眼球的精彩故事，从此流传开来。而且，听信谣言的人们选择性地不断收集各种所谓“背叛”的素材。比如，犹太记者库尔特·艾斯纳（Kurt Eisner）被判犯有叛国罪，并被指控在 1919 年煽动了兵工厂罢工。第二年，艾斯纳被一名民族主义者暗杀身亡。其实，鲁登道夫将军本人应该也明白，这样的行为对德国战败的影响其实是微乎其微的，1918 年的德国早已国力衰微，在一系列错综复杂的因素作用下最终被彻底打败。但要承认德国战败源于一系列复杂因素的影响，远不及“背后捅一刀”的论调听来简明扼要、令人安心。这种传闻还给追随者提供了替罪羊，为所有的失败“背锅”。但这个说法不仅仅是保护了德国人的面子，还滋生出更多毒害，那就是新一轮恶毒的反犹太主义思潮和根深蒂固的政治仇恨。这种扭曲的历史观，很快就找到了一个颇有煽动力的代言人，一位年轻的奥地利激进分子，他的名字是阿道夫·希特勒。

希特勒全盘接受了这种谣言，并对此深信不疑，还在其中融入了自己日益强烈的反犹太主义和反共产主义信念。在《我的奋斗》（*Mein Kampf*）一书中，他把德国一战战败归咎于世界各地的犹太人和马克思主义者的邪恶阴谋。在纳粹的政治宣传中，被推翻的民主制魏玛共和国就是叛国罪行的代理人，是“腐败堕落的糟粕、民族的耻辱，对正直的‘全国抵抗力量’进行残酷镇压，十四年来，德国都掌握在犹太人、马克思主义者和‘文化布尔什维克’手中”。1933 年希特勒当权后，“背后捅一刀”就不再是什么边缘观点，而一跃成为纳粹的正统，被作为确凿无误的真理教给学校的孩子们与全体公民。犹太人遭到了强烈的指责，被认为在内部背叛了德国，被打上“不忠分子”的标签。此后，指责愈演愈烈，逐渐丧失人性，在希特勒统治下，纳粹德国更是把犹太公民视为寄生虫和叛徒。

正是在这种完全莫须有的反人道偏见中，发生了人类历史上最耸人听闻、最丧心病狂的残杀无辜的暴行。到 1945 年，第二次世界大战接近尾声时，大约 600 万犹太人被纳粹德国有组织有计划地处决，此外还有 1100 万人死于纳粹所谓的“最终方案”——也就是我们现在所说的大屠杀。如此大规模的屠杀不仅骇人听闻，同时也提醒我们，那些用心险恶的言论一旦在国民心中扎下了根，将会令多少无辜的人付出生命的代价。这类种族灭绝背后究竟有着怎样匪夷所思的想法，我们可能永远也无法完全理解。我们所能做的，就是保持谨慎小心，面对复杂的问题与困难的局面时，不要犯下这种过度简化谬误。可以说，这类“过度简化”的言论在针对犹太人和其他人群的污蔑与指责中扮演了助纣为虐的角色，也强化了加害者及其帮凶的偏见。

因果简化谬误的形式五花八门，其中最常见的当属“两难推理”或者“假二分法”。这类谬误是在两个极端选项中做出非此即彼的选择，而事实上还存在许多其他不同的选择。尽管内核空洞，这一谬误却非常适用于煽动群众的情绪，因为它把许多可能性简化成了一两个选项。一旦听众们接受了这种过度简化的说辞，演讲人就可以顺水推舟地提出非可喜即可鄙的两种结果，这样一来，这种假二分法实际上就造成了不容妥协的二分对立。这类谬误的狡黠之处在于，它可以用来迫使尚未结盟或无党派人士加入演讲人的阵营，否则就可能让自己丢脸。这种谬误还暗含着一个推论：如果有人不赞同演讲人的提议，那就间接或直接地表明他们是敌人。

这样的无稽之谈却有着很大的影响力，像磁石一样，把那些鲁莽草率、毫无防备的听众引向演讲人想要的方向。不难想象，这类谬误在政治领域流传已久，最为典型的形式，就是“你不是支持我们就是反对我们”。这类义正词严的宣告几乎遍及所有的政治话题和政治派别。时任美国总统乔治·W. 布什在“9·11”恐怖袭击发生后的国会联席会议上发表演说时，他就警告各个国家：“你们要么支持我们，要么支持恐怖分子。”

这种两难推理谬误由来已久，流毒甚广。历史上的相关案例足以写满好几本书。阿瑟·米勒（Arthur Miller）于 1953 年创作的戏剧《萨勒姆的女巫》（*The Crucible*）反映的虽然是萨勒姆女巫案的故事，却绝妙映射出当时社会上广泛流传的反共产主义狂潮。在剧中，副州长丹福思也曾用同样谬误的方式警告别人说：“一个人要么是支持法庭的，要么就被认为反对法庭。反正没有中间道路。”除了政治外，两难推理谬误还会被用于一些情绪化的话语中，推动特定的言论，但其中的逻辑根本站不住脚，因为在两个极端之间还存在其他合理的中间立场。

正因如此，假二分法是与理性话语背道而驰的，还会催生极端主义思想。这种两极对立的谬误既不利于切实地解决问题，也无助于建设性对话的开展。它之所以打动人心，是因为它把一系列复杂的问题压缩成简单明了、相互对立的两个极端，长久以来备受独裁者和煽动家的青睐。它的恶劣影响至今有增无减，被广泛应用于很多领域，造成的恶劣后果也不难预见。这种风气在社交媒体上尤其盛行。各个领域都存在很多复杂的问题，也存在各种不同的观点，但有时就会逐步演变成两大立场之间的骂战，两者黑白分明，势如水火。在这类网络交锋中，公众意见往往会形成势不两立的两个阵营。

这些过度简化谬误总有着强大的吸引力，这一点并不难理解：它们为复杂现象提供了简单明确、令人心安的解释。人们一旦觉得自己理解了某件事情，自然觉得心安理得、理直气壮，就像是在混沌乱世中找到了心理上的安慰毯，树立了信念的图腾柱。力求理清事情的因果原本就是一种人性的本能，正是这种难以遏制的探究欲望，在过去数千年中推动人类上下求索，不断追求新知，也正因如此，人类不仅学会了使用火，还发展出量子力学理论。如果没有这种难以抑制的好奇心，人类的艺术与科学发展都将大为逊色。然而，我们对知识的渴望也可能让我们陷入各种因果谬误的陷阱——它植根于我们的迷信和仪式里，甚至宗教中。在下一章中我们也会看到，要真正区分因果绝非易事，错误在所难免，甚至会给人们带来损害。

5 无风也起浪
Smoke without Fire

人类对迷信一直怀有始终不渝的热情。无论我们自诩是何等理性的动物，可每每从梯子下走过，或碰见破碎的镜子，绝大多数人还是难免会感到些许的惶恐与不安。还有些人会刻意回避那些所谓不吉利的动物、地点或数字。许多人都有“恐 13 症”（Triskaidekaphobia），即害怕数字 13，所以很多酒店会故意回避使用 13 层楼或 13 号房间的命名。[1] 需要说明的是，迷信并非为人类所独有。伟大的心理学家 B. F. 斯金纳（B.F. Skinner）就曾证明，另一物种也与人类一样迷信，那就是毫不起眼的鸽子。

斯金纳的发现来自一个经典的条件反射实验。一些鸽子每过一段随机间隔的时间，就能从一个机械装置中获得奖励。在随机获得多次奖励后，有些好奇的鸽子开始相信是自己的某种行为触发了奖励机制，于是自行发展出各种仪式，以期待获得奖励。这些鸽子都成功形成了条件反射，试图用复杂的舞蹈来讨好神灵，赐给它们食物。渴望获得奖励的鸽子不断重复这个仪式，动作也变得越来越复杂。斯金纳观察到了以下的现象：

其中一只鸽子形成条件反射，逆时针绕着鸽笼转圈，在

1 这是在西方世界的迷信现象。类似地，很多中国人认为数字 4 不吉利，因为谐音“死”。——译者注

两次奖励之间能绕 2~3 圈。另一只鸽子反复多次地把脑袋塞进鸽笼上部的角落里。第三只鸽子则养成了类似“摇头”的反应，它先压低脑袋，仿佛是把头伸进一个隐形的横杆下面，然后猛地仰起头来，如此反复多次。有两只鸽子还像钟摆那样晃动头部和身体……还有一只鸽子会做出不完整的啄食动作，或者朝地板的方向擦刷，却并不触碰地板。

虽然斯金纳有很多重要的科学发现，但是很难不让人们把“让鸽子迷信”看作他的职业巅峰。在斯金纳看来，这充分说明行为可以得到强化——每当鸽子完成那些仪式后，就能得到奖励。鸽子显然也不会质疑自己的做法是否科学，反正看起来有效就行了。我们也不必去嘲笑鸽子们的行为如此愚蠢，因为人类也常常这样。鸽子的复杂舞步在很多方面与人类求雨的舞蹈如出一辙，而跳舞求雨在美洲、欧洲和亚洲各地的部落中都有着数百年的历史。这类仪式早已深深根植于我们的社会生活之中，并发挥着重要的作用。我们不仅善于观察，还能基于观察做出推断，这早已是人类重要的特征之一。

人类的根本冲动之一，就是把两个或者多个本无关联的现象联系起来，但仅仅因为一件事先于另一件事发生，并不能就此证明是前者导致了后者。要确定两个观察到的事物之间是确实存在因果关系，还是仅仅存在时间先后的巧合，可不是一件简单的事情。生活中随处可见很多人妄断因果事由，做出草率鲁莽结论的事情。这一类涉及因果关系的非形式谬误，被统称为“后此故因此”谬误（after this, therefore because of this），这个术语一针见血地指出了这类谬误的要害。从表面看来，这种似是而非的因果谬误很有吸引力，因为它罗列出一系列看似有因果关系的事件，但这种逻辑谬误的症结在于，先后顺序上的联系并不能够确保因果关系的存在。

我们不妨举个例子。数千年来人类一直遭受着疟疾的折磨。早在公元前 400 年，这个疾病尚未拥有现在这个名称时，希波克拉底就曾论述过它的病因，称疟疾是由沼泽地区不健康的空气导致的。希波克拉底被誉为医学之父，今天的医生们还要以他的名义进行入职宣誓，因此他能产生如此深远的影响也就不足为怪了。罗马的医生们也发现疟疾病人通常都住在沼泽与湿地附近，有晚间散步习惯的人尤其容易患病。按古代医学的标准而言，这些观察至少都算是合理的。可同时代的内科医生昆塔斯·塞利纳斯·萨摩尼古斯（Quintus Serenus Sammonicus）的做法却大不一样。他请病人们把咒语“abracadabra”刻在护身符上，还要在纸上反复写好几遍，每次少写一个字母，据称这样可以治疗高烧。

随着时间的推移，一代又一代的医生们反复证实了潮湿的环境与疟疾之间是有关联的，这也体现在这个疾病的名称上：“疟疾”在英文中是 malaria，两部分分开的意思就是“糟糕的空气”。[1] 直到 1880 年，法国军医查尔斯·路易·阿方斯·拉韦朗（Charles Louis Alphonse Laveran）才在疟疾患者的血液中发现了寄生虫。又过了几年，在 1887 年，就职于印度医务部队（Indian Medical Service）的英国军官罗纳德·罗斯（Ronald Ross）证实蚊子可以传播疟疾寄生虫，由此也明确了这一疾病的关键诱因。由于蚊子在夜间活动，在停滞的死水中产卵，所以自古认为夜间的沼泽地与疟疾之间存在关联是正确的，但有关病因的推论是错误的。导致疟疾的并非糟糕的空气，而是蚊子叮咬后传播的寄生虫，只不过蚊子恰好是在水边滋生繁衍。

尽管人们曾错误地认为疟疾与空气有关，但这种说法也没造成什么损害。无心插柳之下，让人们远离蚊虫滋生的区域也肯定挽救了很多生命。正如塞麦尔维斯当时关于洗手的结论一样，虽然原因不对，却也挽救了很多年轻母亲的生命。但这些属于幸运的意外，更多见的则是相

1 在我国古代，“疟疾”就被认为是由“瘴气”引起的。——译者注

反的情形。有时候，一个错误的结论会带来严重的后果，在这方面最有说服力的莫过于公众对于疫苗的恐慌。在 20 世纪 90 年代末和 21 世纪初出现了一些谣传，说自闭症与接种疫苗有关。除了清洁用水和公共卫生设施之外，地球上最重要的拯救生命的手段就是疫苗。尽管如此，从一开始就有人反对疫苗接种。早在 1772 年，牧师埃德蒙·梅西（Reverent Edmund Massey）在布道时就用过一个耸人听闻的标题：《危险且罪恶的接种》。他认为疾病是上帝降下的“神罚”，避免人们患上天花和亵渎神灵一样，是“罪大恶极的做法”。

其他人提出的反对理由更加主观。有的人认为人是不容侵犯的完整个体，有人则完全误解了免疫的基本原理。这些反对意见往往是有自我局限性的。1873 年，在瑞典首都斯德哥尔摩，人们出于宗教观念和对个人权利的忧虑而抵制疫苗，结果首都市民的牛痘接种率只有 40%，远远低于瑞典国内其他地区 90% 的接种率。结果第二年天花大爆发，迅速扭转了人们顽固抵制的态度，在天花疫情到达顶峰时，疫苗接种人数也出现了显著的增长。至少在斯德哥尔摩，天花爆发的残酷现实彻底粉碎了市民们残存的幻象与谬念。

在 19 世纪的欧洲国家，天花爆发往往会造成非常严重的后果。那时每年被天花夺去生命的人数多达 40 万人，幸存者中也有三分之一的人会失明。患上天花的病人全身遍布脓疮，通常都会留下永久的疤痕。无论贫富贵贱，无论王孙或是乞丐，无人得以幸免。在死于天花的芸芸众生之中，有英国女王玛丽二世、奥地利皇帝约瑟夫一世、西班牙国王路易一世、俄国沙皇彼得二世、瑞典女王乌尔丽卡·埃利诺拉，以及法国国王路易十五。

在 20 世纪之初，免疫学的最新发展也带来了疫苗接种的振兴，人们开始用它对抗肆虐人间的各种古老疾病。天花当时可算是万疾之王，截至 1959 年，每年都有多达 200 万人因感染天花而丧生。也正是在那一年，世界各国通力协作，开始积极推动天花疫苗接种项目。到了

1979年，这个可怕的病毒已经被完全扑灭了，人类有史以来第一次彻底攻克了一种致命的病毒。如今，天花的概念只留存在历史典籍与不堪回首的记忆里，还有很少的样本被小心保管在世界上为数不多的几个生化实验室里。20世纪50年代，人们相继开发出针对当时常见的小儿麻痹症和麻疹等疾病的疫苗，拯救了无数的生命，让疾病的痛苦逐渐淡化成为遥远的回忆。截至1994年，美洲已经彻底消灭了小儿麻痹症，随后欧洲也在2002年达成了这一目标。

但是在很多方面，疫苗的成功也给自己埋下了祸根。随着时间的推移，这些曾经肆虐人间的可怕疾病渐渐地淡出公众的意识。人们再也不会看到满脸疤痕的天花患者，也不会碰见因小儿麻痹症而致残致畸的病人，再没有儿童因感染麻疹而丧生，也再看不到麻疹感染导致患儿耳聋或大脑损伤的病例，这些恐怖的景象都已经慢慢地从人们的集体记忆中淡化消失了。如今，患病风险看似遥不可及，自鸣得意的心态就开始萌生。人们已经淡忘了疫苗给世界带来的巨大而深远的变化。[1]在20世纪的大多数时期，公众对疫苗的接纳程度很高，尽管始终有人对疫苗不以为然，但并未形成气候。这股力量长期潜伏在暗处，处心积虑地对疫苗进行栽赃陷害。当然，大多数谣言不过是些奇谈怪论，不足挂齿。[2]在20世纪末期，年轻父母们很少像自己的父辈那样担心孩子早早夭折，但当生存已经成为理所当然和毋庸置疑的前提条件，一些新的忧虑与恐慌也随之而来。

人们主要担心的一点是发育障碍问题。在20世纪末期，儿童自闭

---

1 在第一次世界大战期间，军旅诗人西格弗里德·萨松（Siegfried Sassoon）曾经写下这样的话："大多数待在家里的人，面对他们未曾经历的伤痛，根本没有足够的想象力去体会，只会表现出事不关己的冷漠与沾沾自喜的傲慢。"萨松的本意是抨击公众对于惨烈战事表现出的漠视与麻木，但每次遇见有些人对疫苗不以为然、嗤之以鼻的时候，我总是会想起他的这段评价。

2 反疫苗人士的典型心理特点包括：推理错误、依赖传闻而非数据、思维模式的认知复杂度较低。阴谋论总是在一定范围的区域内传播，往往把批评他们的人视为属于某个居心叵测的利益集团。

症发病率明显增高，令父母们感到担心恐惧。自闭症谱系障碍的症状一般出现在学步期儿童接受免疫接种后不久。这就带来了一个令人不安的隐忧——也许是接种导致了自闭症？事实上，并无医学证据证实两者之间存在关联，反而有很多证据驳斥了这种说法，要不是一位英国胃肠病专家对此大做文章，这个子虚乌有的说法原本早就应该淡出公众的视野了。这位臭名昭著的专家名叫安德鲁·韦克菲尔德（Andrew Wakefield）。

1998 年，韦克菲尔德与人联名在著名医学期刊《柳叶刀》上发表了一项小规模研究报告，研究对象仅包括 12 名自闭症儿童，并声称他们发现了一系列胃肠道疾病症状都与自闭症有关。他们还煞有介事地将这一发现命名为“自闭症患者小肠结肠炎”（autistic enterocolitis），并在文章的说明部分暗暗地提出了一个猜测，认为这可能与麻疹疫苗有关。这原本只是一笔带过的不成熟的想法，并没有任何佐证信息。在正常情况下也没有人会去理会这种毫无根据的断言，但韦克菲尔德却做出了异乎寻常的举动——召开新闻发布会。他完全无视严谨勤恳的科学操守，公开宣传称自己发现了麻腮风（MMR）三联疫苗与自闭症有关的确凿证据，声称三联疫苗并不安全。而当时自闭症发病率增加，引起公众的广泛忧虑，与他的论断正好一拍即合。

刚一开始，这个耸人听闻的理论并没有对公共话语造成什么影响，反而遭到了大量强有力的证据的反驳。主流科学界与卫生记者们轻易就能识破伪科学的假象，对韦克菲尔德赤裸裸的自我营销也十分警觉。尽管如此，在死忠的疫苗反对派不断的推波助澜下，这个说法竟然甚嚣尘上，进入了主流话语，变成一个个有人情味的故事，不仅逃避了科学期刊的监管，而且骗取了很多容易轻信的记者们的信任。没有专业背景的记者自认为是在为民意发声，强调自闭症的症状总是出现在疫苗接种之后，由此也强化了错误的因果关系。那些反疫苗运动人士正需要利用民众的恐慌情绪推动自己的诉求，这下简直是天赐良机。到 2002

年时，在英国出版的全部科学报道中大约 10% 都与 MMR 三联疫苗有关，而这类报道中 80% 都是由毫无科学或医学背景的记者撰写的。医生兼作家本·戈达克（Ben Goldacre）曾言简意赅地总结了这种荒谬的现象："转眼之间，那些通常热衷八卦、报道逸闻趣事的人们忽然都开始关心起疫苗学和传染病学的复杂问题了，还不停地指手画脚、献计献策。"

专业意见与新闻报道之间一直存在着明显的断层。科学记者对于长期存在的反疫苗运动多少都有了解，知道有人会曲解临床医学证据，记者们也懂得运用科学方法和合理的措辞对韦克菲尔德的言论加以驳斥。当负责任的科学作家在报道 MMR 三联疫苗时，往往会强调已有大量有力证据证明疫苗的益处，而并没有证据表明疫苗与自闭症之间存在关联。但是，面对保护孩子的强烈诉求，在混乱的恐慌情绪之下，没有人会关心科学界那些"疫苗救人"的善意提醒。俗话说"纸不拒墨"(paper never refused ink)，即人人皆可发声，越来越多的记者、名流和社会活动家都开始参与并传播这个耸人听闻的谣言，然而公众却忽视了重要的一点：他们根本就不具备有关的科学素养。媒体也开始对韦克菲尔德及其拥趸大加逢迎。英国《每日电讯报》（*Telegraph*）还称颂他是"病人的英雄"，完全无视医学界早已就疫苗的安全性和有效性达成了共识。

这场喧嚣疯狂的闹剧自然也付出了惨重的代价。在短短几个月间，西欧各国的疫苗接种率大幅下降，形势之严峻令人难以想象。麻疹病毒在空中经由飞沫传播，传染性极强且难以预防。每一个病例都可能造成 12 例至 18 例的二次感染，一旦染病，不仅痛苦，而且会给患者带来听力丧失、脑部受损等惨痛后果。麻疹也可以致死，每年超过 16 万人因此丧生。麻疹疫苗每年可以拯救数百万人的生命，但我们还远不能掉以轻心。由于麻疹病毒非常顽固，难以根除，只有大量人群集体接种免疫才能防止麻疹蔓延。已免疫的个体可以为那些无法接种疫苗的人群——

如年幼的婴孩和因为健康原因无法接种的人群——提供一道“防火墙”。对于麻疹这样凶险的疾病，必须有大约 94% 的大规模免疫群体才能有效预防疾病的爆发。

在许多无知轻信、幼稚可悲的媒体推动下，韦克菲尔德的胡言乱语广为流传。尽管已有大量的证据表明疫苗是安全有效的，但他的言论还是极度夸大了疫苗的风险程度。[1] 英国正处于这场争议的震中地带，全国各地的疫苗接种率不断下降，最低的地方达到了 62%。紧接着，原本难以想象、罕有发生的麻疹病情很快就成为普遍发生的问题。在爱尔兰海对面的都柏林，过低的疫苗接种率为病毒的传播肆虐提供了理想的环境，导致三名儿童死亡，还有一些患儿留下了永久的疤痕。

很多新闻机构在这一事件中表现的职业操守令人咋舌，但也有例外。调查记者布莱恩·迪尔（Brian Deer）对于甚嚣尘上的反疫苗论调保持怀疑态度，他知道韦克菲尔德的说法与大量科学事实是截然相悖的。迪尔在 2004 年披露了一些证据，这些证据表明，一些专门收集证据以对付疫苗生产商的律师，曾经支付给韦克菲尔德 5.5 万美元。韦克菲尔德无视科学伦理，并未表明过其中存在的潜在利益冲突。迪尔还发现了其他令人震惊的证据，表明韦克菲尔德曾经申请过与 MMR 三联单疫苗存在竞争关系的疫苗专利。而且他完全知情，自己在公开场合所表达的意见与实验室里的科学发现是完全矛盾的。连《柳叶刀》也承认，韦克菲尔德的研究存在“致命的缺陷”。眼见着不利于自己的证据越来越多，韦克菲尔德的应对非常简单粗暴：他以诽谤罪起诉迪尔。所幸迪尔非常执着顽强，他继续披露了更多有关韦克菲尔德行为不端的证据。到 2006 年时，迪尔已经揭露了韦克菲尔德不仅发表毫无依据的不实言论，还收受了出庭律师总计 465 653 美元的款项，这些律师希

1　这也是“虚假平衡”（false balance）的教科书式案例，我们将在第五部分探讨这个话题。

望韦克菲尔德能够发现更多不利于 MMR 三联疫苗的证据。最终，韦克菲尔德不得不撤诉，支付了所有费用。

韦克菲尔德邪说的丧钟终于敲响了。英国医学委员会开始展开全面调查，在发现存在学术欺诈行为后，《柳叶刀》杂志也撤回了他的论文。2010 年 4 月，迪尔更揭发了韦克菲尔德曾经伪造证据。一个月后，英国医学委员会的专家组判定，韦克菲尔德存在严重的职业操守问题，其中包括学术欺诈行为和虐待有发育障碍的儿童。韦克菲尔德随后被取消了注册医师资格。迪尔还进一步爆出证据，表明韦克菲尔德曾计划为并不存在的疾病兜售医疗检测服务，这可能会给他每年带来大约 4 300 万美元的收入。自此，韦克菲尔德从媒体的宠儿一落千丈，成为医学界唾弃的“贱民”。担任《英国医学杂志》（*British Medical Journal*）编辑的菲奥娜·戈德利（Fiona Godlee）教授毫不客气地对韦克菲尔德的劣迹做出了如下总结：

> **是谁制造了这场骗局？毫无疑问正是韦克菲尔德本人……（他）原本有很多机会可以重新检验论文的结果，或者承认自己有错。可他什么都没有做。当其他 10 位论文合著者在 2004 年想要撤回论文的说明部分时，他也拒绝了，而且再三否认有什么不对。尽管他眼下在临床和学术领域都已被剥夺了专业资格，个人名誉扫地，但他还在继续推销自己的言论。与此同时，媒体仍在进行偏颇的报道，政府、研究人员、学术期刊乃至整个医学领域所做的回应也收效甚微，因此，公共健康方面所遭受的损害仍在继续扩大。**

所谓“自闭症患者小肠结肠炎”是一个谎言，是韦克菲尔德用伪造的证据杜撰出来的，是科学研究无法复现的假象。[1]遗憾的是，尽管已有大量证据表明这只是一场骗局，依然有很多人选择站在韦克菲尔德一边，坚定地认为他们的孩子患上自闭症与 MMR 三联疫苗有关。支持这一信念的最强有力的证据就是那个偶然巧合的时间顺序——患儿是在接种疫苗后才开始出现自闭症的症状。这可以说是“后此故因此”谬误的极端案例了——尽管看起来简单明确，很有说服力，但结论根本站不住脚。自闭症发病率上升和疫苗并无关联，最可能的“元凶”是自闭症诊断的标准在不断扩大而已。至于患儿在疫苗接种后才出现自闭症症状，这一点也不足为奇。自闭症是在幼儿期才有所表现，像沟通能力损害这类有说服力的指标往往是在两三岁才较为明显，正好也是疫苗接种后不久。可惜人们捕风捉影，弄错了因果关系，引发了一场人为制造的恐慌。

到 21 世纪初，人们对 MMR 三联疫苗的恐慌可能已经有所减退，但因此受害的远远不止是儿童。很多家长因为过度害怕疫苗而拒绝给孩子接种，这种恐惧心态逐渐在全世界范围蔓延开来。在欧洲和美洲各地，很多学步期的幼儿自身缺乏疫苗保护，身边也缺乏足够的群体防疫水平，其结果是不难预见的。2011 年，欧洲出现了超过 2.6 万个麻疹病例，其中 9 人死亡，7 288 人入院治疗。到 2018 年，这一数字已经攀升至 82 596 例。英国在 2012 年的麻疹病例数量达到了 20 年来的

1　值得一提的是，韦克菲尔德至少在一开始只是将怒火集中在 MMR 三联疫苗问题上。他本人主张进行单次剂量注射，还鬼鬼祟祟地为此申请了专利。正因如此，有些记者认为他不是全面反对疫苗。但这种说法值得商榷，因为整个事件起源于在当时就已被揭穿的反疫苗谎言，即所谓的“疫苗过量”会有损儿童健康。另外值得注意的一点是，反疫苗人士通常并不会自称反疫苗，而是会采用“支持安全疫苗”这样的粉饰用词。不过这些只不过是文字游戏——如果一个人总是强化反疫苗的观点，同时却完全无视有关疫苗安全与效果的大量事实依据，难免让人感觉他心怀叵测。如果一个人总是不断质疑科学依据，却随便听信那些街头巷尾的传闻，那他肯定是别有居心。要判断一个人是不是反对疫苗（是不是种族主义者或厌女症等）取决于他的行为，而不是他如何自诩。韦克菲尔德反对 MMR 三联疫苗的立场看似道貌岸然，实则就是流毒已久的反疫苗谬论。不难想象，他在那之后的时间里愈发赤裸裸地反对疫苗，而不需要其他借口。

最高点。威尔士在 2013 年爆发过一次麻疹疫情，导致 1 200 人感染，1 人死亡；爱尔兰在 2010 年出现了 443 例，超过了上一年的两倍；北科克郡的疫苗接种率下降到仅有 26.6%。

麻疹在美国一度销声匿迹，但近年来的感染率却呈现蔓延之势。2014 年，美国有 27 个州发现了 677 个病例，创造了 20 年以来的最高纪录。第二年，一位感染了麻疹的病人在迪士尼乐园又传染了至少 150 人，当地官员指出："2015 年的麻疹爆发很可能是疫苗接种不到位引起的。"2019 年初，纽约也遭遇了数十年来最为严重的麻疹爆发。这些病患都是疫苗恐慌的受害者，可仍然有顽固的反疫苗活动人士在继续煽动这种恐慌情绪。世界卫生组织忧心忡忡地指出，这早已不算什么新鲜事："早在詹纳[1]的时代，人们就已经在思考如何应对反疫苗运动了。以长远眼光来看，最好的办法是从一开始就用科学有效的数据坚决驳斥那些错误言论。知易行难，因为我们的对手往往并不会遵守科学界的规则。"

2019 年的形势非常严峻，世界卫生组织首次宣布，人们不愿接受疫苗接种已经成为全球健康的十大威胁之一。仅仅是因为注意到有时候自闭症在注射疫苗之后出现，就引起了如此巨大的 MMR 三联疫苗恐慌。时间上的巧合恰好成为反疫苗人士的攻城利器，让天真的民众听信"后此故因此"谬误，给喧嚣与骚动火上浇油，这场闹剧的严重后果时至今日仍然余波未尽，也不断提醒我们错误思想可能造成的危害。这场恐慌中，另一个推波助澜的因素是当时的社会思潮。回顾整个事件的来龙去脉，我们都很难理解为什么人们对似是而非的自闭症风险会感到如此焦虑与恐惧，为什么这种假想的恐惧比疫苗救人的客观现实更能够引起公众的共鸣。

部分原因是"可得性"(availability)。对于 21 世纪初的父母而言，

1　爱德华·詹纳（Edward Jenner）在 1796 年发明了第一支疫苗。

我们的环境中几乎没有儿童因患上麻疹而丧生或致残的画面与故事。多年以前，在医学研究与公共卫生领域的共同努力下，麻疹病毒造成的恐怖后果已经绝少发生，当代年轻的父母自然也缺乏共鸣。与此相反的是，自闭症如今却成了家喻户晓的热门话题。报刊上常常会出现有关自闭症儿童的报道，也不乏关于发病率明显升高的各种追问与揣测。这些探讨常常会忽视一个非常基本也非常重要的事实，就是在过去几年间，自闭症诊断标准的范围扩大了很多，以往可能被归类为智商缺陷的孩子，如今也被划入了自闭症谱系，以往在收容机构里无人知晓的孩子忽然间也进入了公众的视野。“自闭症”这个概念进入了公众意识，但麻疹的可怕后果却淡出了。这种概念上的“可得性”让人们的认知产生了严重而可悲的偏差。

人们总是更看重那些更容易获得或更为切近的信息，这个现象叫作“可得性启发”(availability heuristic)。当我们判断一个概念或形成一个观点的时候，那些容易想起的身边切近的事例就会形成思维上的“捷径”。这种思维方式的基本假设是，如果一件事容易被人想起，那就一定很重要，或者说，至少比其他想法更重要。越容易想起的信息，我们就越觉得重要。事实上，这些捷径往往会让人形成偏见，特别容易听信较新近的消息，或者令人难忘的例证。可是，仅仅因为一个消息比较新近，或者比较难忘，并不能证明它就一定是真的，这样的捷径思维也不能推导出无懈可击的结论。忧心忡忡的父母们就很容易得到自闭症而非麻疹的可怕报道，但麻疹的危险远远超出了子虚乌有的所谓自闭症风险。

这种可得性偏见只是众多“启发法”中的一种思维捷径。有时候，当速度比质量更重要的时候，人们就会使用这样的捷径。比如，在生死存亡的关头，迅速反应就能拥有极大优势。假定我们身处荒野，忽然听见灌木丛深处沙沙作响。最大的可能这只是无害的动静，也许只是一阵风吹过，鸟儿飞起或狐狸跑过。我们可以根据自身环境和经验，推测出最有可能的原因。不过，大多数情况下我们都不会这么做——我们的头脑会立即做出反应，危机感一触即发，如果潜伏在草丛中的不是善类而是致命的毒蛇，这一连串行动就可以拯救我们的性命。

这种情形下，我们会不假思索地迅速做出决策和反应。这种经验法则（rules of thumb）就是启发法，让我们出于警惕而启动思维捷径，不惜做出错误判断，以保全性命。当然，这些经验法则远非完美，功能类似于自动驾驶装置。心理学家丹尼尔·卡尼曼（Daniel Kahneman）将我们的思维划分为两种截然不同的方式：系统1和系统2。基于卡尼曼的分类框架，系统1是快速的、直觉式的、看似自动化的反应，系统2正好相反，是慢速的、在理性主导下更有分析性的思维方式。这两个系统是相辅相成的。逻辑思维耗费较多认知资源，而启发法则可以让我们活命。用卡尼曼的原话来说，“这就是直觉式启发法的核心所在：当我们必须做出一个艰难的决定时，我们总会做出较为容易的回答，而往往不会想到还有另一种可能性”。

启发法的功能远远不止于保护我们免受毒蛇咬伤，它是我们思维系统的根本所在。即便当我们深思熟虑的时候，两个系统也都同时参与了运作，可以说启发法嵌入了我们的理性思维。卡尼曼和同事们曾经证实，在我们进行逻辑推理的能力核心中，是可以找到启发法的。问题在于，根据那些容易记起的事例进行推论很容易犯下严重的错误。让我们印象最深刻的那些事例往往都充满了强烈的感情，却并非是最有代表性的事例，比如人们总会高估自己死于恐怖袭击或其他暴力袭击的风险，相反，却会大大低估自己因心脏病和中风而死的概率，尽管后者其实要大得多。很显然，如果我们一味依赖启发法进行思考，就有可能做出错误的推断，最终走向思维的歧途。正如卡尼曼所说：“启发法确实很有用，但有时也会导致严重的系统性错误。”

基于直觉的启发法思维虽然快速，但也遍布陷阱。在2011年出版的畅销书《思考，快与慢》（*Thinking Fast and Slow*）中，卡尼曼讨论了一个简单的问题。买一只棒球和一支球棒共需花费 110 美元，球棒比球贵 100 元，那么棒球的价格是多少？大多数人基于直觉快速得到的答案是 10 美元。但这个答案是错的，这样的话球棒的价格就是 110 美元，总价就会是 120 美元。若要得到正确的答案，不妨把这道文字题转化成代数题。假设球棒的价格是 x，棒球的价格是 y，那我们就能得出两个简单的等式：

$$x+y=110$$
$$x-y=100$$

这是一个方程组，把两个等式相加可得 2x=210。也就是说球棒的价格（x）是 105 美元，由此也可以得出棒球的价格是 5 美元。如果你答错了也不必感觉难过，因为根据卡尼曼的解释，这类错误即便在高智商人群中也很常见：

> **成千上万的大学生都曾回答过这个问题，结果令人震惊。在哈佛大学、麻省理工学院和普林斯顿大学，超过 50% 的大学生给出了直觉式的回答，也就是错误的回答。而在一些不那么顶尖的大学，没能察觉错误的学生比例甚至超过 80%……许多人过于自信，过于相信自己的直觉。他们显然不太喜欢动脑筋，尽量避免认真思考。**

我们总是依赖自己的本能或直觉，但这种本能的反应往往并不是最好的选择，因为很多事情都需要适当斟酌与谨慎考量。世事复杂，当我们做抉择的时候，总会下意识地依赖简便的思路，寻找看似正确的答案，但这也可能会将我们引入歧途，甚至带来危险的后果。我们必须格外警惕，不应该基于有限的数据轻易推断因果关系，也不应该鲁莽草率地做出不合理的结论。尽管老话常说“无风不起浪”，但有时无风也会起浪。可悲的是，就在人们忙着捕风捉影时，也可能无意中点燃了炼狱的烈焰，掀起了滔天巨浪。

6 野兽的本性
The Nature of the Beast

没有哪个话题比移民问题更能展现赤裸裸的紧张矛盾。无论在世界的哪个角落，总有人担心会被外来的“入侵者”推翻。这些所谓的“入侵者”甚至不一定要是外来的，这种恐惧也可能在同一个国家中蔓延，比如因为是不同的种族。美国的种族问题有着复杂的历史渊源，因此在这一问题上尤为突出。蓄奴制度是美国内战的导火索。亚伯拉罕·林肯的胜利也许解放了 400 万美国黑奴，但他们在解放后依然常常遭到排斥与歧视，在社会边缘苟且求生。战争结束多年以后，种族隔离制度依然存在，黑人选民被剥夺了选举权，让非裔美国人始终屈居二等公民的地位，时常遭受暴力迫害。

20 世纪 50 年代民权运动兴起，让人们看到了世界改善的一丝曙光。1963 年 8 月 28 日，小马丁·路德·金在林肯纪念堂前，面对 25 万民权支持者发表演讲，表达了自己对未来的愿景，他希望人们“不再以他们的肤色，而是以他们的品格而受到他人的评价”。在 20 世纪 60 年代末，《选举权法案》（*Voting Rights Act*）和《民权法案》（*Civil Rights Act*）都已得到通过，从此种族歧视与虐待均被视作联邦犯罪行为。令人扼腕痛惜的是，马丁·路德·金博士已在 1968 年遇刺身亡，未能亲眼看到这一天的到来。到了 20 世纪 70 年代初，人们在报纸上公开探讨，马丁·路德·金梦寐以求的、真正的“后种族主义”社会是否即将来到，在这样的社会里，种族将不会影响一个人的命运，而基于肤色深浅的歧视也将永远成为落后时代的遗迹。2008 年巴拉克·奥巴马当选美国总统，这让人们乐观地认为，那个“后种族主义”社会的新时代也许真的已经到来了。

可惜，这只不过是一厢情愿。在法律条文的约束下，陈旧的习气也许会稍加收敛，但并没有彻底消失，而是隐藏得更深了。在奥巴马执政期间，他本人也忍受了或明或暗的各种种族歧视。在他当选后曾冒出一个阴谋论，声称既然奥巴马出生在肯尼亚，那他的总统地位就是不合法的。这个所谓“出生地质疑论”运动还宣称他的出生证明有假，而且他还是一名秘而不宣的穆斯林。这么做等于是对他进行公开质疑，否认了他的美国人身份。所幸奥巴马以他特有的优雅风度潇洒自如地应对了这些指责。但说到底，有些人始终无法接受这样一位成功的黑人是一个“真正的”美国人。在这场“出生地质疑论”中，叫嚣得最响的无疑是当时的电视真人秀明星唐纳德·J. 特朗普。

当特朗普本人参加 2016 年美国总统大选的时候，他淋漓尽致、不厌其烦地多次表达出赤裸裸的种族主义倾向和排外情绪。他对移民恶言相向，竞选的核心立场中包含一个狂妄自大的念头，那就是在美国和墨西哥边境修建高墙。他的主要观点是，移民与外国人让美国陷入困境，特朗普决心把他们统统赶出去。在这个进步的世界，任何竞选人发表这样的言论都会惨遭淘汰，可是特朗普公开排斥和仇视外国人的言论反而得到了白人民族主义者的欢迎，蛰伏了很久的他们纷纷浮出水面，理直气壮地公开叫嚣种族主义。三 K 党前任领袖大卫·杜克（David Duke）就是特朗普的支持者，他狂热地称颂说“他会把我们的国家带回正路”。特朗普竞选团队负责人史蒂夫·班农（Steve Bannon）旗下的布莱特巴特新闻网（Breitbart）也将白人民粹主义作为其中心主题。白人至上主义者理查德·斯宾塞（Richard Spencer）不仅支持特朗普，还支持他麾下开始集结的所谓“另类右翼”运动。全美各地的新纳粹团体和白人民粹主义者都公开表示对特朗普的支持。通常而言，得到这些团体与组织的支持无异于自寻死路，可是特朗普在 2016 年 11

月竟然赢得了美国总统选举，这让白人至上主义者们狂喜不已，却让其他美国民众倍感沮丧。

差不多同一时间，大西洋的另一端也不平静。在 2016 年英国脱欧公投前夕，有关仇恨犯罪的报道陡然暴增。对于外来移民的负面看法，被视为鉴别投“脱欧”票的选民的最大因素。拉票活动常常带有明显的仇外情绪。英国独立党领袖奈杰尔·法拉奇（Nigel Farage）向公众展示了一幅反移民海报，海报上是一队皮肤黝黑的人正在等待越过边境，以此说明继续保留欧盟成员国身份的下场。但其实这只是不切实际的幻想罢了。白人民粹主义时有抬头，措辞激烈，甚至演化成暴力事件。工党议员乔·考克斯（Jo Cox）在街头遭枪击和刺伤后不幸身亡，而袭击者在刺杀过程中不断叫喊着民粹主义口号。在审判时被问及为何要残忍杀害这样一位优秀且无辜的年轻女性时，刺杀者说，考克斯支持移民政策和反对脱欧，她就是背叛白人的“通敌者”和“叛徒”。

白人民粹主义并不是什么新鲜事物，其影响力早已遍布美国、欧洲和俄罗斯各地。他们共同的观点是，白人是一个种族，应该保护他们共同的文化或民族身份。这些人认为多元文化主义、白人的低生育率和非白人移民都是对自己的威胁。还有些更为偏激的想法，认为种族融合就是一个阴谋，旨在颠覆那些以白人为主的国家，因此他们给种族融合贴上了“白人种族灭绝”的标签。经常有人大肆宣扬白人至上主义的观点，宣称白人在智力、艺术、遗传基因及其他方面均优于其他种族。在这些言论中，白人文化被描述成正在遭受外来入侵者全面围攻的文化，而这些入侵者与他们有着根本的差异。可别认为这些只是无足轻重的边缘观点。2017 年末，美国弗吉尼亚大学政治学中心在全国各地开展了有关种族矛盾立场的问卷调查，调查结果令人非常不安：31% 的受访者赞同美国需要“保护和传承本国白人的欧洲血统”这一说法，还有 39% 的受访者赞同“目前白人的社会地位正在遭受打击”的说法。

和所有深入人心的谣言一样，移民恐惧的言论中也夹杂着零星的真相，但是被严重歪曲了。欧洲的生育率确实下降了，但生育率降低不足为奇，更不能证明白人受到了压迫。在全球范围内，女性受教育程度的提高，让避孕手段的使用更为广泛，生育率也开始降低。教育程度的提高还降低了女性可能生育的孩子的数量，即“总生育率”（TFR）。这些都是显而易见的基本道理。比如，加纳国内接受过高中教育的妇女总生育率大约是 2 或 3，而未接受教育的同时代妇女的总生育率是 6。那么，那些反对外来移民的人，担心大量未受良好教育的外国人的涌入会淹没本国人口，这种担忧有道理吗？

担心外来移民泛滥成灾并影响原住民生活的忧虑由来已久。19 世纪 60 年代的美国就曾出现过类似的恐慌。当时主要因为爱尔兰移民的生育率较高，让当地人担心外国人的数量将很快超过早已在此定居的居民人数。如果想想美国是怎么来的，那么对于 19 世纪的美国白人（现在也是如此）居然对外来移民如此担心，敏锐的读者们可能会觉得这非常具有讽刺意味了。在任何情况下，这种恐慌都是没有依据的。因为到了第二代，移民的生育率会出现显著下降，趋于正常水平。这一点不足为奇，因为就生育率而言，社会经济因素与教育因素的影响远远大于群体内在的生育能力。

有意思的是，在 19 世纪的文献记载中，当时的爱尔兰移民竟然被认定为另一个种族，这在我们今天听来简直是无稽之谈。这种荒唐的划分方式也引起了另一个深层的问题：种族究竟是什么，种族又能说明什么问题？过去数百年间，这个问题造成了无数令人心惊的流血事件，难免让人以为“种族”肯定是某种可以测量的客观事物。但让人颇感意外的是，从科学的角度而言，这压根就是个毫无意义的概念。这个星球上所有的人都属于一个物种：智人。就基因而言，人与人之间的差异微乎其微，我们的 DNA 序列有 99.9% 以上都是相似的。用科学家迈克尔·尤德尔（Michael Yudell）的话来说：“基因学方法并不支持把人类区分成离散的各个种族。”[1]至于有些人认为不同种族存在“本质的”基因差异或内部特征，也是毫无科学依据的。正相反，有充分证据显示，种族内部存在的差异远远超过了种族之间的差异。尽管某些基因特征与特定群体有关联，但这些特征并非仅限于某一个单独群体。对人种的划分完全是任意的，并没有任何实质证据可以支撑这种划分。从科学的角度而言，“种族”一词含糊不清，毫无用处。要说明这一点，我们不妨看看全世界白人至上主义者究竟是因为什么才团结在了一起：他们的肤色。

白皮肤是欧洲人或雅利安人的典型特征。这是在进化晚期才出现的较为简单的基因突变，起源也较为复杂。在大约 4 万年前第一批走出非洲抵达欧洲大陆的现代人类是深色皮肤的，深肤色在日照充足的纬度地区有着明显的优势。8 500 年前，整个中欧地区主要都是深肤色的人。在欧洲大陆更北的地区，在自然选择的作用下，浅肤色的人群才渐渐出现。瑞典穆塔拉地区（Motala）有一个距今 7 700 年的考古遗址，那里出土的人类遗骸中带有基因 $SLC_{24}A_5$ 和基因 $SLC_{45}A_2$，这两组基因会导致脱色，形成较浅的肤色。此外还发现了基因 $HERC_2$/OCA_2，它们则会导致蓝色的眼睛和浅色的毛发。这些基因突变可以增加维生素 D 的合成，因此在低光照环境中具有优势。我们消化牛奶的能力也是差不多在同一时期进化产生的，同样是为了增加维生素 D 的摄取。

此后数百年间，白皙的皮肤主要分布在欧洲大陆最北端，直到第一批近东地区的农耕部落远道而来，才打破了深浅肤色的分界，他们同时携带了浅色和深色皮肤的基因。他们与居住在当地的狩猎-采集部落融合并通婚，浅色皮肤才逐渐在整个欧洲大陆扩散开来。变种基因

1　亚当·卢瑟福（Adam Rutherford）所著《我们人类的基因》（*A Brief History Everyone Who Ever Lived*）一书，对于我们了解人类共性与起源有很多启示。

$SLC_{24}A_5$ 原本比较罕见，在 5 800 年前才在欧洲各地猛增。所以，白皮肤根本不是什么本质特征，而是一种常见的基因表型，是来自不同种族的人们长期杂交繁殖的结果。如此说来，那些白人至上主义者鼓吹的种族纯洁性不仅卑鄙，而且荒唐。

事实上，我们之间的差异微乎其微。担心过多外来人口挤占了自己的生存空间，只能说明对现实的无知。今天全球人类相互紧密依存，整个物种内部的基因变异十分微小。退一步而言，基因多样性增加也是一件好事，有利于遏制一些有害的隐性特征。如囊肿性纤维化（CF）只有当父母双方都携带突变基因时，才会遗传给子女。在爱尔兰的海岛居民中，每 19 个人中就有一人携带这种突变基因，因此，爱尔兰也成了全球囊肿性纤维化发病率最高的国家。如果完全依赖群体内部繁殖将势必会危害到整个群体的生存，要避免这个问题只能想办法提高人口多样化程度。人类原本就是一个勇于探索、丰富多样、兼收包容的物种，这也是我们繁衍生息的优势所在。无论出于怎样的动机，基于怎样的理据，所谓的“白人种族”都是子虚乌有的谎言，而“白人至上论”也不过是少数人为了追忆往日荣光打出的幌子罢了。

在此必须解决一个经常产生误导的观点。有人可能会反驳说，如果“人种”是个毫无意义的概念，那么不同种族之间存在的明显智力差异，该如何解释呢？美国有很多出版物都讲述了德裔犹太人的智力水平看起来要更卓越，他们总能在智商测试中获得高分，而非裔美国人在测试中的得分要低于白人。这个现象中存在一个容易混淆的因素：智商测试在很大程度上与社会和教育因素有关，其中童年时期的营养摄入尤为重要——缺碘会导致智商分数平均降低 12 分。社会因素和父母教育程度也会影响智商得分。相比于富裕的白人，美国的黑人家庭往往更容易出现营养不良，教育程度也相对较低。

最近几十年来，种族之间的智商差异在不断缩小，变化速度之快也排除了受基因影响的可能。在这一点上，肯尼亚是个非常好的例子。

从 1984 年至 1998 年，肯尼亚人的智商提高了 26.3 分，这一增长体现了该国人民在营养水平、医疗健康和父母教育程度方面的改善。犹太人在智商测试中的卓越表现也不是基因的功劳。在第一次世界大战期间，犹太士兵的智商测试成绩实在乏善可陈，通过分析这些数据，心理学家兼优生学家卡尔·布里格姆（Carl Brigham）认为，这一结果“应该可以反驳人们通常认为犹太人是高智商的说法”。仅仅几十年后，到了第二次世界大战的时候，犹太人的智商水平超过了平均值。对此结果，智商测试的发明人之一阿尔弗雷德·比奈（Alfred Binet）应该不会觉得意外。智商测试是在法国发明的，目的是确定有学习困难的学生并为他们提供特别帮助。比奈从一开始就反复强调，人的智力是多样化的，智力发展也有快有慢，并在很大程度上受到环境的影响。他始终认为智商水平并非一成不变，而是可以不断塑造的。显然许多人并未注意到这一点，如果比奈知道智商测试这个动机高尚的教学手段逐步变质，最终沦为各种歧视言行的指标，想必也会格外心寒吧。[1]

种族主义的倒台揭示出人类思维中的一个固有隐患，也触及一个争执了上千年的哲学问题：事物的本质究竟是什么。若要完全勾勒出什么是本质主义（essentialism），就必须将博大精深的哲学思想史仔细梳理一番。但对于任何一个特定的事物、概念或群体还是可以做出相对简单的定义，其中涵盖了该事物一整套的根本特征。这是一个古老的理念。柏拉图曾经认为，一切事物的背后都有着某种本质完美的形式，这一观点现在被称作柏拉图的理念论（Platonic idealism）。在这一问题上，亚里士多德的思路也很接近，语言学家乔治·莱考夫（George Lakoff）曾将此精辟地总结为“那些特性让它成为它，若没有这些特性，它也就不是它了”。

---

1 需要说明的是，智商测试尽管可能遭到误用，但依然是重要的工具，可以得到有用的测试结果。在这方面，斯图亚特·里奇（Stuart Ritchie）的著作《智力的重要性》(*Intelligence: All That Matters*) 很值得一读。

本质主义在很多领域都非常有价值，数学就是其中一个绝佳的例子。在数学中，定义至关重要，各个集合的性质必须有清晰准确的定义。数学家杰拉德·福兰德（Gerald Folland）曾经说过："这是一条举世公认的真理，即几乎所有的数学家都是柏拉图主义者，至少在他们真正研究数学的时候是这样。"但是，当我们将类似的思维运用在不那么严谨的领域时，就得格外谨慎。如果一个特定的群体并不存在什么内在的"实质"或本质，那么上述思路就注定会遭遇失败，甚至可能以悲剧收场。眼下令人担心的趋势是，许多人不愿意用客观的方法确定各个群体的实际特征，反而简单地认定，某些特征对所有的群体都同样适用。

我们在前文已经看到，种族主义的根本理据在很大程度上就是本质主义，也就是认定不同种族存在先天的优势或者劣势。仔细考量之下，我们不难发现这些所谓的优势或者劣势要么根本不存在，要么就是语焉不详，不足为据。可即便如此，也无法阻止种族歧视造成的可怕后果。围绕本质主义的哲学争论固然精彩，我们还是应该继续探讨一些与不确定的特征有关的非形式谬误。为了避免混淆，我们把这类非形式谬误都归类为"诉诸本质的论证"（arguments from nature）。不过值得注意的是，这里的"本质"（nature）是一个很宽泛的概念，在它的掩护之下，评判事物的标准都可以随意变动。

关于这类含糊不清的双标思维，哲学家安东尼·弗卢（Anthony Flew）举过一个非常经典的例子：

> **假设一位名叫哈米什·麦克唐纳的苏格兰人正坐着读一份《格拉斯哥先驱晨报》（*Glasgow Morning Herald*），读到一篇关于"布莱顿色魔再下毒手"的新闻。哈米什倍感惊愕，宣称"没有一个苏格兰人会干出这种事"[1]。第二天他又坐下来**

1 布莱顿是一个英格兰城市。——译者注

读《格拉斯哥先驱晨报》，这次读到一则新闻，是苏格兰亚伯丁郡的一个男人犯下暴行，比布莱顿色魔的恶行还要令人发指。这说明哈米什之前的观点有失偏颇，但是他会承认自己错了吗？不一定，这次他可能会改口说："没有一个真正的苏格兰人会干出这种事。"

这就是后来著名的"不是真正的苏格兰人"（No True Scotsman, NTS）谬误。[1] 仅仅因为一个人出生在苏格兰（或者其他任何地方），当然不能排除他成为色魔的可能，但这位虚构的哈米什·麦克唐纳先生却在内心认定苏格兰人与生俱来就有某些共同的特征，包括苏格兰人不可能是色魔的推断。哈米什并没有就此纠正自己的错误预设，而是否认了与己相悖的例子，顽固地坚持自己的错误观点。

尽管这个例子是完全虚构的，但"不是真正的苏格兰人"谬误却常常被用来宣称某个群体的纯洁性，或者是在旁人指责某些错误行为的时候进行辩解和反驳。让我们先试着替换几个字眼。所谓"不是真正的苏格兰人"大概就是"不像苏格兰人"的意思，那么"不是真正的美国人"也可以说成"不像美国人"。这样一来，原本无厘头的虚构例子就变成了非常严肃、真实的政治案例。在 20 世纪 40 年代，臭名昭彰的众议院非美活动调查委员会（House Un-American Activities Committee）进行了一场审判会，试图揪出（往往是捕风捉影）美国公共生活中的共产主义苗头。可他们的名号显然就属于"不是真正的苏格兰人"谬误。美国一直以来就是一个人口众多的多元化国家，而且作为美国人和支持共产主义这两者之间并不存在直接的矛盾。尽管

---

1 请不要与"真正的苏格兰人"（True Scotsman）相混淆。"真正的苏格兰人"是指穿着传统的苏格兰短裙而不穿内裤的做法。事实上这是一种标准的军服款式。类似的说法还有"军团款"或者"突击队款"，通常都是委婉地表示没有穿内裤。请注意不要混淆这两个概念。

如此，这个 HUAC 委员会还是对任何看似有共产主义思想倾向的人士进行迫害。在那份所谓好莱坞黑名单上，许多业界巨头的名字赫然在列，包括查理·卓别林（Charlie Chaplin）、奥逊·威尔斯（Orson Welles）、亨弗莱·鲍嘉（Humphrey Bogart）和劳伦·白考尔（Lauren Bacall）。1959 年，时任美国总统哈里·S. 杜鲁门（Harry S. Truman）谴责这个委员会是“今日全美国最不像美国的东西”，这个评价简直恰到好处。

近年来，从塑料袋收费到劳资双方集体谈判，各种言论与活动中都用到了“非美”标签，使它们与谬误一样站不住脚。所有的非形式谬误都大同小异，只要注意字斟句酌，结合语境，就可以确定推理是否有问题。当某些群体想要主张某种含混不清的特质，而这些特质并不是该群体成员所必须拥有的，就可能出现“不是真正的苏格兰人”谬误。如果这些特质确实为群体成员所必须拥有，而且可以进行客观的定义，那么相关的主张就是合理的。举例而言，假设哈米什声称自己是和平主义者，反对一切形式的暴力。由于和平主义运动在 1901 年发源于苏格兰的格拉斯哥，那么哈米什作为一名和平主义者就显得非常合理。如果哈米什在布坎南大街上打砸抢，暴力袭击路人，那他当然就不是和平主义者，因为他的行动明显违背了他声称自己所遵从的立场。

与这种思维方式密切相关的还有一种逻辑谬误，叫作“诉诸自然谬误”（fallacy of appeal to nature）。这种修辞策略声称，因为某种事物是“自然的”，所以它在本质上就是好的；或者说因为它是“不自然的”，所以它从本质上说就不好。这种推理方式常常会用在比较两种药物的时候。药贩子在兜售来路不明的药品时总会信心百倍地宣称他们的产品是“纯天然的”，仿佛这一点就足以说明他们的产品优于其他常规药品。实际上，根本没有什么切实证据来证明这些药物的疗效，就连他们自诩“天然”的理据也是空洞无力的。我们且不去理论“天然与否”这个难以明确的定义，这种说法的逻辑本身就非常混乱。我们不妨暂且把“天然”定义为没有人为干预、自然存在的事物。但是，即便基于如此松散的定义，很多自然存在的事物——比如有毒的茄科植物或埃博拉病毒——也都可能让人丧命或足以致残。元素铀和砷都是“天然的”，但谁也不敢把它们拌进早餐麦片里。想当然地把“天然”与“健康”或者“有益”混为一谈，本身就是未根据前提的推论，罪魁祸首就在于“天然的”这个形容词的意义含糊不清。

“非天然”或“不自然”这些词的用法也是同样的道理。例如，从天主教的角度而言，同性恋就被认为是极其“不自然”的状态，甚至以拉丁文称之为“违反自然之罪”（peccatum contra naturam）。其实这不过是诉诸自然谬误的另一个典型例子。只消对自然世界稍做观察，就会发现这也是站不住脚的。同性性行为在动物界广泛存在，观察记录中就有超过 1 500 个物种出现过这种行为，其中包括长颈鹿、大象、海豚和人类的灵长类近亲。虽然这种行为大多不是排他性的，而且也不排斥与异性之间的关系，但确实也存在具有排他性的同性性伴侣。就我们常见的动物为例，大约 8% 的公羊会选择仅仅与公羊配对，而对母羊毫不动心。自然界中的这种癖性和我们人类绝对不是无关的。尽管我们自诩高贵，但始终是动物界的一员，我们与其他动物的差别只不过在于前额叶皮质高度发达，拥有元认知能力，而能够意识到这个事实。

诉诸自然谬误还有一个版本，就是流毒甚广、危害极大的“对人不对事”（arguing against the man）。“对人不对事”主要针对个人进行攻击，只攻击说话人或说话人的可信度，却避而不谈他们所说的观点。如果攻击与对方的观点毫无关联，那这种策略就完全没有意义。这类论证存在很多不同的类型，最常见的形式是谩骂与诋毁。这种现象在我们身边随处可见，在政治舞台上尤为突出——侮辱对手的人格与诋毁其名誉早已司空见惯。2001 年，英国辩论家克里斯托弗·希钦斯（Christopher Hitchens）出版了《审判亨利·基辛格》（*The Trial of Henry Kissinger*）一书，对这位美国前国务卿进行了长篇累牍的猛烈抨击，对他的指责包括“战争罪……反人类罪……玷污公序良俗以及违反国际法，包括密谋谋杀、绑架和严刑拷打”。当记者就这些指控向基辛格提问的时候，基辛格声称希钦斯否认纳粹对犹太人的大屠杀，因此对他不屑一顾。由于希钦斯本人有犹太血统，这样的指责自然令他勃然大怒，基辛格就这样成功地将公众的视线从自己身上转移开了。

当然“对人不对事”不会总是这样赤裸裸的。它往往被掩藏在字里行间，需要花很大力气才能分辨。有时攻击的都是一些琐碎的小事，通过牵强附会而非开诚布公地讨论说话人的论点，来削弱他的可信度。这种手段不仅卑劣，而且有失公允，历史上最著名的例子当属罗马教廷对伽利略·伽利雷（Galileo Galilei）进行的臭名昭著的审判。伽利略堪称经典物理学之父，他改良了望远镜的设计，通过观测，详尽了解了太阳系的本质，极大地推动了科学的发展。他开创了全新的科学技术手段，在物理学领域有着敏锐的洞察力，这让他很快得出了一个不容置疑的结论：并不是太阳绕着地球运转，而是地球绕着太阳运转。

其实这也不是一个全新的观点，尼古拉·哥白尼（Nicholas Copernicus）早在 1543 年去世前，就从理论上论证了“日心说”的可能性，而伽利略很快也对这一学说深信不疑。但这个领域是一片危险的雷池。在当时的 17 世纪，《圣经》是绝对不容任何人提出异议的绝对真理。《圣经》上白纸黑字地写着地球是整个太阳系的起源，宇宙万物都围绕着这个完美的中心运转，也就是说，伽利略所发现的各种证据完全背离了《圣经》的教义。当时，整个欧洲处在一个充满宗教纷争与社会动荡的时代，16 世纪末期新教出现，让天主教会至高无上的绝对权威开始瓦解。罗马宗教裁判所的建立，就是为了用来根除任何离经叛道的信念与思想，用恐怖的武器让信众们臣服顺从。宗教裁判所的手段残忍血腥，魔爪伸向四面八方。若被定罪为“异端”会被判处火刑，无论是神职人员还是经院学者都无可幸免。其中一个著名的例子，是意大利修道士、哲学家与数学家乔尔丹诺·布鲁诺（Giordano Bruno），在

1600 年因坚信哥白尼学说等“异端思想”而被烧死在火刑柱上。伽利略对这种颠倒黑白的行径心知肚明。只要控诉某人为“异端”就足以令他声名扫地，也就不必大费周章地去驳斥他的观点了。伽利略深谙当时紧张的宗教与政治气氛，他用谨慎委婉的方式提出了自己的观点，指出《圣经》中的赞美诗、科学发现与各种故事并不是对客观世界的刻板描述，而应被理解为精妙的寓言。

即便如此小心翼翼，他还是未能躲过宗教裁判所四处刺探的眼线。到 1615 年，已经有人向宗教裁判所告发了伽利略的日心说观点。他把《圣经》解读为寓言的说法也被认为是异端邪说。伽利略前往罗马的宗教裁判所，可所有人对他的解释置若罔闻。1616 年，裁判所的调查委员会一致裁定，日心说理论“在哲学上是愚蠢和荒谬的，在许多地方公然与《圣经》教义相悖，因此是异端邪说”。教皇保罗五世对伽利略做出禁令，不许他宣传“有关太阳是世界静止的中心、地球围着太阳转动的思想，也不许以任何口头或书面的方式继续维护、传授或捍卫这一思想”。宗教裁判所还把哥白尼的著作列为禁书，认为书中的内容是对宗教信仰的亵渎。尽管下达学术禁令绝非公平之举，但相对于宗教裁判所臭名昭著的酷刑而言，也算是网开一面了。

在此后的 10 年间，伽利略明智地选择避开了这片雷池。1623 年，一直对他心怀仰慕的朋友红衣主教马费奥·巴尔贝里尼（Cardinal Maffeo Barberini）被选为教皇乌尔班八世（Pope Urban VIII）。巴尔贝里尼从 1616 年起就开始支持伽利略，他的当选让学术自由有了希望。伽利略获得了新加冕的教皇乌尔班八世的允许，终于可以将日心说体系出版了。但他也不得不接受了一些条件，其中之一就是不可以只宣扬日心学说，而是要平等地介绍各种观点。乌尔班八世还坚持要求书中也要包括地球是静止不动的地心说思想。尽管屈从于种种限制，伽利略此后的新作《关于两大世界体系的对话》（*Dialogue Concerning the Two Chief World Systems*）仍获得了巨大的成功。这本书采用了三人交谈的形式，分别是支持日心说的萨尔维阿蒂（Salviati），持中立立场的外行沙格列陀（Sagredo）和支持地心说的辛普利邱（Simplicio）。尽管这本书表面上是通过对话介绍两种基本思想，但孰是孰非却显而易见。

在这本书中，地心说支持者辛普利邱的名字不难看出带有侮辱的意味。这个名字表面上来自6世纪的哲学家西里西亚的辛普利丘斯（Simplicius），可同时与“傻瓜”（simpleton）一词同源。很明显，这是有意为之。伽利略在书中用艺术的手法把辛普利邱塑造成迟钝愚蠢、惹人生厌的形象，与保守派哲学家洛多维科·德勒·科隆贝（Lodovico delle Colombe）很有几分相似。此人是伽利略最大的反对者，麾下聚集了一大批佛罗伦萨人，被伽利略和朋友们轻蔑地称作“鸽子军团”。尽管伽利略兑现了对乌尔班的承诺，可他这样的叛逆之举，还是在不经意间点燃了罗马教廷和宗教裁判所的怒火。他确实坚守诺言，在书中包含了教皇有关地球至高无上、统摄天庭的思想，有些地方甚至是逐字引用，可问题在于，书中这些思想是从人尽皆知的傻瓜辛普利邱的口中说出来的。

伽利略和教皇的关系变得紧张起来。很快这本书就被禁止销售，伽利略也再次被传唤进了宗教裁判所。这一次他被控为“异端”，面临拘禁和酷刑的威胁。在17世纪，被指控为“异端”不只意味着受到严重的侮辱，而是彻彻底底的名誉扫地。当时正值宗教裁判所的鼎盛时期，如此严重的罪名会对一个人的社会地位甚至生命造成极其可怕的后果。被判定为异端意味着一个人从此不值得信任，他们的思想也就不值一提。教皇这么做就等于指责伽利略为人不诚实，品行有污点，也就用不着对伽利略的理论进行正面驳斥了。宗教裁判所既不用解释自己的立场，也不用驳斥其他观点，只需诋毁说话人的声誉，就能让他的说法沦为不足取信的异端邪说。

1633年，宗教裁判所裁定：“太阳是世界中心且恒定不动的言论公然违背了《圣经》思想，纯属无稽之谈，视同异端邪说。”尽管伽利略苦苦哀求，却还是为时已晚。他被判余生都必须软禁在家。教皇乌尔班始终没有消除对他的反感，而他身上异端的污点也永远无法洗清。在1642 年伽利略去世后，教皇依然耿耿于怀，不允许他与家人合葬一处。当然，尽管宗教裁判所百般污蔑，越来越多的证据最终证明伽利略的日心说是正确的。在两个多世纪后的 1835 年，他的著作终于被《禁书名录》（*Index of Forbidden Books*）移除。

“对人不对事”谬误还有一种常见的形式，就是争论双方互相指责“你也如此”，也就是在反驳一个论点的时候，指责对方也做出了同样的举动。这样做也许可以证明对方很虚伪，但未必能够压低其论点的合理性。比如，一个常年吸烟的瘾君子会历数烟瘾带来的坏处，苦苦劝诫子女戒烟；子女则会反唇相讥，指出这里存在明显的双重标准。他们会觉得，既然父母自己有吸烟的坏习惯，那他们的立场就站不住脚。不过这番推理是错误的，个人的言行不一致，并不能证明观点有误。在这个例子中，尽管提出观点的人自己常年吸烟，但有关吸烟有害健康的观点还是正确的。与此类似的一个套路是“井中投毒”（poisoning the well），也就是用不利于说话人的各种真实的或伪造的信息来进行污蔑，令他丧失可信度，有时这些信息甚至和当下讨论的话题毫无关联。

既然这类“诉诸本质的论证”早已是过时的陈词滥调，为什么还有这么大的吸引力呢？一部分原因是人们有时也和数学家一样，在内心深处也是本质主义者。用社会心理学的术语来说，人类很容易犯“基本归因错误”（fundamental attribution error）。也就是说，我们在看待他人行为的时候，总会过分强调个人因素（主观意图或者人格脾性），而不是去分析外部或环境因素。比如有人开车抢道超车，那一定是因为本性自私。我们很少会想，这也可能是一次意外，或者他们可能正急着把病人送去医院。而当我们自己犯错时却正好相反，我们更愿意从周遭环境中为自己的行为寻找借口。如果我们开车抢道，那一定是因为重要的约会要迟到了。

同样道理，很多人对无家可归、穷困潦倒的人们置若罔闻，是因为他们坚信那些人自身肯定有过错，而不会想到每个人的处境都会受到社会经济因素的影响，有时根本无能为力。我们还常常相信，有些人之所以犯下恶行或者连连倒霉，就因为他们是坏人，却不考虑环境因素可能带来的影响。运用“诉诸本质”的逻辑，原本站不住脚的行为与漏洞百出的思维似乎都变得合情合理了。这类谬误可能让整个民族遭受污名化，被烙上罪人的印记，遭受血腥的压迫与折磨。试想一下，如果你要名正言顺地凌辱某人，直接有效的办法就是宣称他们天性堕落，本来就没有做人的资格。

这既然是全人类共同面对的问题，我们就该一起寻求解答，小心谨慎地避免那些不假思索、本能反射般的“本质主义”思维。人性与情境本来就是复杂多变的，“好”或“坏”这些简单化的概念既不能涵盖人性，也无法表达思想。每每面对纷扰繁杂的思想或情境，我们应该努力避免那些预先设定的偏见，不要因此犯错。我们必须审慎思考各种观点与意见，而不是无论适合与否，都把它们统一对待。否则，复杂的事情就会被简化成一出非黑即白的荒诞闹剧，而千姿百态的真人也会被简化成非忠即奸的纸片人。说到底，这世界人声鼎沸、众说纷纭，也许我们需要以更大的善意彼此相待。

7 诱饵 - 调包手法
Bait and Switch

1859 年，《物种起源》出版后获得了意想不到的成功，第一部付印的 1250 册在出版当天即告售罄。查尔斯·达尔文在书中向世人介绍了自然选择的进化论，这可谓是科学界的一个伟大巅峰。这本为非专业读者撰写的著作，以优美的语言说明了一个重要的观点，即物种都是在自然环境的选择压力下，在漫长的岁月中逐步进化而来。达尔文在探险中积累的大量证据都证实了他的假设，也就是一个奇妙而又朴素的真理：这个星球上姿态万千的生命形式都源自一个共同的祖先。达尔文的理论进一步说明，无论是现存在世还是早已灭绝的物种，每一个都是生命之树开枝散叶所生发的枝条，与地球上各种生命形式都有着紧密的联系。在达尔文这本经典著作出版后数十年间，进化论的证据不断增加，势不可挡。

达尔文学说奠定了当代进化生物学的基础，其重要意义在今天早已无须赘言。究其内核，达尔文的理念简洁而且有力。在一个特定群体内，随机发生的突变会导致个体间明显的差异，这些特点通常都是由父母遗传给后代的。当食物和资源竞争日益激烈，不太适合环境的个体幸存和繁衍的可能性较低；与此相反，能够更好适应环境的个体也就更有可能繁衍后代，将自己的特点传递给后代子孙。这就是自然选择的过程，在极其漫长的岁月中，个体之间的差异与分化慢慢积累增加，导致新物种的产生。哲学家、生物学家赫伯特·斯宾塞（Herbert Spencer）将这个过程称为“适者生存”（survival of the fittest），后来达尔文与进化论的另一位先驱阿尔弗雷德·拉塞尔·华莱士（Alfred Russel Wallace）也都采用了这个说法，以免有人误解，以为大自然会主动进行选择。

尽管达尔文及其同时代的学者们努力避免民众对进化论的误解，但各种令人困惑的解读依然流传至今。1860 年，“自然选择”成了维多利亚时期伦敦城内最火爆的话题，而达尔文本人却为自己的学说屡遭曲解而烦恼不已。公众极高的关注度，不可避免地带来了负面的影响。自然选择学说认为，人类是动物界的一员，并非凌驾于万物之上。这一观点触动了很多英国圣公会教徒敏感的神经，在他们看来，无论是说人是动物的一员，还是物种转变演化，这些言论是对上帝创造万物思想的公然侮辱。甚至连达尔文当年的地质学导师亚当·塞奇威克牧师（Reverend Adam Sedgwick）也断然驳斥他的假说，并警告他的老朋友说，如果他不肯接受《圣经》的绝对正确性，那他们在天堂将永不相见。达尔文的伟大思想还为他树了一位位高权重的敌人——理查德·欧文（Richard Owen）。

欧文是英国科学界巨人，是技艺精湛的解剖家和自然哲学家，不仅创造了“恐龙”（dinosaur）一词，还推动创立了英国自然历史博物馆。尽管他在科学上成就斐然，但是也很擅长与人合谋以及打击报复。最令人不齿的是，他窃取了出色的古生物学家吉迪恩·曼特尔（Gideon Mantell）的研究成果，并对其进行人格诋毁。也许是出于妒忌，欧文利用自己在英国科学界的崇高地位压制曼特尔，让他无法发表首创性的研究论文，甚至还把这些发现据为己有。命运多舛的曼特尔后来不幸遭遇马车事故，导致终身瘫痪，这时欧文迫不及待地窃取了曼特尔的成果，还重新命名了曼特尔多年苦心研究的标本。曼特尔悲愤地说：“一个才华横溢的人竟然如此善妒而卑鄙，实在令人遗憾。”曼特尔后来吸食吗啡成瘾，1852 年在贫困潦倒中病逝，甚至到了这时，欧文还是不遗余力地大肆诋毁他的对手，并匿名撰写了一篇讣闻，将曼特尔称为毫无建树的平庸之辈。欧文确实让曼特尔遭受了极大的不公，他甚至还将曼特尔的一截脊椎骨取下，放在大英博物馆中展出。

欧文的所作所为令同行大为震惊，但他始终是科学界令人又憎又怕的大人物。被达尔文的学说触怒后，他又拿出自己的惯用伎俩，在《爱丁堡评论》（*Edinburgh Review*）上匿名发表了一篇文章，不仅恶毒诋毁达尔文的学说，还用第三人称对自己大加恭维。随着达尔文的名声日盛，欧文对他的敌意也越来越重。达尔文本人对曼特尔关于欧文的评价也深有同感，说他是“心怀仇怨、极其歹毒、十分精明；伦敦人说他因为大家都在谈论我的书，嫉妒得要发疯了……欧文对我怀有非常强烈的仇恨，这种感觉令人痛苦”。

达尔文的健康状况不佳，面对大量的指责与诽谤，他没有精力为自己的学说进行辩解。所幸那时出现了一大批科学家与哲学家，他们并不惧怕对抗宗教教条，坚持传播达尔文的思想。其中一位就是托马斯·亨利·赫胥黎（Thomas Henry Huxley），他不仅是一位出色的解剖学家，在公共科学教育方面也怀有远大的志向。尽管最初有些疑虑，赫胥黎很快就被达尔文完善的理论所打动，也被各种翔实的证据说服了。于是他开始积极游说，公开支持自然选择学说。面对赫胥黎激烈的公开还击，欧文脆弱的自尊心遭受了打击，转为使用一些见不得人的卑劣手段。他无力反驳赫胥黎的观点，就只能诋毁说他“宣扬人是从猿猴变来的”，这样很容易激起维多利亚时代保守人士对达尔文的反感，把这位疾病缠身的学者拖入了争议的旋涡。

这就是欧文最狠的招数，试图让人们以为人类就是从当代猿猴变来的。事实上，即便不是进化生物学博士，也可以明显看出这个说法篡改了达尔文真正的观点。自然选择中重要的一点是，猿猴和人类在很久以前有着共同的祖先，绝对不是说人类是从当代猿猴演变而来。欧文深知这么说一定会激起强烈的反感，他把这种谬论包装得十分近似于达尔文的理论，以混淆视听，愚弄不知情的大众。这一招在学术上虽然不堪一击，却也够阴险。达尔文的反对者常常借用这个曲解对他进行讽刺打击，还有不少讽刺漫画把达尔文的身体画成猴子的模样。

1860 年 6 月 30 日，达尔文学说的支持者与反对者在牛津自然历史博物馆展开了一场在历史上臭名昭著的辩论。反对的一方由牛津大主教塞缪尔 · 威尔伯福斯（Samuel Wilberforce）领头，尽管他是一位出色的演说家，但他刻意逢迎的姿态让很多人反感。当时的英国首相本杰明 · 迪斯雷利（Benjamin Disraeli）嘲笑他“巧言令色、虚情假意、油腔滑调”，这也让他得到了“滑头山姆”的绰号。在正式辩论的前一晚，欧文还对威尔伯福斯面授机宜。果不其然，第二天激辩到白热化阶段时，威尔伯福斯用出了欧文的卑劣伎俩，诘问赫胥黎，究竟是祖父还是祖母的祖先是猿猴。

赫胥黎的绰号是“达尔文的斗牛犬”，这绝不是浪得虚名。他镇定自如、一针见血地反驳威尔伯福斯说：“如果你是问我，宁愿自己的祖父是一只卑微的猿猴，还是一位有权有势有天赋，却偏要用才华与权势愚弄大众、干扰科学讨论的人，那我将毫不犹豫地选择猿猴。”在威尔伯福斯和赫胥黎相互嘲讽之中，整个辩论最终沦为一场闹剧，最古怪的一幕，是达尔文当年搭乘“小猎犬号”旅行时的伙伴罗伯特 · 菲茨罗伊船长（Admiral Robert Fitzroy）向观众挥动着一本硕大的《圣经》，恳请他们接受上帝，而不是凡人。[1] 欧文刻意歪曲达尔文学说的做法就是所谓的“稻草人论证法”（strawman argument）的典型案例。这种论证套路的最基本形式就是“诱饵 - 调包”手法，表面上是在驳斥对方的论点，实际上是找了一个更容易打击的替代品。“稻草人”套路这个名词本身就很形象，仿佛是一名剑客把塞满稻草的假人当作对手，自

1　如今，在博物馆门外紧邻着牛津科学图书馆的地方，竖立着一块关于那场著名辩论的纪念牌。这座建筑物和皮特 - 里弗斯博物馆（Pitt-Rivers Museum），这两者算得上是我在全城最喜欢的展览场所了。既有在大厅里咆哮喧嚷的人物塑像，还有恐龙化石和干瘪的人头，既古怪又迷人。

己招数华丽技艺高超，而稻草人却毫无回手之力。要击败假人一点也不难，但如果偷换的论题与真实论题看似接近，也会有一定的说服力。当然，这种话术最初并非出于恶意，正如攻击稻草人可能仅仅是因为缺乏技巧，误将两个不同的观点混为一谈。伟大的数学家、哲学家伯特兰·罗素也曾提到过这个问题，他无奈地发现："当一个蠢人转述一个聪明人的话时，从来都不会是正确的，因为他会无意识地把听到的话转换成自己所能理解的内容。"

也有人居心叵测地故意使用"稻草人"策略，这也成为很多演说家的高级武器。歪曲对方观点就更容易进行攻击，这类话术在各行各业都屡见不鲜。你只需要拿起一份报纸，或者耐心听完两个对立党派之间枯燥乏味的论辩，或者稍稍浏览一下嘈杂的网络话语，就能发现很多生动的实例。其性质决定了这些言论本就索然无味，最方便的做法就是不加偏见地进行客观分析即可，但总是有人进行情绪化的歪曲，把理性讨论与感性表达混为一谈，激发公众的愤怒与反感，无端滋生出一些负面影响来。这些概念混淆一旦进入公众思维就很容易固化定型，相应的负面情绪也会持久存在，干扰甚至阻碍理性的讨论。

令人遗憾的是，进化论始终是这种空洞话术的主要目标。在 1860 年那场激辩之后，大量证据都证明达尔文的思想完全正确，进化论是生物界颠扑不破的根本规律。即便如此，150 多年后的今天，自然选择的思想还是受到许多宗教团体的驳斥。不管是出于无知还是故意为之，他们运用"稻草人"话术，把话题偷换成诸如"如果人类是猴子的后代，那为什么现在还有猴子呢？"而事实上进化论从未说过人类是从现代猴子演变而来的，也未说过必须在一个种群灭绝后才能有新的物种诞生。

很多极端的宗教狂热分子总会枉顾客观事实，痴迷不悟，冥顽不灵。2007 年，福音派信徒雷·康福特（Ray Comfort）和柯克·卡梅隆（Kirk Cameron）令整个科学界目瞪口呆。他们二人举着一张一看就是电脑拙劣合成的"鳄鱼鸭"的杂交物种图片，坚持声称进化论是错误的，因为从来没有人发现过这个杂交物种的骨骼化石。在针对进化论的形形色色的反驳与质疑之中，这绝对算得上是最愚蠢的一例，也再次证明了罗素的真知灼见，“一个蠢人转述一个聪明人的话”果然是极不靠谱的。伟大的进化生物学家和科普作家理查德·道金斯（Richard Dawkins）也曾对这些愚蠢的言论做了恰如其分、一针见血的反击。他在与我的通信中指出：“如果对进化论能有这样的曲解，居然能想象出青蛙猴和鳄鱼鸭，那也不妨再发挥想象，还有河马狗和大象猩……此外，只要随便把两种生物组合在一起，就可能有成千上万种奇形怪状的杂交怪胎。”

遗憾的是，现在的“神创论”运动中充斥着这样的无稽之谈，充分体现出这些反进化论主义者的智力素质。2001 年，美国路易斯安那州众议员莎朗·布鲁姆（Sharon Broome）曾提出一个决议，据说要将“达尔文主义意识形态”定性为种族主义。其声称：

> **经决议，路易斯安那州立法院从即日起谴责种族主义的一切形式与思想，由此也抵制达尔文意识形态的核心概念，即人类的某些种族与阶级天生优越，由此也谴责这些思想曾对种族主义行为提供的支持与许可。**

此举显然也是对达尔文谨慎观点的严重曲解。在反进化论运动中充斥着很多这样的言论，目的都是混淆视听，断章取义或捕风捉影，以煽动无知民众的情绪。[1] 遭到“稻草人”策略的攻击不仅令人沮丧，有时还可能招致无妄之灾。如果那些不实指责太过有煽动性，可能会牵连到其他无辜人士，或是助长那些可疑的批评言论。

---

1 道金斯曾提醒我，与达尔文同时代的本杰明·迪斯雷利曾经对这些卑劣伎俩反唇相讥：“那么人是猿猴还是天使呢？我的主呀，我是站在天使这一边的。”

我们以大麻为例。数千年来一直有人使用大麻，或为消遣，或为医疗。因为长久以来习以为常，对此也没有过于激烈的争议。直到最近，有关大麻神奇疗效的爆炸性新闻忽然在网络上流传开来。在谷歌搜索栏键入“大麻的疗效”，就可以找到很多相关传闻。据说大麻对于几乎所有的疾病都有奇效，其中最为人称道的就是大麻可以治疗癌症，还可以缓解癫痫或自闭症的症状。尽管好评如潮，但大麻成为万灵药这个说法还是有悖于现实依据的。美国国家科学院在 2017 年发表的一篇文章，回顾了一万多份有关大麻及大麻产品的医用效果的研究报告，结果发现，大麻的疗效仅仅在三个应用领域内得到了可靠的证据。首先，有充分证据表明，四氢大麻酚（THC，也就是大麻中主要的精神活性成分）可以减少癌症治疗引起的恶心和呕吐症状。事实上，大麻的这种止吐效果在控制癌症症状的临床应用中已有几十年的历史了。这项研究还发现，医疗用大麻确实可以治疗慢性疼痛，也能够缓解多发性硬化症引起的痉挛。不过，我们也应该谨慎解读这些发现。THC 并不是所有人都可耐受，在很多案例中也可能加重而非缓解呕吐症状。现在有更为安全有效的药物与止痛剂可供选择，通常只在其他药物不起作用时才会使用 THC 类临床复方制剂。

那么传遍世界的大麻包治百病的神奇疗效到底怎么样呢？在这一点上，那篇文章给予了彻底的否定。尽管传言说得神乎其神，大麻在其他方面的实际疗效却微乎其微，毫无说服力。论文作者也没找到有力的证据可以证明大麻有助于注意力缺陷障碍（ADHD）、癫痫、帕金森症、肠易激综合征以及艾滋病人的食欲治疗。可以确认的是，也根本没有证据表明大麻可以治疗甚至治愈癌症。这项研究的作者之一肖恩·亨尼西（Sean Hennessey）也反思了科学证据与大众观念之间的鸿沟，并指出：“人们认为医用大麻有很多疗效，但其中大多数都是未经证实的。”尽管已经证实大麻的疗效不明显，应用范围也很有限，可拥趸们依然信心十足地大肆宣传大麻的疗效。

“大麻治疗癌症”的谣言像丧尸般四处蔓延，为数众多的网站开始传播这个虚假的福音。各个社交媒体上也不断流传着很多帖子，宣称大麻油或 THC 提取物可以治愈癌症，而且这些内容的宣传主要面向癌症互助群体和相对脆弱的癌症病人及家属。这些似是而非的虚假理论全都是靠“稻草人”支撑起来的。例如所谓大麻治疗癌症的“证明”，其实只不过是大剂量的 THC 可以杀死培养皿中的癌细胞而已。这一点确实没错，但与实际应用毫无关系。要杀死癌细胞并不困难，很多物质——强酸、高温和漂白剂——都可以将培养皿中的癌细胞轻易消灭。不过敏锐的读者可能会留意到，人体并不是培养皿。对人体而言，有效的抗癌物质不仅应该专门针对癌细胞发动攻击，还应避免伤害健康细胞。目前没有任何证据表明大麻具有这样的功效，可这种谣言还是流传甚远，英国癌症研究中心和美国国家癌症研究所不得不动用大量资源来进行澄清与辟谣。

在好的情况下，这些错误的说法只是让那些与证据不符的观点在表面上看起来可信；但在糟糕的情况下，它们可能给处在风险中的病人带来严重的伤害。尽管癌症普遍存在，但普罗大众对于癌症还是所知甚少，要么讳莫如深、避而不谈，即便谈论也是委婉含蓄、闪烁其词。对大多数人来说，只有当自己或家人被确诊患癌后，他们才会真正认真地思考癌症的问题。当代癌症治疗手段不断进步，癌症存活率也不断提高，但即便如此，放疗、化疗或免疫疗法这些医疗手段还是不免令人畏惧。当病人在极端脆弱的状态下，毫无副作用的“纯天然”灵药有着无法抵御的强大诱惑力，压倒了原本合理的质疑，甚至反而让病患对医护人员及科研机构失去信任。为了捍卫自己的信条，狂热的信徒们枉顾证据缺乏的基本事实，固执地认定这就是“大药厂”的阴谋。如果这只是几个人的胡言乱语倒也罢了，但我们后面会发现，这种说法其实流毒很广。

一旦听信了这些谣言，就会不可避免地将研究者与医务工作者看成跳梁小丑，对他们进行指责和嘲弄。更糟糕的是，所谓的灵药会被传得神乎其神，很多患者甚至会因此放弃常规的治疗方案。已经有人——而且将来还会有人——为此付出了生命的代价，我曾经亲眼见证了这样的悲剧。有人在 2016 年向爱尔兰国会提出一个议案，装腔作势地支持医用大麻，而事实上爱尔兰早就允许凭医生处方使用医学用大麻了。仔细揣摩之下，我才看出这一议案的真实目的，它其实是主张，即便对于没有明显疗效的疾病，也要求能够不加限制地使用大麻。不止于此，这一议案将大麻说成是药物，可同时却要求它免于国家药物监管机构的监管。说到底，这就是一份薛定谔式的法案，一方面声称大麻是药物，可同时又强调它不应受到相关机构的管理与控制。

这样的荒唐言论很快就引起了科学界的关注与疑虑。任何有生物学或治疗效果的东西，包括大麻，都可能产生副作用。尽管大麻相对安全，但目前的研究发现也表明，定期使用大麻的患者罹患各类精神疾病的概率会增加，其中包括精神分裂症。这一副作用在儿童与青少年中尤其突出，对他们的学习成绩与社交能力都会产生负面影响。与公众的很多观念正好相反，大麻也会让人上瘾，滥用现象也很普遍，这在大剂量使用人群和年幼开始使用大麻的人群中尤其常见。考虑到这些事实，上述坚持要求绕过医疗监管的议案，看来有其他的动机。这个议案看似关注医疗应用，实际上却企图偷梁换柱，推动大麻娱乐用途的合法化。我们不难发现，议案中把病患称为“消费者”，衡量单位是盎司而非常规医疗单位毫克，这些细节更是令其背后的动机不言自明。

大麻合法化并不一定就是坏事。事实上，确实有不少支持大麻合法化的精彩观点。但是，为了达到目的而编造和传播有关大麻疗效的谣言，是完全让人无法接受，也是非常无耻的。法案支持者把它包装成为医疗问题，也与全世界信奉大麻疗效的人形成了统一战线。不仅如此，这场运动和宣传的内容都极其不负责任，简直令人发指。在支持该法案的一次公共集会中，提出法案的“人民高于利益”组织（People

Before Profit，PBP）展示了一张“大麻治愈癌症”的海报，还鼓励民众在各个社交媒体上分享他们利用大麻成功治愈癌症的故事。不言而喻其中大多都是些奇闻怪谈。尽管这些故事无一得到证实，有些甚至被辟谣多次，但这丝毫没能浇灭民众的热情。2017 年至 2018 年期间，一则关于大卫·希比特（David Hibbitt）的神奇故事特别热门，据说他用大麻油治愈了自己的癌症。大麻拥护者们疯狂转发分享这则消息，却全然不知——或者说不顾——一个冷酷的现实：希比特根本没有治愈，在 2016 年就已死于癌症。

令人揪心的苦情戏，是公众集会与新闻媒体上的另一个惯用伎俩。为患病的女儿苦寻大麻油的母亲总能占据大量媒体版面，并成为新法案亟待通过的有力佐证，尽管压根就没有相关证据支持大麻油的疗效。在一片同情与义愤的滔天声浪中，公众似乎全然忘记了一个基本事实：大麻油在爱尔兰本来就被认定为食物，不仅合法而且很容易获得。随着宣传力度的加大，所谓“癌症灵药”的说法渐渐渗透进公众话语。爱尔兰癌症研究协会（Irish Cancer Society, ICS）的研究主管罗伯特·奥康纳（Robert O’Connor）忧心忡忡地表示：“现在我走到哪里，都会有人问我大麻或大麻油治疗癌症的事。这些假消息在媒体上，特别是社交媒体上大量传播，被很多人深信不疑，但研究结果非常明确地证明这些都是错的。”

最让人难过的是，脆弱的癌症患者如果听信了大量类似的神奇传闻，就会受到严重误导，以为大麻药物真的能让肿瘤缩小。事实上，爱尔兰癌症研究协会与肿瘤学专家们早已再三强调，这些说法都是彻头彻尾的谎言。随着公众误解不断加深，我也曾在众多媒体上发声，试图澄清谣传。我还为《爱尔兰时报》（*Irish Times*）和《观察者报》（*Spectator*）撰稿，揭露该法案及其网络支持者的若干错误言论，恳请读者尊重客观依据，而非盲从武断的言论。爱尔兰议会专门召集了一个跨党派委员会对此议案进行评估，并在 2017 年 7 月宣布了他们的结论，对这一议案做出了强烈的谴责。议案中存在各种各样严重的法律问题，可能带来意想不到的决策后果，也缺乏有效措施杜绝滥用，议案中的医学依据也非常牵强，不足取信。委员会一致否决了这项议案，并称之为“与其说是推广大麻的医疗应用，不如说是试图将大麻交易合法化”。

委员会断然拒绝议案，令其未能继续。究其原因，这场惨败可以说是愚蠢无能与诚信缺失共同作用的产物。可“人民高于利益”组织的基诺·肯尼（Gino Kenny）非但没有反思委员会的意见，反而说议案遭到了委员会的“蓄意破坏”，指责他们心存偏见。在整个社交媒体上，议案的支持者纷纷表示要针对主要批评者展开反击。委员会成员之一凯特·奥康奈尔（Kate O'Connell）就被盯上，并遭到了猛烈的攻击，诽谤者说她的药剂师资质恰好“证明”她和神秘的“大药厂”相互勾结。她的女性身份也让事情雪上加霜，针对奥康奈尔的网络攻击中有很多甚至充满了极端的歧视女性的思想。

这批狂热分子还指责罗伯特·奥康纳和爱尔兰癌症研究协会是医药产业的棋子，结果这个癌症慈善机构也不幸遭受了大麻“键盘侠”的攻击。连我也未能幸免。那些人怒火中烧，不停揣测我的动机，指责与谩骂排山倒海般涌来。为了证明“大药厂”无所不在却又难以捉摸，他们把我定性成邪恶的党羽，可我其实只是个物理学家而已。最让人寒心的是，他们长篇累牍地指责我们对病患缺乏同情心，不尊重他人的痛苦。这是一种极端的“稻草人”伎俩，给议案批评人贴上“破坏者”的标签，仿佛他们急于破坏一项造福于人的医疗革命，还武断地认定，凡是不支持议案的人就是不关心病患。这完全曲解了委员会的意见，也歪曲了委员为拒绝议案所做的深思熟虑。事实上，所提议案并不会保护病患，反而可能让他们面临危险。“人民高于利益”组织为了宣传议案，大力鼓吹各种“大麻是万灵药”的传闻，简直到了无所不用其极的程度。他们刻意曲解他人对法案的质疑与驳斥，不过是为了转移注意力，让人们忘记议案中那些危险、虚假和错误的内容，反而把那些提出合理质疑的人树立成攻击对象，由此引起众怒，拉拢人心。

这场闹剧有一个好处，就是让人们注意到这个现象并展开了严肃的讨论。这种专门针对脆弱的病患群体，宣称存在某种灵丹妙药的做法在身边比比皆是。为了打击这种现象，我与凯特等人着手草拟一项议案，旨在保护癌症患者免受各种可疑疗法的误导与骚扰。可能当我们公布这一项目的时候，不可避免地会再度成为大麻拥趸和偏方推销员眼中的“稻草人”，被指责“压制抗癌药物”，而我们每个人也都会被铺天盖地的谩骂淹没。奥康奈尔说：“在政治问题上你永远都会被骂，但这个问题带来的侮辱和诋毁是前所未有的。”[1]究其核心，就在于“稻草人”逻辑具有妖言惑众的力量。它能让空洞的言论变成看似合理的论证，只要有人说出“皇帝没有穿衣服”，立刻就会被妖魔化。在这个意义上，这个谬误能让损失翻倍，因此也特别需要我们警惕提防。

目前为止，我们论及的大多数非形式谬误都属于因果谬误的各种变体。这些都是非形式谬误中较为重要的类型，在现实生活中的具体形式也千变万化。我们还有必要再了解一种非形式谬误，它在表面上看似合理严谨，其实是依赖灵活多变的定义与前提。最简单的形式就是提出一个看起来真实准确、逻辑严密的论点，而实际上完全是同义重复。请思考这样一句话：“人类是哺乳动物，因此，人类就是哺乳动物。”这是一个显而易见的荒唐论断，因为说话人是用原有结论来证明自己的结论。这种愚蠢的思路被称作“循环论证”。

有时循环论证会因为使用近义词或复杂的措辞而变得难以辨识。很常见的一个谬误就是“重复问题”(begging the question)[2]。在这

1　就在我写这本书的期间，爱尔兰议会正在讨论这份“2018癌症治疗（宣传）议案”。

2　来自书呆子的警告：“重复问题”在此处是指一种逻辑谬误。这个短语常常也被错误地用来表示“提出问题”的意思。一般也可以靠语境来理解，但是我本人对这个表达还是非常反感。

种谬误中，有待求证的结论就已经藏在了论证的前提之中，整句话就等于是把原来的意思再重复了一遍。在有些根深蒂固的思想问题上，常会有人使用这种逻辑谬误，其中被重复的问题就是说话的人想要表达的观点。若要举一个现代社会中的例子，我们不妨看看一直争议不断的堕胎问题。反对堕胎的一个常见言论是基于这样一种逻辑："堕胎是谋杀，谋杀是非法的，因此堕胎是非法的。"对于持反对堕胎立场的人士而言，这一言论听起来是很有说服力的，但这种论证的思路完全站不住脚。"堕胎为非法"这一结论是基于"堕胎为谋杀"的断言，而这个断言本身就非常值得怀疑。这一论述的结论其实就包含在前提之中。前提部分是让我们接受"堕胎为谋杀"这样一个假定，却丝毫没有解释其中的原因，也没有提出相关的依据。只要你接受了这个前提，那么整句话就逻辑严密、滴水不漏，但其实这只是一通循环论证而已。

这些例子让我们意识到一个被忽视很久却极其重要的问题，我们也已经触及了思维中常见的非形式错误。我们不妨停下脚步，回顾一下贯穿上文各个例子的一个主线，那就是逻辑与信念之间的争斗。在此之前，我们一直都没有去谈信念对逻辑的影响。毫无疑问，哪怕是最公正的旁观者，只要不够谨慎，也会受到错误思维的误导，而其中的动机往往是可疑的。在有些情况下，思维中的逻辑错误只是源于简单的误解，但我们也不能否认，在有些情况下，我们的信念会在很大程度上影响我们理性思考的能力。我们是不是会戴着有色眼镜，故意过滤各种意见，并且更容易听信那些符合我们个人成见的观点呢？我们是不是常常会用错误的思维方式来维护自己心里坚守的信念呢？当我们这样做的时候，究竟是有意为之，还是不自觉的表现呢？如果我们真想理解理性思维中的问题，就不可能将逻辑从复杂多变的人性因素中剥离出来，孤立对待。要想真正明白我们为何犯错，就必须探究人性的特征，因为我们所有人都不可避免地受到它的影响。

第三部分 头脑的陷阱

Section III: Trapdoors of the Mind

我们总是很容易在别人身上发现自己的错误，也总是最难去原谅别人有这些错误。

—— 利蒂希娅·伊丽莎白·兰登

（Letitia Elizabeth Landon）

8 薛定谔式的本·拉登
Schrödinger's Bin Laden

有一个可谓人之常情的心理误区——“动机性推理”(motivated reasoning)。人们有时并不会客观地评估各种证据，反而会将其刻意阐释，用来证实某种早已存在的信念。这种决策方式往往出于情绪的驱使，带有先天的偏见。对背离个人信念的证据格外苛刻；对于自己想要的证据，哪怕并不确凿充分，也会不加判断地轻易接受。“动机性推理”并不会客观理性地评估一个证据究竟是否证实或证伪某个理念，而是利用我们内心的偏见，让我们只去看那些符合我们原有想法的证据，却对不同的意见置若罔闻。

“动机性推理”和“确认偏误”(confirmation bias)密切相关。我们都倾向于按照我们已有的信念和世界观去寻找、记忆和理解各种信息，同时也会尽力排斥那些与自己观念相悖的信息。我们很早就知道，人的头脑深处有个专门负责信息过滤的守门人。早在耶稣诞生前四个世纪，古希腊历史学家修昔底德（Thucydides）就曾说过：“人类有一个习惯，面对自己渴望的事情总会麻痹大意，包容迁就；面对自己不喜欢的事情，又会百般挑剔、果断拒绝。”此番真知灼见也得到了大量心理学研究数据的支持。20 世纪的心理学家已经开始研究那些容易接受的故事是如何安抚人心的。不过，尽管听着让人安心，却要付出犯错的高昂代价，那我们究竟为什么还要这么做呢？

心理学先驱里昂·费斯廷格（Leon Festinger）敏锐地注意到了这个问题。他提出，同时考虑两个或更多相互矛盾的观点很容易让人心神烦躁。他把这个现象称作“认知失调”（cognitive dissonance）。也就是说，当人们面对与自己已有观念相矛盾的信息或行为时，总是不免感到烦躁不安，而我们总会想方设法去消除这种不安。有时，我们会承认自己原来的观念也许错了或不够全面，然后像完美的科学家那样，参照新证据来改进自己的观念。但是，要改变我们的思想倾向就必然产生认知负担，更轻松的办法就是否认事实，维持原有观念。在费斯廷格的理论中，“动机性推理”就是这样一种思路，可以帮我们逃避矛盾信息带来的困扰，让我们“有动机”去接受令人安心的假象，而不是勇敢直面真相。

费斯廷格早在 20 世纪 50 年代就提出了这样的理念，并想办法验证了自己的假设。当时他在当地报纸上看到一则奇异的标题：“来自‘号角’星的预言呼吁全城：逃离大洪水”。新闻中涉及的教派是由芝加哥的家庭主妇多萝西·马丁（Dorothy Martin）领导的，她声称自己能够以自动书写的方式与“号角”星进行联系，这些来自外星系的消息表明，世界即将在 1954 年 12 月 21 日毁灭。马丁此前参与过 L. 罗恩·哈伯德领导的“智力学”运动，并接受了他 B 级科幻片[1]水准的科幻趣味。马丁宣称，在大毁灭前夜，大洪水将肆虐地球，而信徒面前则会出现飞碟，引领他们前往“号角”星。她的这个运动追求精神的纯粹与救赎，还有一个与之相配的名称叫“追求者”。

在美国各地宣扬天启的各种群体中，“追求者”的信仰独具特色。在表达信念的时候，马丁采用了“信不信由你”的策略。她并不会苦口婆心劝人皈依，也回避在媒体上曝光。尽管如此，她的周围总会围绕着一小群忠实的信徒。他们对她宣扬的言论深信不疑，为了追随她，有些信徒放弃了自己的工作与财产，还有些甚至抛弃了婚姻与家庭。费斯廷

1　在美国，预算低、拍摄时间短的电影一般叫 B 级片，通常品质粗糙，很难进入主流视野。恐怖、科幻和警匪都是其中最常见的类型。——译者注

格意识到这是个千载难逢的好机会，可以看看人们心中强烈的信念遭遇到与之相悖的确凿证据时，究竟会做何反应。费斯廷格和同事们随即安排了一些学生秘密潜伏进入那个团体，亲身观察那些“追求者”，并记录下他们在信念最终破灭的时候，是怎么面对的。

1954 年 12 月，“追求者”着手为即将到来的世界毁灭做准备。他们心神不宁地等待着来自“号角”星的下一条信息。12 月 20 日上午 10 点，马丁转述了这条信息：她请大家放心，每个人都会在大毁灭时得到拯救，并被送往外太空。每个人都必须摘除身上的金属物品，以免到时候在飞碟中造成麻烦。信徒们谨遵指令，把内衣上的钢圈、衣服拉链和身上的金属饰品都除掉了。当天还传来好几条信息，甚至还收到了登陆救援飞碟所需的密码，而飞碟据说会在午夜到达。整个组织认真操练这些召唤应答的口令，心中坚信自己能够逃脱末日浩劫。到了夜里 11 点 15 分，马丁命令信徒们穿上衣服，随着午夜时分的临近，他们紧紧相拥，沉默不语，静待拯救。

可是当午夜终于来临时，什么事情都没有发生。房间里一个钟显示 12 点零 5 分，另一个钟显示是 11 点 55 分。人们越发焦躁不安，一致认定第二个钟显示的时间是正确的。他们焦躁地继续等待，直到那个钟也敲响了午夜的钟声，可是直到此刻，救世主依然没有出现。在随后几个小时里，整个房间笼罩在既悲伤又焦躁的气氛之中。按照预言整个地球将会在清晨 7 点前被大洪水吞没，而救援还尚未赶到。到了凌晨 3 点，所有的人都在绝望地反复翻查预言中的字句，寻找他们可能遗漏的某种隐秘的寓意。尽管他们竭力寻求合理的解释，但这番努力依然显得空洞无力。到凌晨 4 点时，一些人痛哭流涕，其他人不堪打击，瘫坐在地。不过这种沮丧的情绪并没有持续太久，在凌晨 4 点 45 分时，马丁将众人召集起来，传达了她刚刚收到的来自“号角”星的信息。这条信息是这样说的：

今日就此确认，地球上仅有唯一的神，他就在你们之中，

汝等所写之以下字句，皆出自他之手。神谕力量广大——他说汝等皆得救赎——汝等已逃脱死亡之吞噬，地球上再无如此暴力横行。

“追求者”们狂喜不已，坚信是他们拯救了地球。他们不仅给破灭的预言找到了合理的解释，还将其粉饰成了一件大好事。他们的姿态也来了个 180 度的反转，开始公开地积极传教，并在媒体上频频露面。

值得一提的是，即使预言未能成真，信徒们却依然笃信不疑，这种情况并不少见，“追求者”们并不是第一个，当然也不会是最后一个。例如米勒派运动（Millerite movement）曾相信耶稣基督会在 1844 年再度现身，可他并没有出现，这被称作“极大的失望”。即便如此，当时的人们也设法找到了合理的解释。到 2010 年，源于米勒派信仰的复临教会（Adventist churches）在全世界拥有大约 2 200 万的信众。我们也许会感到奇怪，为什么当他们的信条被驳倒后，这些信徒反而变得更加狂热了呢？而这恰恰正是费斯廷格与同事们预测的结果。他们的著作《预言落空时》（*When Prophecy Fails*）是一部关于信念的重要著作，他们在书中阐明了发生上述情况的 5 个条件：

1. 人们必须坚定不移地抱有某种信念，同时，这种信念还必须与行动相关联，也就是说，它与信众的行为和表现相关。

2. 抱有这一信念的人必须全身心投入其中，也就是说，他必须为此信念付出重要的、难以回转的行动。总的来说，付出的行动越大，回转的难度也就越大，那这个人对信念的投入也就更大。

3. 这一信念必须非常具体，且与真实世界紧密相关，这样才有可能被真实事件彻底驳倒。

4. 彻底驳倒这一信念的证据必须切实发生，而抱有该信

念的人也必须接收到这个证据。

5. 信徒必须有一定的社会支持……（如果）怀有相同信念的群体……相互支持，信念就得以维持，信徒们也会尝试向别人传教，或试图说服旁人，自己的信念是正确的。

费斯廷格后来又把这些思想做了一个精辟的总结："一个信念坚定的人是很难改变的。当你表示反对，他会转身就走。当你拿出事实或数据给他看，他会质疑信息的来源。而当你诉诸逻辑时，他却无法理解你想说什么。"这个问题并非仅仅发生在宗教群体里，很多有关气候变化的无谓纷争追根溯源也是出于类似的逻辑。很多人都认为，科学界关于气候变化现象存有争议，定论不明。这个想法其实是错误的。科学界对此早已达成共识，正是人类活动造成了气候的剧烈变化。公众认知与实际情况之间存在着巨大的鸿沟，一部分原因就在于媒体经年累月的歪曲报道。我们在后面几章中会深入探讨这个话题。事实上，在一个多世纪前科学家们就已经了解到气候变化的动因与机制了。法国博学者约瑟夫·傅立叶（Joseph Fourier）早在 1827 年就曾提出人类活动影响气候变化的假设；此外，1864 年，爱尔兰物理学家约翰·廷德尔（John Tyndall）也早就通过实验手段验证了二氧化碳与其他温室气体的效果。

正因如此，人类活动对气候的影响根本不值得大惊小怪，真正惊人的是我们改变气候的速度之快。古老的冰芯记录下了数亿年来地球温度与大气的变化信息。这些证据无可辩驳地表明，目前全球变暖的速度是以往任何时候数据的数百倍之巨。更值得警惕的是，在以往任何一个冰河时期或间冰河时期内，地球上的二氧化碳浓度从未达到过百万分之三百的水平，可就在 2016 年 9 月，这一数值竟突破了百万分之四百，预计在未来几十年间将高达百万分之六百。如此剧烈的增长显然不是自然波动的结果。我们也无法假定这个数值的增长与人类活动无关，由此推卸应有的责任，因为化石燃料中释放的二氧化碳有其明显的化学特性，就像是作案现场发现的指纹一样，成为人类罪行的确凿铁证。最后的结论只有一个，那就是人类自己正在毁灭自身的生存环境。

这方面的证据可谓确凿无疑，无可争议，可还是有不少人坚持认为真相并非如此。那些自我标榜为“气候怀疑论者”的人对气候变化的大量证据嗤之以鼻，强辩说人类对此毫无责任。其实，这些“气候怀疑论者”的称呼，是种刻意为之的误称。科学的怀疑精神是用于探究某个具体假设是否可以得到验证，这原本是科学研究过程的重要一环。可是“气候怀疑论者”只是对有悖于自己信念的事实证据一味忽略，置若罔闻。这并不是什么怀疑精神，而是彻头彻尾的否认主义，也完全违背了理性思维。因此，我按照学术界的规范用语，把这些人称为“气候变化否认主义者”，而不是“怀疑论者”。美国国家科学教育中心（The National Center for Science Education）还提到，否认主义既包括断然否认，也包括毫无根据的怀疑。

对于这一大批孤陋寡闻、闭门造车的所谓专家而言，科学依据的缺失似乎根本不算什么问题。他们潜伏在世界各地的评论中，不停地贬低和打击气象科学。气象学家们时常成为他们恶意攻击的目标，而对相关研究进行报道的记者也未能幸免。在互联网上，那些充满恶毒与蔑视的言论已经够糟糕的了，然而在主流报纸上，如今这种现象也屡见不鲜。很多小报编辑往往都是否认主义者，而默多克的新闻帝国在否认现实方面显得尤为凶猛。

全球有大量的否认主义者在政府担任公职，所以这种观念的分裂在政界显得尤其突出。澳大利亚总理托尼·阿博特（Tony Abbott）曾在 2009 年宣称气候变化“绝对是胡扯”。而在英国，英国独立党和保守党中都有很多人对气候变化问题不屑一顾。政治否认主义最为盛行的国家无疑还是美国。2016 年的一项调查显示，美国国会中三分之一的议员都是否认主义者。在世界各国的主要保守党派中，美国共和党因其鲜明的否认主义立场而显得尤为突出，与众不同。像参议员吉姆·英霍夫（Jim Inhofe）[1]这样的共和党人甚至还宣称气候变化是科学家为了骗取经费而编造出的阴谋。共和党总统唐纳德·特朗普更是语出惊人，他坚持认为气候变化是中国人企图拖垮美国工业而搞出的阴谋。

既然科学依据早就强有力地驳斥了这些说法，那为何错误观念还能得到那么多执迷不悟的声援呢？我们可能会天真地认为这仅仅是因为误解。当然，全球平均气温升高会造成一些看似矛盾、有悖直觉的现象，比如那些极端寒潮。如果确实如此，那显而易见的举措就是把科学原理讲得更为详尽透彻，并加大宣传普及力度。不过这种想法太过善解人意，把问题归结于单纯的"信息缺乏"，实际是预设了公众会公正平衡地听取各方证据后形成自己的立场。但正如我们所见，那些激烈抗议背后的动机，其本质是意识形态的差异，所以善意地解释根本不可能解决问题。

我们现在已经充分认识到，那些断然否定科学观点的态度，通常都不是出于理智，而是意识形态。在坚守传统价值观念的政治保守分子中，"气候问题否认主义"尤其常见。多年以来，史蒂芬·莱万多夫斯基（Stephan Lewandowsky）和同事们一直在研究思想观念如何影响人们对待气候科学的态度。他们的著作有一个非常精辟的标题——"NASA 伪造了登月——因此，（气候）科学也是骗局：解析对科学的动机性排斥"（NASA Faked the Moon Landing — Therefore, (Climate) Science Is a Hoax: An Anatomy of the Motivated Rejection of Science）。他们的研究发现，接受阴谋论的受试者总是倾向于一概拒绝所有的科学观点，而带有强烈的保守主义倾向或明显的自由市场观念的受试者，则只会拒绝那些带有明显规范意味的科学发

1　参议员吉姆·英霍夫最著名的是他在 2015 年时的一出闹剧。当时他手拿一只雪球走进国会，坚持说这就证明全球变暖是一场骗局。即便是在最为顽固的气候变化否认派的眼中，这也是极其愚蠢的言论了。

现，也就是气候科学。

这一规律已经被反复证实，说明政治立场是人们否认或接受气候变化的最重要的因素。那些反对气候变化观点的选民与政客往往都趋于保守，而且带有明显的自由市场信念，这一点早已不足为奇。还有证据表明，一个人对自由市场的信念越强烈，就越可能不相信气候变化。[1]例如，对那些极不信任市场监管的人们而言，气候变化的说法是对他们固有观念的一种挑战。只要他们不是虚无主义者，那他们就很难认同"人类活动会对别人造成影响"的说法，因为这会迫使他们不得不将个人观念做出一些调整。对很多人来说，要解决这种思想上的焦躁不安，比较简单的方法就是断然否认，对有悖于自身信念的证据，不是忽略不计，就是进行反击。

对那些抱有自由市场观念的人来说，气候变化的说法也与他们长期怀有的信念有所冲突。如果一个人认同人类活动会影响到气候变化，那接下去就会同意采取必要的缓和措施。但是对很多自由论者来说，监管这个魔鬼是他们无法接受的。其实，无论同意与否，每个人都会受到气候变化的影响，那么不加管理地使用自然资源就等于是侵害了他人的权利，因此也可以被认为是一种非法侵入的行为。这样一来，权利的纸牌屋就轰然倒塌了。面对这种思想困境，一些自由市场支持者们解决认知失调问题的方法，并不是承认自己的观念有待修正，而是简单化地否认气候变化这一事实。

值得说明的是，这些分析并非故意无视那些合理的忧虑与质疑。如何妥善处理气候变化是一项庞大的工程，还有待各方展开坦诚的对话与商讨。在气候变化问题上，并非只有自由市场主义者存在观念误区。我们只有承认现实，才能够找到建设性的解决方法，如果不正视错误，

---

1 所有这些还牵扯到那些力挺化石燃料的说客们，他们不遗余力地混淆视听，我们将在第 15 章进行讨论。

就无法接受改变。在这个意义上，否认主义者在第一个障碍面前就倒下了，他们否认问题的存在，因此也没有可能再进行合理对话了。他们声势浩大的反对很有代表性——正如费斯廷格研究的 UFO 邪教那样，他们既不愿意也没能力用现实证据来改进自己的立场。他们的怒火恰好暴露出这种立场实际上是出于情绪而非理性。既然无法给自己的观念找到合理的解释，他们只能用声浪压倒与自己的观念相悖的事实依据，淹没那些侵入他们完美意识形态的现实。这么做实在可悲，而这样持续不断地反对理性，也会对我们的星球造成严重的影响。

我们的思想观念会影响我们对世界的感知与理解，这一点早已无须赘言。耶鲁大学的丹·卡汉（Dan Kahan）和同事们在 2013 年曾开展过一项著名的实验，他们向受试者提出一个立场中立的问题，比如某种乳膏是否可以有效缓解皮疹。受试者会得到如下的数据，然后回答认为这种药膏是否有效。

	皮疹改善	皮疹加重
使用新乳膏的病例	223	75
未使用乳膏的病例	107	21

想正确回答这个问题需要稍微动一下脑筋。人们往往会出于本能选择较大的数字，因此很多粗心大意的受试者就认为表格中所列的乳膏对皮疹是有效的。若仔细加以分析就会发现，使用乳膏的人群数量是未使用乳膏的人群数量的两倍有余。因此，要正确回答这个问题，我们应该查看相对比例。使用乳膏的总人数是 298 人（223+75），而未使用乳膏的总人数为 128 人（107+21）。在使用乳膏的人群中，223/298（约为 75%）的皮疹状况有所改善，另有 25% 则变得更糟了。在对照组中，107/128（大约 84%）的皮疹状况有所改善，而 16%（21/128）的状况反而变得更糟。按照这样的分析，我们就会得到与最初假设相反的结论——这款乳膏不能有效改善皮疹状况。

这些受试者并不知情，其实这项研究还有一个比乳膏更为紧迫的问题。研究者们暗中按照政治倾向把受试者分成了保守派和自由派两组。结果发现，两派中都有不少人被这个中立的“乳膏问题”难住了，共有 59% 的受试者给出了错误的答案。然后，研究者选出那些数学能力较强的受试者，给了他们另一个类似的问题。不过这次的问题正好触及美国社会中争议极大的两个话题：控枪与犯罪。研究者使用随机数据，创制了类似于乳膏问题的表格。这些表格数据，有些证明控枪有助于降低犯罪，有些则正好相反，然后研究者把这些数据和问题随机发放给自由派与保守派的受试者。

研究者在分析结果时发现了一些特别的现象：在应对这类政治敏感的问题上，数学能力不再是受试者表现的预测变量。当表格数据显示控枪能够减少犯罪时，自由派受试者总能出色地解决其中的比例问题；但当表格数据的含义相反时，他们仿佛一下子丧失了数学能力，总是得到错误的答案。保守派受试的表现呈现出完全一致的规律，只是方向刚好相反：如果数据表明宽松的枪支法可以降低犯罪，他们就能够正确回答问题，如果数据含义相反，他们就会犯错。值得警惕的是，人们的数学水平似乎不足以撼动党派偏见带来的影响。平均而论，数学水平好的那些人，只有回答符合个人立场的题目时才会表现得更好。

卡汉的研究推翻了上文提及的所谓“信息缺乏”的说法，说明这并不是科技领域或政策领域存在分歧的原因。正好相反，这项研究说明，思想观念会令理性思考发生偏移和扭曲。为什么会这样呢？卡汉的理论认为，人们有一种“身份认同保护认知”（identity-protective cognition）的倾向：“这是一种避免与特定价值观群体发生失调和疏远的方法，人们总是下意识地去抵制那些威胁到自身价值观的事实信息。”我们并不会把信念与自身区分开来，在一定程度上，正是我们的信念决定了我们自身。因此，我们必须在心理上保护我们的身份认同，也要保护我们与其他持有相同理念与世界观的人们的关系。我们很难把自己的想法与自我感知区分开来，我们通常的反应总是顽固不化地坚守错误的想法，也不愿意妥协去接受其他的想法，以免自我认同感遭到威胁。

这个理论也许听来有些陌生，但请不妨设想一下，如果一个人背弃自己的群体身份认同，背弃这个群体一贯秉持、不容置疑的观念与想法，他会有怎样的下场。其实我们都倾向于处在一个“回音室”里，周围的意见与观念大都与我们自己一致。在如宗教、政治或信念这些由情感主导的领域里，这一点尤为明显。在这些领域中，某些观点会得到很多人的认同，不断得到强化，直至成为不容置疑的信条，而任何与之相悖的观点都会导致付出高昂的社会成本与个体成本，比如被驱逐出团体。如果有人胆敢质疑信仰，常常被视同背叛，甚至有被贬为“贱民”的风险。

有意思的是，认知失调似乎也有选择性。在 2012 年发表的一篇文章中，英国肯特大学的研究者们曾发现，相信阴谋论的人有着神奇的能力，能够同时抱持两个相互排斥的观念。在一项研究中，受试者越相信戴安娜王妃的死亡是自己伪造的，也就更相信她是被谋杀的。另一个研究也发现了类似的规律，受试者越相信乌萨马·本·拉登在美国特种部队袭击其位于巴基斯坦的藏身地时已经死亡，那他也越相信拉登依然活着。不知何故，阴谋论者总会接受这种诡异的“薛定谔式的本·拉登”，认为他同时处于活着和死了的两种状态。怀有这类想法的人自己并不感到矛盾，因为信念的具体细节无关紧要——只要是有阴谋论的说法，他们的世界观就能够安然无虞。[1] 研究者的结论是：“阴谋论的信念并不是在于阴谋的理论相互支撑，而是因为存在一个支持各种阴谋论的更宽泛宏观的信念。”

1　有心理学证据表明，接受阴谋论与控制欲密切相关。此外还有自我驱动力的因素，让人感觉自己比身边其他人懂得多。

现实的情形着实值得警醒。人们总是倾向于相信那些符合个人思想观念的信息，并过滤掉与自身观念相矛盾的信息。我们所有人都或多或少地受到这个问题的困扰，所以应该充分认清问题，才能加以克服。我们感觉合情合理的观念也许并非真的合理，而只是披着理性外衣的意气用事而已，还夹裹着我们自身固有的许多观念与想法。正因如此，即便是铁证如山，我们常常也很不愿意改变自己的观念。正如乔纳森·斯威夫特（Jonathan Swift）曾经说过的那句话："理性并不会让一个人改变错误的观点，因为他若运用理性，从一开始就不会犯错。"

归根结底，顽固坚持不理性的观念总是有百害无一利的。无论是气候变化、健康政策还是政治问题，我们都应该客观科学地评估各种信息，而不是戴着有色眼镜去偏听偏信。尽管我们总会怀有强大的个人信念，但现实就是现实，并不会因为我们的主观信念而发生变化。如果我们一味枉顾现实依据，偏听个人信念，那最终只会害人害己。

9 残留的记忆
The Memory Remains

记忆是万物的宝藏，也是万物的守护者。

——马尔库斯 · 图留斯 · 西塞罗
(Marcus Tullius Cicero)

记忆只不过是幻觉，别无其他。它是需要不断添柴的一团火焰。

——雷 · 布拉德伯利
(Ray Bradbury)

在刑事审判中，目击者证词通常有着举足轻重的地位。那些身处犯罪现场的目击者的回忆，会在很大程度上左右陪审团的决定，常常就是判定嫌疑人有罪或无罪的铁证。尽管我们如此看重这类证据，却也可能被它辜负。抛开认错人的情况不谈，目击者们一般是将支离破碎的信息重新拼凑出一个故事，故事是连贯的，但未必真实无误。我们每个人都倾向于把信息按照自认为合理的方式进行整理和存储，这种个人化的模式，是由我们各自的经历、文化制约乃至偏见共同塑造而成的。为了迎合这些因素，我们总是下意识地改变某些事件在记忆中的样貌或先后顺序，这样一来也就造成了认识上的扭曲。这一切发生起来天衣无缝，我们完全意识不到这个过程。很多自以为真切的记忆也许保留了我们最为重要的体验，但作为客观证词却有着根本的缺陷。一个名为“无罪计划”（The Innocence Project）的司法改革团体发现，在多达73%的错判案件当中，证人证词有误是导致错判的一个主要原因。

出现这样的问题，并非有人故意欺骗，而是我们记忆机制一时失灵所致。正是出于同样道理，目击证人的证词也常常相互矛盾，归根结底也是因为记忆的可塑性。为什么会这样呢？神经科学家们很久以来一直在探究人类记忆变幻无常的特点。奥利弗·萨克斯（Oliver Sacks）就曾仔细研究过这个问题。他在自传中讲述了童年时代一段恐怖而苦难的回忆。在第二次世界大战的伦敦闪电战期间，一颗铝燃烧弹在他家附近发生爆炸，将他的家几乎夷为平地。在自传出版后不久，他哥哥告诉他说，炸弹爆炸时其实他本人并不在场。实际情况是，家里的大哥曾在信中详细描写过当时的景象，给年幼的萨克斯留下了深刻的印象，并形成了身临其境的记忆。这段绘声绘色的描述与萨克斯自己的记忆融合在了一起：

> **我这才惊讶地意识到，我们有些最为珍视的记忆可能从未发生过——或者是发生在别人身上。我怀疑自己曾有的许多热情与冲动，看起来是完全自发的，但其实是受到了旁人的引导，这些东西有意或无意间强烈地影响了我，可事后又被我全忘记了。**

很多人都有过类似萨克斯的经历。我们通常把记忆理解成过去一切的忠实记录仪，当作我们全部体验、情感与经历的储藏室。但事实上，尽管我们总觉得自己的记忆非常真切，其实至多是接近真相罢了，而且还会不断被改写、侵蚀，随着时间而变化。我们的头脑有种神奇的能力，会把过去的事件编排重组，或者改变故事细节，有时还会添油加醋。所以，我们的记忆远远算不上精准无误的记录，反而很容易被自己或别人操纵。在讲述自己的人生故事时，我们每个人都是不可靠的，远比我们所想象的要更容易被左右。

记忆变化莫测，所以我们每每遭到质疑，都会感到格外不安。我对此深有体会。对我个人而言，2007 年是个多事之秋，其间发生了一连串复杂、诡异的事件，令我身边的亲友深受打击。为了在混乱不堪的日子里有所宣泄，我坚持写了几个月的日记，把那段艰难的时光事无巨细地记录了下来。好几年后，我和一位朋友一起回想起那段时间的人和事。碰巧他是一位作家，正考虑把那段往事改写成自己故事的背景。为了帮助他，我特意找出那些日记作为参考。结果让我们感到惊讶的是，我们两人的记忆有多么不靠谱。我们各自的回忆都或多或少地与日记内容有出入，我俩之间当然也很不一致。出于好奇，我又开始查那段时间留下的电子邮件和信息，结果证明日记的内容准确无误。这样的结论就很令人担心了：随着时间的流逝，我们的记忆竟然自主重构了事件的细节和顺序。

记忆的脆弱性听来可能有些惊人。但记忆研究学者克里斯托弗·弗伦奇（Christopher French）早就精辟地指出："所有的记忆都是重构的，只是扭曲程度大小不一而已。"记忆的链条纤细脆弱，有时我们甚至可能幻想出错误的回忆。记忆研究领域的重量级学者伊丽莎白·洛夫特斯（Elizabeth Loftus）曾用"商场迷路"的方法充分验证了这一点。在一系列实验中，洛夫特斯和她的学生们试图研究某个完全人为拼凑的事件是否可能被植入记忆并保存下来。研究者首先收集了受试者幼年时期的一系列照片，这些照片都是由受试者家人提供的。接下来研究者与受试者进行聊天时，会在真实的故事中插入一个虚构的经历——故事中的受试者曾经在购物中心与家人走散，最后遇到好心的老人才找回家人的故事。尽管这是一段编造的故事，可大约 25% 的受试者不仅相信这是确实发生过的真人真事，甚至还开始主动补充一些细节。这一发现绝非偶然，在其他众多的记忆植入实验中，总体而言大约有 37% 的受试者对研究者灌输的错误信息误以为真，还添油加醋地增加其他细节。

更有甚者，如果一个虚假记忆得到了其他看似可靠信息的支持，那就更有可能让人“唤起记忆”并添加细节。在另一个实验中，研究者给受试者出示了一张小时候坐热气球的照片，但这张照片其实是伪造的。这张照片夸张的视觉效果，使为数不少的受试者绘声绘色地描述起这段根本不存在的经历。这一切当然不是受试者在故意欺骗研究者，而恰好说明了我们是如何理解并形成个人记忆的。用洛夫特斯的话来说：“记忆的工作机制并不是你录制并回放的录像机，而是更像维基百科的页面，你可以访问页面，进行编辑修改，不过其他人也能这么做。”

我们珍贵的回忆竟然可以被自己或他人改动，这个想法颇有点耸人听闻，不过也已经得到了科学的证实。人类的记忆在很大程度上会受到社会因素的影响。“记忆从众”（conformity of memory）现象就与此有关。“记忆从众”是指一个人基于记忆所说的内容会影响到其他人的回忆。有一个很著名的例子，曾目击瑞典前外交大臣安娜·林德（Anna Lindh）遭谋杀的证人们都待在一个房间里等候聆讯。尽管明确规定不能交谈，他们却还是交流了各自目睹的事件经过，而这种不恰当的行为也影响到了各自的记忆。后来，凶犯米亚伊洛·米亚伊洛维奇（Mijailo Mijailovic）在监控摄像机画面中被发现并最终落网，人们才发现他的实际容貌跟目击者们描述的信息大相径庭。尽管目击证人提供的证词都十分连贯严密，当时看似确证，但其实不过是假象罢了。

有些时候，我们的记忆在巨大的压力之下也会出错。曾有一个研究表明，训练有素的士兵在模拟战俘情境的训练结束之后，常常无法指认出真正对他用刑的那个人，因为他们总是容易错误地重新拼凑记忆。

要说我们的记忆有时多不靠谱，最出名的例子当属弗洛伊德提出的“被压抑的记忆”（repressed memory）的概念了。1973 年，加拿大精神科医生劳伦斯·帕兹德（Lawrence Pazder）在自己位于维多利亚的私人诊所接收了一位名叫米歇尔·史密斯（Michelle Smith）的新病人。在随后的 3 年间，大多数咨询都很平淡。当米歇尔在 1976

年遭遇流产后，不幸抑郁症发作，因此咨询也更为频繁起来。当时米歇尔暗示帕兹德医生，说自己有重要的事情要告诉他，却怎么也想不起来了。在此后不久的一次咨询过程中，米歇尔一直不停地持续尖叫了 25 分钟，并开始用孩子的嗓音讲话。对如此反常的行为，帕兹德医生倍感迷惑，并决心要解开谜题，于是他采用了当时心理治疗领域相对新颖的疗法——催眠回溯法（hypnotic regression）。

催眠术的应用为诊疗过程带来了翻天覆地的变化，由此也开启了被深深压抑的旧日回忆，揭示出一段惊世骇俗的故事。根据米歇尔的说法，自从 5 岁起，她就被母亲作为贡品献给一个崇拜撒旦的邪教，以各种仪式的形式遭受了各种难以想象的虐待与凌辱。当她处于精神恍惚的状态之下时，多年前的记忆似乎变得具体形象起来，还充满了令人发指的可怕细节。米歇尔声称她曾被关在囚笼里，在黑暗邪恶的庆典上遭受殴打和性侵。她还声称曾目睹弑婴，自己被浸入婴儿的鲜血中。这段可怕经历的收尾，是一段以魔鬼的名义举行的持续长达 81 天的仪式，其间充满了放纵的狂欢与恐怖的暴力。在这之后，邪教中的长者“清除”了她的记忆，还“召唤”黑魔法除去了她身上的疤痕。

作为一名虔诚的罗马天主教徒，帕兹德医生相信了她的故事。然后，他全身心投入到米歇尔的治疗中，花了 600 多个小时帮助她慢慢找回更多的记忆。这也导致他婚姻破裂，但此后不久，帕兹德医生和米歇尔就在一起了，还在 1980 年共同出版了题为《米歇尔还记得》（*Michelle Remembers*）一书。这本书在今天已是声名狼藉，书中都是米歇尔讲述的自己过去的经历，用帕兹德创造的术语来说，叫“仪式化虐待”。尽管内容令人不适，这本书很快成了热门畅销书。各种宗教与福音团体认为，这本书是撒旦恶势力在美国各地猖獗横行的铁证。有关仪式化犯罪的举报此起彼伏，令执法部门备受困扰。此后不久，美国各地出现不少人都声称有过类似经历，帕兹德医生也被推崇为相关领域的权威专家，甚至就撒旦组织的行为向梵蒂冈提出索赔。

《米歇尔还记得》一书引起了极大的社会公愤与媒体关注，但这件事中缺少了基本的怀疑精神。帕兹德最初声称，某教会是虐待行为的主谋，但在该教会创始人提出法律质疑后，帕兹德又撤回了这个说法。更糟糕的是，大量证据都直接反驳了米歇尔的说法。人们很快就发现了她的真实身份，她的母亲是弗吉尼娅·普罗比（Virginia Proby），在米歇尔十几岁的时候死于癌症。与《米歇尔还记得》书中的内容截然相反的是，真实的普罗比夫人是一位充满爱心、温柔体贴的女人。米歇尔的父亲杰克·普罗比（Jack Proby）也明确反驳了书中的许多内容，他还起草了一个意向书，向出版商提出索赔。出版商随后也叫停了相关的电影改编方案。

米歇尔的说法看似耸动，其实根本经不起推敲。她提到的一些耸人听闻的细节也尤其可疑。比如她声称耶稣和大天使迈克尔让她压抑着记忆，直至所谓“时机来到”。她的说法恰好触动了美国人的敏感神经，随后更引发公愤，大家都以为这类仪式化虐待在美国各地非常猖獗。《米歇尔还记得》一书中的骇人言论营造出了一种恐怖氛围，甚至被应用到社会服务人员的职业培训中。由此，很多执法部门与社会保护机构相信邪恶的虐待组织确实存在，并对恐怖的“撒旦仪式化虐待”（satanic ritual abuse, SRA）现象变得格外警觉。

在这种气氛的渲染之下，随后所发生的事情也就毫不意外了。美国各地的幼儿园一下子冒出了很多关于有组织虐待行为的指控，一个比一个细节丰富，也更恐怖。1982 年，有公诉人声称在加利福尼亚州克恩县破获了一个仪式化恋童癖组织，有多达 60 名儿童作证称自己曾遭受虐待，后来有 36 人被定罪。1984 年，马萨诸塞州的费尔斯·阿克斯日托中心（Fells Acres Day Care Center）也有多人被定罪，尽管现场并未发现相关物证，还是有一些孩子声称自己被人持刀强奸，还在一间密室遭到机器人和小丑的攻击。在整个 20 世纪 80 年代直至 90 年代，美国各地有关仪式化虐待的案件呈爆炸性增长。1991 年，得克萨斯州橡树山还有孩子作证说他们曾遭受撒旦崇拜者的性侵，加害者身穿白色长袍，还强迫他们肢解哭喊惨叫的婴孩。

这些孩子的说法听来难以置信，却恰好证实了“撒旦仪式化虐待”的传闻。总体而论，新闻报道中也没有表达过应有的质疑。在上述每一个案件中，尽管完全找不到确切可靠的物证，却还是能够将人定罪。对许多人而言，物证似乎并不是特别重要。不管怎么说，小孩子怎么会撒谎呢？听信传言的人们总是认为，小孩子绝不可能凭空捏造出那么详尽、生动而具体的性侵经历。要解开这个谜题，我们不妨来了解一下最为臭名昭著的一桩案件，这也是各种撒旦恐慌现象的典型事例：1984年的麦克马丁托儿所案件（McMartin preschool trial）。

在加利福尼亚州西南部城市曼哈顿海滩的高档社区，麦克马丁家经营着一家托儿所。1983年，朱迪·约翰逊（Judy Johnson）向警方报案，说自己的儿子，也就是这家托儿所的学生，遭到了猥亵，而施害者是跟自己已经分居的丈夫和托儿所的老师雷·巴奇（Ray Buckey）。这位老师是托儿所主管佩姬·麦克马丁·巴奇（Peggy McMartin Buckey）的儿子，也就是托儿所创建人弗吉尼娅·麦克马丁（Virginia McMartin）的外孙。约翰逊女士还声称日托中心的工作人员有兽交行为，而且雷·巴奇会飞。警察对巴奇进行了传讯，结果发现一切正常，也没有任何证据可以支持约翰逊的指控。尽管如此，调查部门还是致函200名孩子的家长，暗示他们的孩子有受过虐待的可能性。这封信本身就包含有一些具体施虐细节，还鼓励家长询问自己的孩子是否曾经被巴奇捆绑虐待过。

家长对此做出了一边倒的强烈反应。于是在短短几个星期内，几百个孩子接受了“国际儿童协会”（Children's Institute International, CII）的询问，这是一家专门关注虐待行为的慈善机构，由社工基·麦克法兰（Kee McFarlane）负责管理。在询问孩子的过程中，CII的人采用了一种奇怪的方式。他们会暗示一些事件，请孩子参加角色扮演或假装游戏，借此鼓励他们说出自己曾经经历过的事件。尽管初衷是好的，但这种询问的方式有很强的暗示性，甚至是在诱导孩子。我们不妨看一下 CII 对孩子们提出的一些问题：

提问人：你记得那些光着身子的照片吗？

孩　子：（摇头，表示“不”。）

提问人：你不记得这一部分了？

孩　子：（摇头，表示“不”。）

提问人：你再好好想想，好吗？也许过会儿你就能想起来了。

…………

提问人：你看到这照片里的小伙伴们了吗？这里每一个小伙伴都来过我们这儿，和我们说过话了。是不是很神奇啊？…… 这些小伙伴来我们这儿，然后我们发现，他们知道那所学校里好多恶心的秘密哟。他们是来帮我们揭开那里全部的秘密的……

提问人：那“光屁股的大明星”呢？你还记得那个游戏吗？[1]

孩　子：不记得了。

提问人：每个人都记得那个游戏呢。咱们再想想，能不能想起来。

如今看来，整件事情实在是再清楚不过了。这家机构的工作人员要么否定孩子们明确的回答，要么向他们灌输新的想法，就这样诱导年幼的目击者做出虚假的证词。年幼的孩子们很容易受到影响，也很想博得大人的好感，于是他们努力揣摩大人们的心思，尽量说出他们想要

1　后来发现，这句话来自加利福尼亚州当地的一句奚落人的俏皮话：“你说什么你就是什么，你是光屁股的大明星！”完全没有任何可怕的暗示。

听到的回答。更糟糕的是，这种暗示性问题甚至会让从未受过虐待的孩子也留下可怕的记忆。这种提问方法本身漏洞百出，在这样的诱导下，孩子们回答的内容也就越来越惊悚。可惜那些狂热分子对此漠不关心，媒体也毫无批判精神，任凭年幼的孩子做出荒诞不经、古怪离奇的断言。孩子们有的说虐待发生在秘密地下隧道里，还有的说到飞天女巫。还有一个细节是经常坐热气球旅行，这可能是从洛夫特斯的研究中照搬来的。有个孩子甚至从一排照片中指认演员查克·诺里斯（Chuck Norris）为虐童犯。

1984 年春天，弗吉尼娅·麦克马丁、佩姬·麦克马丁·巴奇、雷·巴奇还有其他一些员工被控涉嫌 321 项虐童罪，涉案儿童有 48 人。在随后将近两年的听证过程中，由律师莱尔·鲁宾（Lael Rubin）率领的原告律师概述了“撒旦仪式化虐待”骇人听闻的故事。当时已成为撒旦教虐待事件权威的米歇尔·史密斯和劳伦斯·帕兹德也会见了涉案的孩子，帮助他们整理目击证词。当时媒体的舆论一边倒地倾向原告一方，尽管依然没有任何物证，所有被告还是要接受审判。1986 年，最初的原告朱迪·约翰逊因为长期罹患精神分裂症已经开始酗酒。孩子们的证词相互矛盾，甚至明显存在诱导的痕迹，因此地方检察官将这个案件视为“证据极其薄弱”，并随后撤销了对除雷和佩姬·麦克马丁·巴奇之外其他所有被告的指控。到 1990 年，对巴奇家族成员的指控也最终被撤销，尽管从未被定罪，可那时他们已经在监狱里待了 5 年多了。

这场审判历时 7 年，耗资 1 500 多万美元，最终却无人被定罪，堪称美国历史上最昂贵的审判之一。在本案的影响下，这家托儿所因为争议太大最终被拆除，也没有证据表明存在过什么秘密的地下暗道。多年之后，随着案件中的儿童当事人长大，其中的一些人公开推翻了当年的证词，说当时是迫于在机构工作人员的压力而描述了错误的记忆。后来，英国心理学家迈克尔·马洛尼（Michael Maloney）回顾了这些证词的影音资料，谴责当时的提问手段无异于强迫和指令，并总结说，“其中许多孩子”在面谈中的陈述其实是提问人说的，并非孩子自己说出来的。这些孩子真正遭到的虐待并非是撒旦的仪式，而是有人以可疑手段植入他们幼小头脑中的错误记忆。

如果说这场可怕的冤案能有什么积极的影响，那就是让人们反思该如何对年幼的目击证人进行合理问询，也让人们终于认识到，哪怕是出于最良善的初衷，也很容易给别人植入虚假的记忆。尽管《米歇尔还记得》一书曾经备受赞誉，如今人们也不再相信催眠回忆的准确性了，因为已经有大量证据表明，用这种方法提取的记忆很可能和虚构的想象相差无几。麦克马丁托儿所的员工们遭受了极为不公正的对待，但是相比其他被无辜卷入所谓“撒旦仪式化虐待”丑闻的人们来说，他们已经算是幸运的了。在 20 世纪 80 年代至 90 年代间有很多类似的审判，数百人因为同样漏洞百出的证词而蒙冤。尽管后来很多定罪被撤销，但就在我写这本书时，依然有好几十人因子虚乌有的罪名在牢狱中艰难度日。

当然，这些并不会抹杀记忆的价值，也不能把我们日常经历的记忆失真简单等同于故意造假。编造和虚构本身就是人类体验中不可缺少也无法避免的一部分。既然如此，也不能一概而论地认定人们的描述总是错误的——而是应该说，出错的可能性是确实存在的。这个棘手的问题常见于审判中，尤其是事关虐待或性侵这类人际关系犯罪的审判中。这类案件中，唯一的证据往往就是证人的口述，而且控辩双方的证词常常相互矛盾。在许多情况下，这种矛盾是其中一方不诚实造成的，但也有的时候是因为一方或多方的记忆不够准确，或者受到了外部因素的干扰。在这种情况下，即便没有人刻意欺骗，要确认案件中各个事情发生的先后顺序都变得举步维艰。

上述问题还可能会引发强烈的公众反应。我们总是固守非黑即白的二分对立，却忽视了在真实陈述与弥天大谎之间还存在一个似是而非的灰色地带，那就是我们的记忆。记忆专家伊丽莎白·洛夫特斯本人就曾作为专家证人为七场知名度颇高的刑事审判出庭作证，在法庭上概述了记忆虚幻多变的特点。她的证词客观科学，无疑避免了许多冤假错案，却也让她得罪了不少人。在整个职业生涯中，她多次受到官司威胁甚至暴力威胁。正因如此，洛夫特斯被颁发了“科学意识”马多克斯奖(Sense About Science's Maddox Prize)，以表彰她不屈不挠坚持捍卫科学真理，以及为发扬科学精神忍受的各种阻挠和辱骂。尽管遭遇种种威胁与反对，洛夫特斯和像她一样的记忆研究者们仍旧坚持科学研究，让我们了解到，我们的思想很容易会严重扭曲自己的记忆，哪怕只受到一丁点的暗示，也可能编造出黑暗惊悚的虚假想象。[1]

如今，用记忆回溯和其他暗示性手段揭示记忆的方法已经被彻底推翻了，人们知道这些方法只能提取一些虚假的想象而已。尽管如此，催眠回溯在某些领域还是颇受欢迎，明知道会带来坏处也有人照样使用。时至今日，这些早已被揭穿的拙劣技术还在给一些家庭造成无中生有的裂缝，带来难以挽回的创伤。克里斯托弗·弗伦奇也说过：

> **我有三个可爱的女儿——两个正值青春期，一个刚刚成人。我能想象的最可怕的情形，就是假如我的某个女儿出现焦虑、失眠或抑郁这些常见的心理问题而接受治疗，结果在治疗结束时，基于所谓“恢复的”记忆，我忽然被指控在她幼年时进行过性侵。尽管我自己非常确信这种指控都是虚假的，但无论我怎么说或者怎么做，也都无法让她再相信我了。**

---

1 重要的是，人们并非故意用虚假的记忆去欺骗别人。洛夫特斯本人也曾描述过自己产生虚假记忆的经历。当她还只有十几岁的时候，母亲不幸溺亡。多年后，一位亲戚告诉她，她曾经找到了母亲的遗体。这之后，她就产生了一系列关于那个场景的痛苦回忆。但没多久，洛夫特斯得以确切查明自己并没有发现过母亲的遗体，后来她的那位亲戚也意识到是他自己搞错了。她的那一系列回忆都是虚假的，这充分证明了心理暗示的作用。

他所描述的场景并不仅仅是虚构的。目前全世界已经有不少为帮助虚假记忆受害者而建立的互助团体了。在日常生活中，即便没有接受过催眠回溯，我们也可能被自己的记忆误导。尤其不能忽视的一点，是我们的头脑很容易受到暗示的强大影响。操纵记忆是一个令人不安的想法，这很容易让人想起乔治·奥威尔（George Orwell）在小说《一九八四》中所描写的篡改历史记录的场景：

> **每天，每时，每刻，都在不断地修改过去，使之符合当前情况。这样，党的每一个预言都有文献证明是正确的。凡是与当前需要不符的任何新闻或任何意见，都不许保留在记录上。全部历史都像一张不断刮干净重写的羊皮纸。这一工作完成以后，无论如何都无法证明曾经发生过伪造历史的事。**[1]

我们头脑中的记录会被外部因素编辑篡改，这有点耸人听闻。我们当然也有理由担心，媒体和我们所处的社交群体也会影响我们的记忆与感知。媒体关注、社会压力和各种暗示常常会左右我们的回忆与感受。但更可怕的还不止于此。就算没有这些外界影响，我们的记忆也远非完美，而是更像奥威尔小说中所写的新闻报道那样，充满各种错误和捏造的幻觉，记忆对于我们每个人固然重要，但我们也必须保持警惕，不能简单认为它绝对可靠。过分依赖记忆就像是把我们锚定在一块松动的石头上，难免有翻船的风险。

1　董乐山译本，译文出版社 2006 年 8 月版，第 37 页。——译者注

10 头脑中的匕首
Daggers of the Mind

头脑是计算和反思的工具，感官则是一切知觉的守门人。我们淹没在各种声音、影像、味道、气味与感知的巨大旋涡中，而大脑总能轻而易举地将这些信息进行整理和解析。在无意之间，我们就能轻松地区分婉转悦耳的鸟鸣与噼啪作响的火苗，随手一摸就能分辨冰凉的钢铁与粗糙的橡木，瞥一眼就能看出翻涌的海浪与翻涌的云海之间的差别。我们需要“计算”这个世界的信息，而感官就是输入的端口，它们高效地分离出生活这部交响乐中的信号与噪音。

但是我们可以充分信赖自己的感觉吗？事实上，感觉也会骗人，这并不算什么新鲜事，很早以前就有人说过——莎士比亚的戏剧《麦克白》（*Macbeth*）中有一段著名的独白，主角麦克白喃喃自语，说着自己的所见所感，讲着一把若隐若现、形迹可疑的匕首：

> **摆在我面前的、把柄对着我的，**
> **就是这匕首吗？来，让我紧握着你吧。**
> **我摸不到你，但我依然能看见你。**
> **你这命中注定的幻象，难道你不是可眼见**
> **而不可触及的东西吗？或者你不过是**
> **一把想象中的匕首，一个来自狂热的大脑的**
> **虚幻的作品？**
> **然而，我却能看见你，**

就像我现在抽出的这把匕首那样可触可摸。

我们含糊不清、模棱两可的感知，也是莎士比亚戏剧中最常见的主题之一。因此，他剧中的各种鬼魂和幻象，其本质也都是含混暧昧的。尽管莎士比亚作品中对超自然现象的描述是作为一种戏剧化再现的手段，反映我们的感觉暧昧不清的本质，但是长久以来都有很多人坚信超自然力量是确实存在的。历史上有过许多关于反常现象的记录，比如外星人绑架，或者与神灵的精神交流等。还有一个流传很久的常见说法是，人在死后也能与活着的人交流，给他们施加影响。世界各地的不同文化中都有关于闹鬼、幻觉、神秘天谕这类的传说，其影响力渗透到了人类生活的各个方面。

这类说法无处不在，流传广泛，值得留意。当然，其中有些只是空穴来风或胡思乱想，但即便如此，也不能解释为什么会存在大量类似的说法。我们中的很多人都有这样的体会，有朋友认真地描述自己遭遇鬼魂的离奇经历，或者我们自己就曾碰到过类似的情况。我们都明白，人类的感觉并不可靠，但每次听到一个神志清醒的人讲得绘声绘色、煞有其事的时候，也难免会让我们怀疑的态度开始变得有所保留。我们的感觉的确不完美，但头脑为什么能让我们产生这样逼真、这样有说服力的误解呢？若要回答这个问题，就必须深入了解我们的感知，才能明白感知是怎样被扭曲或误导的。

感知出错的原因之一是，人类喜欢发现规律，哪怕有时根本毫无规律可循。在灵学风潮鼎盛的时期，畅销杂志《科学美国人》（*Scientific American*）曾采访过托马斯·爱迪生（Thomas Edison），问他可不可以用他的发明跟已经死去的人交流。爱迪生是留声机的发明人，而且一贯热衷于自我推销，他回答说只要灵魂能够发出电感应，那电子录音设备一定能比其他任何东西都更灵敏地捕捉到它们。对怪力乱神的崇拜在 20 世纪早期就逐渐式微，但这类思想从未彻底消失。自从 20 世纪 50 年代卷盘式录像设备出现后，摄影师阿提拉·冯·绍洛伊（Attila Von Szalay）就开始通过录音带录制所谓的“通灵”事件，还把它们命名为“超自然电子异象”（Electronic Voice Phenomena，EVP）。这让灵异的说法一度又复兴起来。

对 EVP 的兴趣逐渐进入了主流文化，时至今日依然有不少人热衷追捧那些超自然现象。他们认为 EVP 中那些静电噪音是人死后的世界传来的信息，事实上，这些类似信息的声音毫无意义，就算我们试着给它们一厢情愿的解释都不可能。导致这种错觉的心理学机制叫“意义妄想”（apophenia），就是试图在随机数据中找出规律。正是出于同样的心理，在家用录音机出现后，就有人尝试把流行歌曲倒着播放，想发现隐藏在歌词里的秘密信息。这进而催生出两个毫不相干，却同样热衷于把录音带倒着播放的群体：一个是有大把闲暇时间的青少年乐迷，另一个则是义愤填膺的宗教信徒——他们坚信摇滚乐歌词里藏着邪恶的暗号。

这类做法显然是误入歧途，甚至还有些滑稽。要想制作一连串的声音，让它们在倒着播放时还能表达不同的意思，这简直难如登天。不过，还是有传闻说发现了歌曲中藏着邪恶的故事。有人声称，如果倒着播放，齐柏林飞艇乐队（Led Zeppelin）的歌曲《天堂的阶梯》（*Stairway to Heaven*）讲的就是一个有关恶魔施虐的黑暗故事，其中有一句是“有个工具棚，他在那儿折磨我们，撒旦如是说”。也有人说皇后乐队（Queen）的歌曲《败者食尘》（*Another One Bites the Dust*）也有隐藏信息，表现了吸食大麻后的快感。[1]这些其实都是意义妄想的产物，人们在心理暗示的作用下，牵强附会地寻找各种所谓的线索和信息。

---

1 作为一个重金属摇滚乐乐迷，我在青少年时代也曾花大量的时间听反向播放的音乐，希望能够捕捉到一点所谓的信息。但最终听到的都是毫无意义的东西。我只能说，十几岁的年轻人太会自娱自乐了。

因为妄想出来的隐藏信息而造成道德恐慌的事，不过是在历史洪流中短暂闪现的奇谈异闻，但我们也不应忘记，它在当时造成的影响甚至比某些组织的妄谈与狂想有过之而无不及。在这一点上，最有说服力的例子当属对“犹大圣徒”乐队（Judas Priest）的离奇审判。犹大圣徒是英国重金属乐队的杰出代表，发行过许多热销的专辑，其中1978 年的专辑 *Stained Class* 中收录了一首名为《你的好，我比不上》（*Better by You, Better than Me*）的单曲，而正是这首歌给这个乐队带来了麻烦。在专辑出版数年后，1985 年的一个夜晚，远在世界另一端的美国内华达州，两名青少年詹姆斯·万斯（James Vance）和雷·贝尔纳普（Ray Belknap）在夏日的酷热中听着这首歌，然后就发生了令人难以理解的事情。这两个人竟然用枪对准自己的脑袋，扣动了扳机。

贝尔纳普当场死亡，万斯则在三年后死于药物并发症。悲剧发生后，两个家庭迫切要找到无缘无故失去这两个年轻生命背后的原因，也就是想为复杂的自杀找个简单的理由。于是人们把注意力转到了这两个孩子爱听的重金属音乐上，并确认“犹大圣徒”乐队是导致孩子丧命的导火索。可在这个乐队的作品中，连间接鼓励自杀的内容也没能找到。尽管如此，学校督导声称，万斯曾说这一系列事件都是因为那首歌引起的。家人与诉讼律师声称，把这首歌复杂的曲调颠倒过来，就藏着危险的信息，也就是一句怂恿自杀的指令：“动手吧（do it）。”

这一指控让乐队倍感意外，他们坚持说歌曲中绝没有这样的信息。可万斯的家庭毫不让步，坚称他们都能清清楚楚地听出来，而且就是这句指令诱导两个孩子最终自杀的。尽管心存疑虑，但法官杰瑞·卡尔·怀特海德（Justice Jerry Carr Whitehead）还是裁定乐队必须出庭受审。他还进一步裁定，任何潜藏的信息都不能获得美国宪法第一修正案的保护。这桩官司最终在 1990 年 8 月被撤销了。心理学家及辩方证人蒂莫西·E. 摩尔（Timothy E. Moore）后来就此事为美国《怀疑探索者》杂志（*Skeptical Inquirer*）撰写了专稿，详尽解释了为什么有人会听出那样一句话来。更重要的是，他还说明了人们很容易在鬼使神差的状态下感觉自己真的听到了那么诡异的指令：

> **感知是一个积极构建的过程。因此，人们总是会看见或听见他们更愿意（或被鼓励）去感知到的信息。在一段三分钟的重金属音乐录音里，如果你刻意搜寻，总会有几十个短小片段能被孤立出来，不断放大，这就很可能被人辨识成某些字眼或短语，而要是正常听的话，这些细节根本毫无意义。可以说，要真的完全听不出什么“新发现”，那才让人觉得奇怪呢。**

意义妄想并不仅限于听觉现象，它还可能给任何感官造成混乱，扭曲我们的感知。视觉对于理解世界至关重要，但也特别容易让我们形成错觉。“空想性错视”（pareidolia）就是这样一种心理现象，人们会觉得看到了某种已知的图案，而实际上却根本不存在。作为社会性的动物，我们很容易看到各种面孔和人形。而且，我们大部分人都会给所见的面孔赋予“情绪”（可能一些严重的自闭症患者除外）。这么做显然有些荒唐，却又是人类十分重要的本能反应。很久以前，艺术家们就会使用这种空想性错视来进行创作了。朱塞佩·阿钦博尔多（Giuseppe Arcimboldo）在1566年完成的著名绘画作品《陪审员》（*The Jurist*）中那张“面孔”就是用鱼和鸡肉构成的。列奥纳多·达·芬奇也鼓励艺术家们运用这种奇怪的感知手法来提高自己的作品水准，还建议他们盯着石墙看：

> **想象成各种各样的风景，有山、河、石、树，有大平原，还有山谷与山丘。而且还能看出各种战争场面，各种奇怪的**

人做出生动的姿态，各种面孔上都有表情，还有各色服装，细节数不胜数……

当达·芬奇紧盯着 15 世纪的石墙时，当然知道墙面就是他驰骋想象力的画布，就好像人们闲暇时也会在云朵中寻找熟悉的形象。不过空想性错视也可能是无意而为之、难以察觉的。1976 年，美国国家航空航天局（NASA）的“海盗 1 号”（Viking 1）轨道太空船抵达火星，发回的照片中有一张看上去好像有一张人脸，在火星的塞东尼亚区（Cydonia）。这随即引发了很多狂热的猜想，有人认为这可能是某个远古时代的寺庙遗迹，见证了早已绝迹的火星文明。其实，这个“火星人脸”只是“海盗 1 号”低分辨率成像技术给人造成的错觉，后来，拍摄的高分辨率图像清楚地显示出那只不过是一座平顶山。可即便如此，依然有不少阴谋论者坚持认为 NASA 掩盖了外星生命的证据。

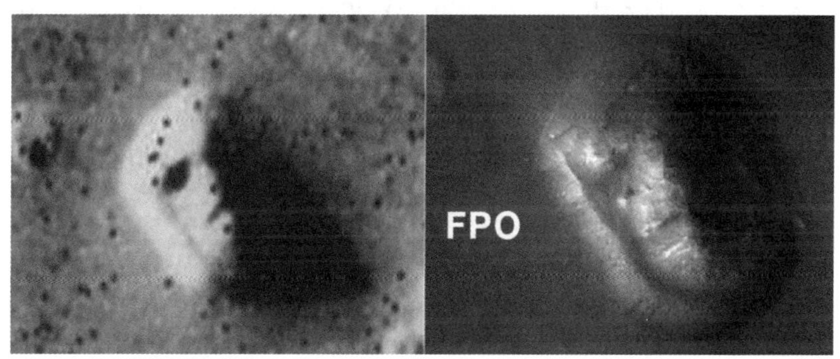

左图：“海盗 1 号”所拍摄的火星上的“人脸”。
右图：火星勘测轨道飞行器对同一地区拍摄下的高分辨率图像，清楚显示所谓的“面孔”不过是一片遍布砂石的台地。（NASA）

对于虔诚的信徒而言，随机形成的图案也会被奉为奇迹。如果我们在这儿把各种曾经呈现出神灵面孔的东西罗列出来，只怕会占用整整一本书的篇幅。其中包括带有耶稣面孔的木材着色剂、烛蜡和意大利面，长得像猴王的树瘤，拼写成“真主阿拉”的尘土，甚至还有一个出现了圣母玛利亚面孔的烤奶酪三明治。

正是这些看起来不同寻常的现象，才让感知错觉把我们引入了歧途。自从人类开始讲故事起，我们就有了鬼魂、恶魔与外星人的传说。启蒙运动都已过去了好几百年，可时至今日依然有人对这些事情深信不疑。2017 年，YouGov 网站开展的一项调查发现，有 50% 的受访者相信鬼魂；而在 2015 年皮尤研究中心（Pew）的一项调查中，有 18% 的受访者声称曾亲自遇见过鬼。如果轻率地认为这些都是胡扯，也未免太过简单粗暴，既然有这么多相关传闻和亲身经历，就很值得我们抱着怀疑的精神去想一想。

撞鬼这种事情并非只有那些一惊一乍的胆小鬼才会遇见。第二次世界大战刚结束时，令人敬畏的温斯顿·丘吉尔前往美国白宫访问。在泡了一个长长的热水澡、酣畅地享受了苏格兰威士忌和雪茄后，他蹒跚着步子走进隔壁的房间，结果正好迎面撞见了亚伯拉罕·林肯的鬼魂。当时他全身一丝不挂，可这位英国前首相处变不惊，用一贯幽默的语气低声说："晚上好，总统先生。您这个时候出现，好像就有点不厚道了。"随后，林肯的鬼魂就冷笑着消失了。也许有人会说，这次撞鬼事件更可能是因为丘吉尔喝了太多的威士忌，又或者是因为他一贯喜欢添油加醋地夸大个人的传奇经历。不管这件事真假与否，总之有不小比例的人都坚称自己曾经遇到过故人的亡灵。

这类离奇的经历常常发生在家人故去后不久。我 17 岁时，一位非常亲近的叔叔迈克尔意外离世了。他是我们家的主心骨，所以我们经常把会客厅称为"迈克尔的房间"。在他去世后不久的一天夜里，我的余光瞥到一个黑影正在楼梯上朝那个房间走去。尽管我的理智告诉我这绝无可能，但我的大脑却忍不住联想到迈克尔叔叔，还产生一股强烈的冲动，想要和他说说话。这样的故事并不罕见。很多人曾在视线的余光中看到过"人影"（有时也说是"一团黑影"），这是个很普遍的现象。这类现象大多都是因为"空想性错视"，只不过每个人产生错觉的程度不同。相信超自然现象的人，更容易把随机图案错认为是神力有意为之。

在一个实验中，相信鬼神的人比喜欢质疑的同事从随机排列的灯光中，看到了更多的“行走的”身影。在另一些研究随机移动的形状的脑成像实验中发现，对于那些倾向于接受超自然观念的人而言，头脑中与意愿相关的大脑活动尤其活跃，更容易给屏幕上所见的随机移动的画面赋予意义和动机。

上述研究发现可以部分地解释超自然信念何以在人类社会中长期普遍存在。但相信鬼神的人们也会反驳说，这并不能解释那些闹鬼故事为什么总能让人产生身临其境的真实感。其实在很多情况下，感觉自己真真切切地看到了鬼影，是因为当时的感觉让人觉得不可能是认错了。这种经历往往令人心惊胆战，而撞鬼的场所也通常不太吉利或模糊不清，这就是为什么哥特文学中的典型场景不外乎是阴森的坟场、孤零零的房子和漆黑的地窖。按照民间流传的说法，那些撞鬼的人们不仅能看到飘忽诡异的鬼影，还能体会到一种确凿无疑的真实感和身临其境的恐惧感。

无论是在虚构的作品还是在人们的亲身经历中，我们都能看到各种各样类似的故事。不过，跟这些故事本身一样有趣的是，对于这种由来已久的“身边有个人的感觉”（feeling of presence, FoP），我们有着非常通俗的确切解释：那就是我们的大脑努力将矛盾的信号合理化。FoP 通常是精神分裂症或癫痫的症状。研究发现，这种感觉可能与感觉运动失调有关，也就是说，我们的所见所闻与我们身体的感觉是分离的。还有证据表明，这类症状和额顶叶皮层受损有关。这一区域关系到自我意识和内外刺激的融合，如果损伤，就可能让患者产生自己身后有人跟随的感觉。即便是健康人也可能因为某些刺激而产生这种感觉。在一项实验中，受试者被蒙住眼睛，用手操作面前的一个仪器，实验者在他们身后放了一个可以根据仪器的信号同步模仿他们动作的机器人，然后把机器人的手放在受试者的背上。在正常操作的情况下，受试者的报告说感觉自己在摸自己的后背。这种感觉很不寻常，但绝对不是幻觉。

然后实验人员把机器人模仿动作的时间延迟了仅仅半秒，受试者就表示感到困惑，报告说感觉身边有个人。这种幻觉令人非常不安，很多受试者甚至要求立即停止实验。

那些遭遇过极端事件的人，更容易出现身边有人的诡异感觉。探险家欧内斯特·沙克尔顿爵士（Sir Ernest Shackleton）是第一个详细讲述了“第三人”现象（the ‘third man’ factor）的人，他和队员们在南极探险的最后一程中，曾感觉身边出现了一个没有实体的鬼魂。这种幻觉在登山者、极限马拉松运动员、海难幸存者和独自出海的水手这些人身上尤其常见。英国登山家弗兰克·斯迈思（Frank Smythe）在一次单人攀登珠穆朗玛峰时就产生过类似的幻觉。当时他真的确信身边有一位隐形的登山伙伴，他甚至还掰下一块蛋糕分享给了那个鬼影。这种“第三人”的症状似乎总是出现在极度单调沉闷和隔绝孤立的境遇中，周遭的环境通常黑暗而荒凉。此外，这种情况也和严重的寒冷、伤痛、饥饿和口渴有关。极度疲劳有时也会造成幽灵现身的幻觉，因为睡眠缺乏会让感官与知觉发生混乱。航空技术先驱查尔斯·林德伯格（Charles Lindbergh）就曾描述了自己在飞往巴黎的途中，在完全清醒的状态下经历的幻觉：

> **我身后的机舱里好像满载着鬼魂——轮廓模糊，全身透明，动个不停，他们搭乘着我的飞机，却完全没有一点重量……我一路飞行，他们一会儿闲聊八卦，一会儿指指点点，议论着我的航行问题，给我安慰和鼓励，还向我讲述了许多我在日常生活中无法获得的重要信息。**

我们的大脑中充满了电子信号与化学信号，一旦遇到电子干扰或化学干扰，就特别容易产生感觉的偏差甚至扭曲。幻觉的产生也是同理，产生幻觉的原因也有很多。“临睡幻觉”（hypnagogic hallucinations）通常发生在人即将睡着或刚刚醒来的时候，可能是听觉，也可能是视觉上的。常有人在入睡前看到转瞬即逝的画面，听到一段支离破碎的言语，甚至还可能产生触碰感，而当事人自己也很清楚这些都是虚幻的错觉。埃德加·爱伦·坡就曾写过自己产生幻觉的时候"总是在……即将入睡时，而且意识到自己正处于这样的状态"。

另一种令人不适的现象是"睡眠麻痹"(sleep paralysis)，通常伴有更阴暗恐怖的幻觉。在快速眼动睡眠（REM）期间，我们的身体会进入一种被称作"张力缺乏"的肌肉松弛状态中，以防止我们做出梦中的动作。但"张力缺乏"有时也会失效，其中一个可能的结果就是梦游。还有一些睡眠异常症，比如睡眠性爱（sexsomnia)，也就是在睡眠中进行性活动。更为罕见的是梦游凶杀（homicidal sleepwalking)，是指一个人在睡眠状态下杀人，受害者往往都是家人，不过也有例外。有一个案例发生于 19 世纪 80 年代，法国侦探罗伯特·勒德吕（Robert Ledru）受托调查勒阿弗尔市（Le Havre）发生的一起海滩谋杀案。凶手在现场留下了脚印，脚印中缺少大脚趾，一看到脚印，勒德吕就自首了，供认说是自己在梦中杀了人。他的同事们都觉得不可思议，难以接受，最后他们做了测试，真的观察到勒德吕梦游，而且，他梦游的时候还用了那把他们有意留在牢房里的手枪。虽然最终判决勒德吕谋杀罪名不成立，但法庭将其流放到了乡间农场，并规定他只能被锁在房间里单独睡觉。相比于让谋杀犯拿着枪到处跑，这么做显然合理多了。

当一个人刚刚恢复意识，而身体依然因为"张力缺乏"效应而瘫软无力的时候，就会出现睡眠麻痹：尽管恢复了意识，但既不能动也不能说话。这种情形通常会持续几秒甚至几分钟，可能有时还会伴有觉得有人恶意入侵的恐怖感受。有些人还会出现幻觉，听见邪恶的声音，胸口出现强烈的压迫感，好像有人正压在自己身上。我自己就长期以来断断续续地受到睡眠麻痹的困扰，尽管我很清楚到底发生了什么，却依然感到非常痛苦，难以忍受。

“梦淫妖”（Incubi）和“魅魔”（Succubi）这两个最古老、流传最广的恶魔传说，很可能就是源于睡眠麻痹现象。据说这些面目可憎的鬼魅会趴在熟睡人的身上，对其进行性侵。受害者则被压在鬼魅的身下，完全动弹不得。这类淫邪鬼魅的故事，在全世界各个地区和历史上各个时期都有流传。无论是在公元前 2400 年苏美尔人的手稿中，还是《圣经》创世纪里，都有关于梦淫妖的故事；德国民间故事中提到过一种母马（mare），它会骑在熟睡的人的胸口上，让他做噩梦，英文中 nightmare（噩梦）一词也由此而来。梦淫妖的形象遍布世界各地，在南非叫“Tokolosh”，在土耳其叫“Karabasan”。古时候的人们完全不了解睡眠麻痹带来的感觉失常效应，他们结合各自的文化特点，把它视为梦淫妖或外星生物等超自然力量的作用，这完全可以理解。这种古老的信念也正好说明，我们总是非常信赖自己的感觉，即便它偶尔失灵，我们也会下意识地认为感觉不会有错。

自古以来人们就知道，我们可以通过化学手段改变感知。比如各种致幻药会让人产生看似真实却常常又超现实的幻觉。在美洲原住民文化中，人们会用作用于精神的佩奥特仙人掌来制造幻觉，并认为这样可以与灵魂进行交流。佩奥特仙人掌甚至是惠乔尔人（Huichol）[1]宗教中的主神之一。意外摄入致幻类物质会给人带来惊悚的体验。例如意外吃下了长有麦角菌的黑麦就会出现麦角中毒，出现惊厥和精神错乱等可怕的症状。这类事件在中世纪很普遍，当时被叫作“圣安东尼热”（St. Anthony's Fire）。之所以用这个名字，一方面是因为中毒后会产生全身灼热的症状，另一方面则取自投身救助的教派的名字。现代麻醉药麦角酸二乙基酰胺（LSD）就是从这种霉菌中提取制成的，这种药物的致幻作用众所周知，无须赘言。

1　惠乔尔人是墨西哥的一个印第安人族群。——译者注

突然停止用药也可能会造成感知变化。比如突然停止酒精摄入，身体会努力重新获得体内平衡，结果导致“震颤性谵妄”（delirium tremens，DTs），也就是突然发生意识错乱。在很多时候，震颤性谵妄会引起一连串化学反应，病患会出现严重的幻听和幻视，人们有时用“蓝色恐惧”来委婉地指代这种可怕的体验。冰毒成瘾者就常常会感觉从眼角的余光中看到有人影掠过。这种可怕的体验，尤其常见于因成瘾和戒毒导致长期缺乏睡眠的人。类似上面提到的“第三人综合征”，冰毒滥用导致的睡眠缺乏所造成的体验，也能够让最冷静淡定的人相信真的有人在旁边。

人类的感知并非黑白分明，而是灵活多变的，很容易受到外部因素的影响。不仅如此，我们预想的观念也会塑造感知，甚至在毫无意识的情况下，左右我们对外部刺激做出的身体反应。在 19 世纪中期，人们对招魂术忽然产生了浓厚的兴趣，其核心论点就是认为死去的人有能力也有意愿与活着的人交谈。当然，这种交流很少会直接进行。在整个上流社会，所谓灵媒的需求量非常高。这些人深谙一整套秘而不宣的技巧，借此与逝者沟通交流，还很善于故弄玄虚地表现自己。当时最戏剧化的通灵技巧是“桌灵转”（table-turning）。几位参与者围坐在桌边，举行“降神会”，桌子向着一套预先摆好的字母表转过去，他们会借此拼出所谓来自幽灵的消息。有人对此深信不疑，认为这是死后灵魂永生的确凿证据。他们甚至试图解释这种现象的原理，说是“外质”（据传为神鬼附体者身上渗出的物质，可能形成死者的外形）和“灵能量”共同创造出了这种“灵力”。

当然不是人人都对此深信不疑。英国的物理学先驱迈克尔·法拉第（Michael Faraday）对这种所谓“灵力”就非常怀疑。他一向热衷动手做实验，于是便着手开始检验“桌灵转”的现象。他小心地排除各种变量，探究不同的解释，试图找出这一现象背后的基本原理。他用木头与橡胶来增加转动的摩擦阻力，结果发现并没有影响桌子的转动。经过深入研究，他最终发现，所谓的“桌灵转”根本就不是什么神奇的超自然现象，只不过是“类似无意识的肌肉运动”罢了。桌子的诡异转动并不是因为什么超自然的原因，归根结底是人们自古以来就喜欢自欺欺人的心态在作祟。

对这种事情进行研究并感到懊恼的，不止法拉第一个人。法国化学家米歇尔·尤金·谢弗勒尔（Michel Eugène Chevreul）也做了细致的实验研究，并为最终揭露这些怪力乱神的真相出了一份力。谢弗勒尔本人在多个领域均有建树，在科学界成就斐然，是名字被镌刻在埃菲尔铁塔上的72位名人之一。和法拉第一样，这位科学界的先驱坚决反对那些毫无根据的奇谈骗术。在19世纪中期，他开始关注三种所谓的通灵手段：“桌灵转”“通灵棍”和“神力钟摆”。在1854年的一篇论文中他详细说明了，这些看似神奇的运动，其实都是无意识或下意识肌肉反应的结果，手握“通灵棍”的人一旦意识到这种反应存在，棍子的运动马上就会停止，也无法重复。就在同一年，一位名叫威廉·卡彭特（William Carpenter）的医生提出了“意念运动反射”（ideomotor response）的概念，来描述这种现象。

另一种流传久远的灵异活动也是基于这种意念运动反射效应，那就是“自动书写”。据说这是一种接受遥远信息的超自然的书写“通道”。在自动书写过程中，灵媒进入一种看似入定的状态，写下一些据称是来自坟墓里的诡异信息。当时的英国上流社会对这种灵魂附体式的书写非常着迷，但查尔斯·亚瑟·默西埃（Charles Arthur Mercier）却并没有盲从。默西埃是一位心理医生，平时将大量的时间用于揭穿灵媒的骗术。关注到自动书写后，他指出，这种诡异的现象只不过是又一种意念运动反射效应而已。1894年，他把自己的研究撰写成文发表在《英国医学杂志》上。他在文章中全面抨击了认为自动书写是灵异现象的错误观点，他一针见血地指出：“怪力乱神的说法既没有必要，也站不住脚。求助于这种灵异作用，只能说明那些人不仅没有科学的思想，而且孤陋寡闻、见识短浅。”

意念运动反射中的无意识肌肉运动，证明了19世纪末到20世纪初发生的那些诡异事件根本没有什么神秘可言，只不过是错觉与卑鄙的骗术混合的结果罢了。人们因意念运动反射而产生错觉，这也可以理解，但我们也不应忽视当时流毒甚广的各种骗术。在那个时代，一些家喻户晓的灵媒各怀绝技，奇技淫巧无所不能，用种种手段来误导和哄骗公众，吸引拥趸。其中米娜·克兰登（Mina Crandon）就是一个臭名昭著的典型，她举行裸体“降神会”，从自己的阴道中排出所谓的“灵外质”。就在她的声望如日中天的时候，魔术师兼逃生大师哈里·霍迪尼（Harry Houdini）揭穿了她的骗术。霍迪尼本人一贯热衷于揭穿灵媒的骗术，他认为灵媒不过是在蛊惑人心以谋私利。他时常乔装去参加“降神会”，用自己的才能揭穿形形色色的骗局。霍迪尼对此非常投入，甚至还担任过《科学美国人》杂志的评审官，悬赏征集任何一位能展示自己拥有超自然能力的人。但时至今日，这笔奖金依然无人认领。

霍迪尼如此热衷于揭露骗术，自然引起了招魂术士们的极大不满，也让他失去了至少一位朋友，那就是亚瑟·柯南·道尔爵士（Sir Arthur Conan Doyle），正是他创造出了无所不能的大侦探福尔摩斯。道尔爵士对一切有关灵异的事物都笃信不疑，特别是他在一战期间痛失爱子后更是如此。甚至当霍迪尼揭穿了骗局后，道尔爵士依然执迷不悟，这令霍迪尼格外沮丧，两人之间渐生嫌隙。当霍迪尼去世后，道尔居然坚称霍迪尼本人就拥有超自然的能力。

按理说，在科学界一轮又一轮的反驳之下，那些占卜术早就该销声匿迹了，可它们竟然还顽固地留存在我们的文化当中。意念运动反射效应为人熟知已经有两个世纪了，但人类似乎总是不会吸取教训，而且还总能花样翻新，今天，同样的谎言只不过换了不同的包装，还是会有人受到蛊惑而堕入迷途。

说到这里，有必要再举一个不大光彩的例子。2013年，一个名叫詹姆斯·麦考密克（Jim McCormick）的商人被定罪，罪名是向伊拉克军队贩卖其实毫无用处的炸弹探测仪（bomb-dowsing kits）。这一卑劣行径和古老的“通灵棍”骗术如出一辙。同样也是在2013年，另一个有关意念运动的骗局是所谓的C-Fast，有人把这种机械探测棒假装成快速探测肝脏疾病的设备进行兜售。英国“科学意识”组织的西列·莱恩（Sile Lane）把这些做法称为“除了兜售希望，再无其他”。

上面这些例子实在令人不齿，而这些陈词滥调的谎言还会带来一个更可悲的后果，就是所谓的“协助交流”(Facilitated Communication，FC)。在协助交流中，“助手”会帮助病人在屏幕或键盘上移动手臂，看起来好像是他们在进行交流似的。对于那些有严重交流障碍患者的家属而言，听说这种消息简直像发现罗塞塔石碑(Rosetta Stone)[1]一样意义重大，可实际上根本没有证据证明它们是真实有效的。满心的希望还是胜过了经验，到20世纪80年代末期，神奇的故事已经在各地普遍流传，传闻也被当作证据，诸如“协助交流”成功“解锁”了严重失语的自闭症患者和严重的智力障碍患者。几乎在一夜之间，那些患有严重心智残疾的孩子们就都变成了诗人与学者，有的甚至还在“助手”的帮助下出了书。

“协助交流”广受追捧，但也从一开始就明确显露出不少伪科学的迹象。早在1991年就有超过40项实证研究表明，“协助交流”并没有实际功效，反而发现存在大量“助手”输入的信息，说明这就是一种意念运动反射。“助手”并没有让对方被压抑的思想解放出来，而是投射了他们自己的思想进去。然后，和“撒旦施虐恐慌”事件一样，这些讲述者也必然会来一个暗黑的大转弯：开始“代表”这些残疾的病人讲述他们遭受严重虐待的故事。不难预见，不少人因为这些“证词”而被

1 罗塞塔石碑的发现让人类得以解读古埃及象形文字，也是研究古埃及历史的里程碑。——译者注

逮捕。媒体报道曾特别关注过一位名叫贝齐·惠顿（Betsy Wheaton）的 16 岁失语自闭症患者的案例，据说，她通过“助手”詹尼斯·博因顿（Janyce Boynton）传递信息，声称她的父亲“让我抓住他的阴茎”。此后不久，她甚至开始详细叙述一些惊悚的虐待行为，而众多家庭成员都被控诉为施虐者。

为了明确求证这些说法是否真实可靠，言语病理学家霍华德·谢恩（Howard Shane）与心理学家道格拉斯·豪勒（Douglas Howler）共同设计出一个简洁而巧妙的实验：他们用一个装置给贝奇和她的助手展示了一些图片，并要求她指出自己看到的物品。但有一点博因顿并不知情，实验人员有时会故意让她与贝齐看到不同的图片。结果无论是什么情形，最后贝齐所“表达”出的都是博因顿看到的图片。这一结果确凿无疑地表明，所谓的交流并非来自贝齐本人，而是来自博因顿。[1]这一切最终真相大白，结局令人遗憾，贝齐并没有康复，也引发了公众对“协助交流”的强烈抵制。这一切本可以给“协助交流”画上一个句号了，但就像很多伪科学总会让一些人产生不切实际的期待一样，它也没有那么容易退出舞台。豪勒本人也一度相信过“协助交流”，而他非常敏锐地意识到，即便是这样确凿无疑的铁证也很难动摇信众们的信念：“我们已有很多确切的证据表明这些是‘助手’控制的。我们也开始意识到，‘助手’们自身也受到很大的影响，并且是创伤性的。‘协助交流’已经变成他们信念体系的重要内容，也成为他们人格的重要组成部分。”

豪勒的这番话很有先见之明。“协助交流”令濒临绝望的父母满心期待，固执地坚信自己可以与孩子进行交流。对很多人而言，哪怕这只是看似交流的幻觉，也好过接受自己的孩子永远丧失交流能力的残酷现实。正因如此，“协助交流”在很多地方依然广受追捧。最近有文章对此问题做了一番回顾，并精辟地指出：“‘协助交流’可能还将持续存在，

1 值得一提的是，博因顿此后不再相信“协助交流”，坦然地接受了科学发现的结果。

继续让患者父母与医生相信它的功效。”

就其科学性而言，“协助交流”和所谓“占卜板”或“占卜杖”一样都是无稽之谈，但时至今日依然时时冒头，阴魂不散。这方面最骇人听闻的例子是 2015 年安娜·斯塔布菲尔德（Anna Stubblefield）一案。她曾为一位严重残疾的病人提供“协助交流”服务，这位病人在法庭记录中被简称为 D. J. 。斯塔布菲尔德当时很快就认定 D. J. 不仅没有心智缺陷，反而是一位学者。不仅如此，她甚至认为他正在向自己表达矢志不渝的爱意。此后又发生了一系列诡异的事件，她不仅对此坚信不疑，还跟这位毫无能力表达自己意愿的男人发生了性关系。斯塔布菲尔德最后被控性侵，可她始终执迷不悟，无法接受一个基本的现实，那就是 D. J. 所表达的爱意不过是她自我投射的幻想，完全是她本人的潜意识所为。

所有这些现象都有一个核心要点：我们总是过分强调个人经验，却常常对其他可能性视而不见。可冷酷的真相是，我们的记忆与感知并不总是可靠无误的。就算动机再纯粹，意图再良善，我们对自己经历的描述也不一定就完全可靠。正如本章中所探讨的那样，我们每个人的故事太多太丰富了，就算我们本不想误导他人，存在先天缺陷的感知也会让我们从一开始就顾此失彼，完全做不到客观公允。事实就是这样，每个人讲述的故事都无法摆脱周遭世界的影响——我们都是如此。

11 强烈的期待
Great Expectations

如果各位不介意，不妨做一下这项小小的实验。请浏览下列内容，判断它们是否能用来描述你的情况。为方便起见，你可以给每一项描述的准确程度评分，最低值是 0，最高值是 5。

1.你非常需要获得他人的喜爱与欣赏。

2.你对自己很挑剔。

3.你有很多尚未发挥出来的能力，你还没有将这些能力变成你的优势。

4.你有一些个性上的弱点，但你通常总能想办法加以弥补。

5.你目前在性生活方面有些问题。

6.你的外表看上去稳定、自律，但内心常常焦虑不安，缺乏安全感。

7.有时候，你会非常怀疑自己的选择是否正确，或者自己的言行是否恰当。

8.你喜欢一定的改变和变化，当你受到拘束和限制时，会感到不满。

9.你认为自己能够独立思考，若无充分证据，不会轻易接受他人的观点。

10. 在你看来，对他人过分坦诚直率是不明智的。

11. 你有时候显得外向亲切、乐于社交，可有时候却内向保守，谨慎小心。

12. 你有一些很不切实际的期待与愿景。

13. 安全感是你的主要人生目标之一。

你觉得这些评价是否适合自己呢？也许看起来非常准确，觉得不可思议，让你怀疑是不是被某些狡猾的市场调查公司盯上了。请尽管放心，你的这些感受纯属幻觉。你刚刚完成的问卷有着一段很有意思的历史。1948 年，心理学家伯特伦 · 福勒（Bertram Forer）为学生们编制了一些性格评价。学生们私下阅读各自的评价，结果他们的感受与你刚才一样，对这些神奇的评价惊讶不已，给出的平均分高达 4.26。

这些学生其实并不知道，福勒教授为所有人提供的“分析”是一模一样的，也就是你刚刚读到的那一份，都是他从各种各样的星座预测中随意摘录拼凑而成的。这项实验第一次在学术界证实了“福勒效应”（Forer effect）的存在。也就是说，尽管很多性格描述都是含糊其词、模棱两可的，对大多数人都能适用，但人们总愿意相信它特别适用于自己的情况，由此也会给出较高的准确度评分。这类开放式的陈述被称作“巴纳姆陈述法”（Barnum Statements），这个名称来自富有传奇色彩的马戏团老板和骗子 P. T. 巴纳姆（P. T. Barnum）。[1]

后续研究还揭示出更多细微的差别。如果人们相信评估人的权威性，或认为这是专门针对自己所做的评估，就更有可能被巴纳姆陈述法愚弄。评估的内容也会有一定的影响。相比于负面评价，受试者更容易相信那些奉承的话。在一项具有启发性的研究中，研究者们针对各个受试者写下了准确的个性评估，同时加上了笼统暧昧的巴纳姆陈述，然后请受试者从中挑选出最准确的描述。结果，受试者们更愿意选择那些褒

1　说到巴纳姆就会经常提起的一句话，是“每分钟都会诞生一个傻瓜”。不过，并没有证据表明这句话是巴纳姆说的。而且，巴纳姆惯于欺骗观众的癖好已经成了传奇。关于他的传闻中，我最喜欢的是有关他对付在其展览中闲逛的人的问题。他的办法是立了一块写着“This Way to the Egress”（这边通往出口）的标语牌。由于很多人不知道 Egress 是出口的意思，他们就兴奋地冲了过去，然后发现自己已经走到了展馆外面。雪上加霜的是，如果这些人还想返回展馆的话，就必须遵守巴纳姆的规定，再次跟工作人员买票。

扬恭维的巴纳姆陈述，却不愿选择针对个人情况的恰当评价——也就是说，虚荣战胜了现实。

了解了这种福勒效应，我们就可以解释为什么人类总是对错误的思想执迷不悟。无论是在古代还是现代社会，一直都有人对占星术提出各种批评。占星术认为恒星与行星的运行会影响人类的命运。早在12世纪，哲学家兼医生迈蒙尼德（Maimonides）就曾毫无保留地批评过这种观念，并指出“占星术是一种疾病，而非科学”。我相信当代有识之士在这一问题上也会持有相同的态度。事实上，科学界曾经对占星术进行过审慎的考察，也有许多人研究过占星术预测的准确性。但是毫无例外，每次的结果都一样，占星术士们做出的预测其实跟随意瞎猜一样毫无根据。

尽管很不靠谱，但人们对占星术仍然坚信不疑。启蒙运动早已过去了几个世纪，但世界各地的报纸上仍然刊有占星专栏，其中充斥着当年福勒在他著名的实验中曾使用过的巴纳姆陈述法，绝非巧合的一点是，这些陈述都是对读者的赞美或激励。如今，占星术依然广受推崇，拥趸甚众。在2010年，约有45%的美国人都同意占星术是“有一点”或者“非常”科学的。更有意思的是，研究还发现，即使亲眼看到占星术错误的解读，那些虔诚的信徒们还会坚称对他们的解读是高度准确的。

还有一个令人不安的问题是，金融占星术的市场也非常繁荣。这是一个将占星术这种伪科学应用在投资理财的领域。银行家约翰·皮尔庞德·摩根（John Pierpont Morgan）就曾专门雇佣过一位私人占星师，据说他还曾声称：“百万富翁们都不会用占星师，但亿万富翁就会用。”时至今日，这种令人大跌眼镜的做派依然存在。汇丰银行（HSBC）的首席技术分析师在2000年曾经说过：“大多数占星术并不准确，但有一些还是准确的。”而另一家欧洲银行也曾声称，占星术与金融事件之间存在着“深奥难测”的相关性。要是联系起近几年大规模爆发的金融业危机，这句话还真是让人有些后怕。

为了再次证明所谓“金融占星术”实在是毫无用处，英国科学促进协会（British Association for the Advancement of Science）在 2001 年开展了一项实验，他们找来一位金融占星师、一位投资家和一名五岁小孩，给他们每人 5000 英镑投资富时 100 指数（FTSE100）。结果相当能说明问题：金融占星师的损失最大。而更值得一提的是，五岁小孩的选择完全是任意的，但最后的成绩却超过了其他两位。小女孩的背后可没有什么高人指点，这项研究的结果让我们不仅质疑金融占星师的能力，对所谓的投资家也会心存疑虑。

我们在前面讲了心理学家如何巧妙地利用套路来捕获人心，其中较为常用的技巧叫“彩虹骗术”，就是陈述中包含了各种相互矛盾的人格特点，比如“你很友善热心，但如果遭到背叛，也会怒不可遏、心怀仇怨”。尽管这些大多是毫无意义的陈词滥调，但有证据表明，许多受试者都更乐于认同空洞的好话，而不是那些真正针对个人的具体评价。灵媒很善于利用这类陈述来操纵他人的反应，让人们误以为他们知道很多神秘莫测的事，可事实上他们压根一无所知。这类骗术很容易蛊惑人心。当代的算命师戴伦·布朗（Derren Brown）和伊恩·罗兰（Ian Rowland）都曾玩弄过这类技巧，看似可以窥视人心、洞察隐私，实际上根本没有什么神秘的能力。

福勒效应解释了人们为何总会在随机“噪音”中找到关于自己的信息，也解释了人们在面对笼统含糊的表述时为什么总喜欢对号入座。此外，人类心理中还有一个更奇怪的特点，那就是仅凭期待与信念就足以塑造我们对现实世界的感知。这方面最明显的证据就是“安慰剂效应”（placebo effect），即患者在接受虚假治疗后也会感到病情有所改善。其中有关疼痛的感受最为典型。在 1996 年的一项实验中，受试者被告知一只手的食指上涂了用于局部麻醉的止痛药 Trivaricaine，而另一只手的食指上没有涂药。接着用钳子挤压这两只手指，让受试者评估疼痛水平。正如预测的那样，涂药的手指的疼痛感相对较小。实际上，Trivaricaine 只不过是水、碘酒和油混合而成的假药而已。事实上，我们每个人都或多或少会受到“安慰剂效应”的影响，若我们期待身体康复，那些影响就真的会带来一定程度的改善。

尽管没有任何有效成分，但安慰剂有时甚至能改变一些生理指标。还有一项研究表明，虚假治疗的手段越极端，我们感受到的所谓效果就越明显。相比于糖丸，虚假的注射和外科手术对感知的影响更大。就这一点而言，安慰剂其实就是一种自我应验的预言，也证明了心理期待的强大作用。但我们必须明白，安慰剂带来的所谓效果纯粹是感知层面的。它并不能说明精神能够压倒物质，也没人能靠许愿和祈祷来治愈疾病。这种自我感觉上的好转也许有助于缓解普通感冒和疼痛症状，但如果病情较为严重，是绝不能以这种手段代替正规治疗的。时至今日，安慰剂的药用依然是伦理上很有争议的一个话题。我们在下文中也会提到，安慰剂效应看似强大，其实很多时候都可以用基本的统计分析进行解释。

英文中“安慰剂”（placebo）一词源于圣杰罗姆（St. Jerome）所翻译的《圣经》，大致可以等同于“我应该取悦”的意思。在中世纪的法国，葬礼上曾有一项传统，就是死者家属要给前来悼念的亲友分发赠品。因此难免会有些远方亲戚甚至假冒亲友的陌生人前来故作哀悼，其实不过是想趁机揩点油水，至少可以免费吃喝一顿。这种蹭吃蹭喝的做法流传开来，那些假装悼念的人在口中喃喃念诵的就是圣杰罗姆的那句“placebo Domino in regione vivorum”（大意为“在这众生之地我应当使主满意”），于是人们就鄙夷地将他们称为“安慰剂歌手”。这个词很快流传到了海峡对岸的英国。在乔叟（Chaucer）的名篇《坎特伯雷故事集》中也有一个叫 Placebo 的人物，就是个善于谄媚奉承的马屁精，有着让人讨厌的鲜明个性。在科学发展以前的医药领域，安慰剂治疗和真实有效的常规治疗同样普遍。15 世纪法国的外科医学先驱安布鲁瓦兹·帕雷（Ambroise Paré）就曾把医生的职责描述为“时有治愈，常有缓解，总有安慰”。[1]

正因为这种安慰剂效应，很多虚假或无效的治疗手段才总能深入人心，长盛不衰。从“灵气疗法”到“虹膜诊断学”，再到“颅骶疗法”，概莫如此。这些疗法并没有什么生理学基础，只是有时可能会给患者带来一些缓解的幻觉。可以说，这听起来就像是无伤大雅的江湖骗术，毕竟数百年来，一直都有人从居心不良的骗子那里购买蛇油，或是从虽无恶意但误入歧途的家伙手里买过“万灵药”，受骗归受骗，但也没有什么太糟糕的后果。但其实没这么简单，提供替代疗法进行治疗的人常常回避正规治疗，有时甚至告诉患者正规治疗是危险的。这些人通常并不具备行医资格，他们一味诋毁常规治疗方法，经常忽视严重疾病的症状和迹象。这类做法已经导致一些患者死亡，最惨痛的莫过于那些笃信替代疗法的家长眼睁睁地看着自己的孩子遭遇不幸。这一类的例子数不胜数，足可以写出好几本书，仅在 www.whatstheharm.net 网站上就罗列出了数千件相关案例，其中有些患者已经病故，有些则因替代疗法遭受了极大的痛苦。

问题还不只如此。许多相信替代疗法的群体还会竭力反对治病救人的医学手段，其中就包括疫苗接种。曾有研究表明，在笃信“顺势疗法”的“医生”群体中，有高达 83% 的人会怂恿他们的病人不接受免疫接种，并向他们兜售各种毫无临床效果的制剂，这些制剂对于致命的疟疾和麻疹毫无作用。这种做法不仅非常危险，而且缺乏监管，毫无理据可言。当然，很多人会担心药物治疗可能带来的副作用，这种顾虑是合情合理的，但这并不意味着替代疗法就更好，其实那只不过是一种安

1　尽管帕雷生活在科学迅速发展以前，但他懂得用科学的方法评估各种意见，基于现实证据来使用药物。他发明了一些外科手术工具，并极大推动了战地医疗的发展，而且常常超越了一般医生的技术水平。当时落后的技术水平，通常导致当时的士兵会直接杀死身受重伤的战友。在 1536 年的米兰战役中，他遇见了两名被火药严重烧伤的士兵，表示自己已经无能为力，接着这两名士兵旁边的一位同伴拔出匕首，将他们俩割喉杀死。帕雷大为惊骇，并斥责了那个士兵，可他却平静地回答说，如果自己身处同样的境地，也会希望自己能够一死了之。

慰剂而已，对于较为严重的疾病根本毫无疗效。也就是说，在最好的情形下，替代疗法可能毫无用处，而最糟的是可能会造成严重的伤害，不仅耽误正常医疗过程，还有损人们对科学的理解。那些宣扬替代疗法的人们怂恿公众迷信各种幻念，无视人类在过去一百多年间所取得的巨大进步，这也有悖于我们对周遭世界与我们身体运行机制的科学认识。

安慰剂在当代医学的应用始于医学科学发展之初。这一术语最初出现在 1920 年的《柳叶刀》杂志上，由此进入了医学界。作者 T. C. 格雷夫斯（T. C. Graves）在文章中评价了一些毫无用处的治疗手段，却“似乎制造出了某种真实的心理疗效”。研究者们随后发现了一种测试新药的好办法，那就是将受试者随机分组，一组服用有待测试的新药，另一组则服用安慰剂。在分析结果时，就可以确定某种新药对患者而言是存在切实的疗效，还是单纯的心理暗示作用。这就是将安慰剂作为控制组的“双盲测试”流程，流程中无论研究者还是受试者，都不知道两组分别服用的是药物还是安慰剂。这也是检验新药是否有效的经典方法。

在安慰剂效应的作用下，一些没有疗效的疗法也可以让患者感到病情有所改善。那么反过来是否同样成立呢，比如一种完全无害的药物，能不能让病人觉得是有害的？答案是肯定的——如果一个人坚定不移地认定某种物质有害，那么在同样的心理机制的作用下，他确实会表现出负面的药物反应。这种安慰剂的反向效应被称作“反安慰剂效应”（nocebo effect），甚至有人认为其作用更为强烈。与“安慰剂”（placebo）这个词一样，“反安慰剂”（nocebo）的英文词也有同样的拉丁词根，意思是“我会伤害”。尽管这个词语在 20 世纪 60 年代才出现，但这个概念却可以追溯到 16 世纪甚至更早以前。据说当时如果有人被恶魔附身而生病，牧师会给他们一些冒牌的圣物。如果病人对这些赝品反应剧烈，就说明他们这种被附身的状况只是一时头脑糊涂，而并非是超自然力量所为。

这类现象在当今社会也不乏实例，其中一例就是所谓的“电磁辐射超敏症”（EHS）。这些患者声称自己对电流或电磁辐射（EMR）过敏，会出现很多奇怪的症状，比如疲劳、睡眠障碍、疼痛和皮肤问题。这样的患者往往备受困扰、日渐憔悴，因为日常生活中的电磁辐射无所不在，从日常照明设备发出的各种可见光，到遍及全球的无线电广播节目，都带有电磁辐射。在声称患有电磁辐射超敏症的人看来，正是现代通信技术给人类带来了许多疾病，他们对电磁辐射超敏症深信不疑，全世界都有众多虔诚的互助组织。这其中当然少不了那些形迹可疑的所谓健康“大师”，他们到处宣扬电磁过敏的不实言论，同时也在兜售各种类似“蛇油”的灵药。

这些患者如此确信电磁辐射超敏症的存在，甚至高调地提起法律诉讼。在美国圣菲市，有关团体基于健康的理由，试图要求禁止公共 Wi-Fi 热点的使用。在 2014 年的一起案件中，马萨诸塞州的一个家庭起诉儿子所在的学校，坚称校内 Wi-Fi 导致他们儿子生病。2015 年的一起案例更悲惨。15 岁少女珍妮·弗莱（Jenny Fry）自杀，她的父母声称女儿的自杀是因为患上了电磁辐射超敏症，这引起了一场运动，要求拆除英国学校里所有的 Wi-Fi 设备。就在同一年，法国一家法院裁定一名电磁辐射超敏症患者有权获得伤残抚恤金。为了避免辐射，许多患者不惜搬到其他地方居住。有些地区会因为天文学研究或军事原因强制屏蔽无线电波，比如美国弗吉尼亚州的格林班克斯（Green Banks）就是这样的地方，于是许多电磁辐射超敏症患者纷纷前去寻求避难，为此甚至与当地居民发生了冲突。

电磁辐射超敏症患者确实感受到了某种痛苦，这一点毋庸置疑。他们坚信自己的痛苦是电磁波辐射造成的，可事实上大量的证据表明，这种病痛纯粹是由心理因素引起的。激发研究（provocation studies）在这方面给出了最强有力的证据。在这类研究中，超敏症患者被暴露在不同的电磁波辐射源中，以激起他们不同的反应并加以测量。截至目前，实验结果发现患者根本无法区分真实与虚假的辐射源。他们的反应纯粹是基于内心信念，甚至连毫无电磁辐射的虚假辐射源也能激发他们的反应。同样道理，如果他们不知道自己身处真实的电磁辐射源附近，他们也察觉不出任何症状。这一结果在多个研究中得到反复验证，事实非常明显，所谓的电磁辐射超敏症其实和电磁辐射毫无关系，都是个人心理作用在作祟。世界卫生组织对于电磁辐射超敏症患者的报道充满同情，但也表达了明确的立场："这些症状切实存在，严重程度有轻有重。无论病因如何，电磁辐射超敏症都可能严重损害患者的健康。目前没有明确清晰的电磁辐射超敏症诊断标准，也没有科学依据表明其症状与接受电磁辐射有关。"

从物理学的角度而言，即便电磁辐射超敏症算不上一种反安慰剂效应，也很难归咎于微波光子。我们早就知道，可见光的光子能量比微波光子能量高数千倍。电磁辐射超敏症患者把微波视作元凶实在牵强，而这一切恐惧的起源竟然是毫不起眼的微波炉。微波炉加热食物的过程为"电介质加热"。水分子的一侧是正电荷，一侧是负电荷，在电磁场内会旋转然后按照同一方向有序排列。最普通的家用微波炉释放出的光子频率大约是 2.45 千兆赫，也就是说，这些光粒子的电场极性每秒钟翻转 24.5 亿次，极性水分子为了在这样高速振荡的电磁场中保持有序排列，相互间发生高速碰撞，产生摩擦，从而加热食物。正是因为这样的原理，用微波炉可以快速加热含水的食物，而加热脱水物质时的效果就不理想了。

令人遗憾的是，我们日常所说的"微波能量"其实充满了误解，许多可疑的所谓"大师"断言，微波炉烹饪的食物被"暴露在"辐射之中，所以对人体有害。这种说法是无稽之谈，因为微波根本就没有辐射性。微波炉并不会"辐射"食物，而只是利用振动能量来加热食物。没有依据的胡思乱想进一步引发杞人忧天的焦虑：如果微波炉可以煮熟肉，那我们身边的无线路由器和手机是不是也会把我们烤焦了呢？这种恐惧同样是源自一种误解。我们所使用的通信技术的功率输出只是微波炉的几千分之一，家用路由器的功率通常都不足 100 毫瓦。事实上，微波炉采用的是专门设计的波导管、磁控管和反射室来集中高功率的微波射线，这种情况在我们常规的电信技术中既不会出现，也毫无用处。[1]

尽管事实如此，可还是总有人宣称无线网络和手机对人体有害，谣言甚嚣尘上，久而久之难免会扭曲我们对风险的感知。更糟糕的是，我们虽然熟悉现代技术，却往往并不理解它们具体是怎么运作的。这样各种因素相互叠加，微波辐射带来的反安慰剂效应也就不足为奇了。电磁辐射超敏症归根结底是心理而非生理的结果，可尽管患者搞错了病因，但他们患病的切身感受却没有丝毫减少。可悲的是，很多患者对现实证据不予理会，拒绝承认自己的问题是源于心理疾病。他们不愿相信严谨客观的科学，把科学依据当作阴谋论或无知的蠢话，却对那些自诩的权威俯首帖耳、言听计从，比如，英国电感知能力协会（ElectroSensitivity UK）主席莎拉·戴克（Sarah Dacre）曾经说过："一般由政府资助的科学研究在有关健康隐患的问题上都不可靠。它们涉及各种利益，真相是不会公之于众的。"

我们在前几章中已经讨论过，这样的说法流传甚广，令人沮丧。阴谋论的说法就像一条令人安心的退路，让人坠入"确认偏误"的陷阱，而放弃反复求证。反安慰剂效应会导致各种各样大同小异的病症，其中典型的例子就是很多人长期以来强烈反对在饮用水中加氟的做法。尽管数十年来的数据都表明，在饮用水中加氟可以安全有效地改善牙齿健康，但世界各地还是有很多人认为氟会导致人体患上各种疾病。这是反安慰剂效应的又一证明。1992 年，芬兰爆发了反对在饮用水中加氟

1　在任何情况下，球型发射的电磁辐射源强度与距离是平方反比的关系。在距离发射源 2 米的位置，辐射强度就只有 1 米距离时的四分之一；在 3 米距离时，电磁场强度只有九分之一。这一物理原理意味着，即便在较小的范围内，电磁辐射源的强度都会明显减弱，裸露的无线网络源也是如此。

的激烈抗议，导致库奥皮奥市议会不得不把城市供水中的氟去除。不过，他们也做了一个实验。他们并没有在对外宣布的那天就去除水中的氟，而是换了一个时间。随后的调查表明，人们声称饮用水给他们带来不适的情况，仅仅发生在他们认为水中含氟的时候，与水中是否真的含氟并无关联。这也再次证明了心理预期对人们有着自欺欺人的影响力。

其实我们对这类故事并不陌生。反疫苗运动着力宣传的就是接种疫苗有损健康的各种传闻，这就是反安慰剂效应频频作祟的结果。你也许会产生疑问，既然专家意见已经明确否认了那些似是而非的说法，为什么总是有人执迷不悟呢？阴谋论当然有一定的影响，但认知错觉也是重要的原因。1999 年曾有一篇题为《能力不足却又意识不到：难以认识到自己的能力缺陷将导致过高的自我评价》(*Unskilled and Unware of It: How Difficulties in Recognising One's Own Incompetence Lead to Inflated Self-Assessments*）的文章。心理学家大卫·邓宁（David Dunning）和贾斯汀·克鲁格（Justin Kruger）在这篇文章中提出，那些能力不足、水平不高的人总会错误地高估自己的认知能力或知识水平。

在反疫苗运动人群中，就很明显地反映出了这种“邓宁-克鲁格效应”(Dunning-Kruger effect)。在 2017 年的一篇论文中，研究者要求受试者依据医学和科学领域的专业知识来评估自己对于自闭症病因的理解程度，还询问他们在多大程度上认同疫苗与自闭症之间存在关联。结果非常令人沮丧。在自闭症知识测试中成绩最差的那些人里面，竟然有 62% 的人认为自己比医学专家知道的还多；而坚信疫苗与自闭症有关的人群中有高达 71% 的人认为自己学识渊博、见多识广。

在社会心理学中，这些表现都被称为“虚幻的优越感”，也就是过分高估了自己相对于别人的能力。这也不免让人想起罗素的那句格言：“这个世界的问题在于，聪明人充满疑惑，而傻子们坚信不疑。”正因如此，形形色色的绝对论者和宗教激进主义者才能如此猖獗地蛊惑人心、左右民意。在现实生活中，绝对客观只是一种理想，很少有人能做到，我们的心理期待总会影响我们的感知与反应。我们热衷于算命和占星，是因为我们渴望获得确认，所以只要有一点点暗示，无论是积极的还是消极的，都会激发起我们本能的反应。

人类是高度社会化的动物，尽管我们并不自知，但社会产生的影响远远大于我们的想象。我们的感知受到心理期待的影响，而我们的心理期待不仅取决于周围的人，也取决于我们身处的环境。我们每天接触的媒体、广告等信息对我们的影响尤为巨大。正因如此，人们对疫苗的恐惧总是在媒体的推波助澜下愈演愈烈，众多伪科学博客也令电磁辐射超敏症和氟恐慌等问题火上浇油。

不可否认，我们正生活在一个数据的时代，相比来说数字更会显著地影响我们的感知。我们每天都要接受海量的数字、数据和规律，以此来了解社会、理解世界。这些信息固然有利于我们更好地生活，但人类总体而言却是惧怕数字的。有时候，一些看似明显的规律实则暗藏陷阱，令人误入歧途。这类情况究竟有多严重，又是如何误导人们得出错误结论呢？我们将会在下面几个章节中探讨这一复杂而重要的问题。

第四部分 谎言、大谎言和统计数据

Section IV: Lies, Damned Lies and Statistics

统计数据对于政客，就像路灯柱对于醉鬼的功能——只是为了支撑自己，而不是为了照明。

—— 安德鲁·兰

(Andrew Lang)

12 无巧不成书
Chance Encounters

玛丽莲·沃斯·莎凡特（Marilyn vos Savant）是一位作家和编剧，因智力超群而闻名于世。[1] 她是 1986 年至 1989 年期间吉尼斯最高智商纪录的保持者。后来吉尼斯所用的心理测试被证明完全不可靠，这项纪录就被撤销了，不过沃斯·莎凡特的高智商从没被人怀疑过。她在《美国大观》（*Parade Magazine*）杂志上开辟了一个每周专栏，应读者的要求回答各种逻辑问题或者解决谜题。1990 年，马里兰州的克雷格·惠特克（Craig Whitaker）提出了下面的问题：

> **假定你参加一个电视游戏节目，需要从三扇门中选择一扇。在一扇门后有一辆车，另外两扇门后则是山羊，如果选到车就算获胜。你选择了一扇门，我们称之为 1 号门。然后知悉内情的主持人打开了另一扇门，我们称之为 3 号门，门后是山羊。接着他会问你："现在你要选 2 号门吗？"这个时候，如果选手转而选择另一扇门，是否更为有利呢？**

这个奇怪的问题，其实来自电视游戏节目《一锤定音》（*Let's Make a Deal*）中选手们遭遇到的一个两难困境。主持人蒙提·霍尔

1　顺便一提：沃斯·莎凡特与我们前面（第 3 章）提到的拍"立普妥"广告的罗伯特·贾维克是夫妻。

(Monty Hall）会给他们一次机会，要么换一扇门，要么保持不变。对大多数人来说，结果看起来非常明显。如果只剩下两扇门没有打开，那么机会总是各占一半，换不换又有什么关系呢？不过，沃斯·莎凡特给出的回答并非如此简单。她认为，更有利的策略是换一个选择。她的回答引发了强烈不满，愤怒的信件铺天盖地向她涌来，指责她愚蠢无知。在她收到的一万多封来信中，大概有一千封来信的作者都有博士学历，很多人本身就是数学家或科学家，他们高傲地指出，她的做法只会让美国人对数学更加无知。

不过沃斯·莎凡特是对的。在主持人打开一扇门后，如果选手还保留最初的选择不变，那获胜的概率是三分之一，可如果换一个选择的话，获胜的概率就提高到了三分之二。如果那些指责沃斯·莎凡特无知的人们稍加了解，可能就会发现这个“蒙提·霍尔问题”早在1975年就已经由统计学家史蒂夫·塞尔文（Steve Selvin）提出并解决了。这个奇怪的结论是真的吗？我们先假定汽车在A门后面。如果你选A门，蒙提会打开B门或C门，让你看到门后的山羊。这时如果你改变主意，你当然就输了。不过，假设你最初选的是B门，蒙提就会打开C门，这时候你换一个选择就可以赢得汽车了。同样道理，如果你一开始选了C门，那么B门随后会被打开，你换一个选择的话，还是能够赢得汽车。也就是说，在三分之二的情形下，改变原有的选择都是对的。

	选A门	选B门	选C门
汽车在A门	“不换”赢	“换”赢	“换”赢
汽车在B门	“换”赢	“不换”赢	“换”赢
汽车在C门	“换”赢	“换”赢	“不换”赢

上表中列出了每一种可能的选择组合。在三分之二的情况下，更改原有选择都能赢得竞猜。这看起来可能很荒谬，因为根据直觉，换或不换好像根本没有什么差别。许多人都对这样的结果感到困惑不已。这一答案不仅激怒了《美国大观》杂志的读者，甚至连成就斐然的数学家

保罗·埃尔德什（Paul Erdős）也对此心存疑虑。最终，计算机模拟证明这个答案确实是正确的。如今，“蒙提·霍尔问题”已经成为概率论课本中的基础内容，但仍然会难倒不少人，其中还不乏一些专家。有意思的是，有人用鸽子进行相关实验，发现鸽子很快就能学会更换选项的最佳策略，与人类的表现形成鲜明对比。研究者是这么评价的：“用人类受试者进行重复试验，结果表明，即使经过大量训练，人类仍未能掌握最佳策略。”

无论遇到什么情形，我们都会出于本能去寻找并量化规律，这可谓是人类最为出色的生存技能之一。渴望理解周遭的世界和永不满足的好奇心让人类发展出璀璨的文明，创造了伟大的发明，并逐步掌握了物质世界的无穷奥秘。然而，一旦遭遇到日常生活中各种混乱嘈杂的问题，这种高级的本能也会给我们带来挫败。这个世界充满了各种不确定性，若能善用概率与统计，就能拥有区分虚实的利器。那些随机发生的事件都可以理解为某种概率现象，从城市规划到量子力学，从医学到经济学研究，概率都是至关重要的一个方面。尽管概率论与数理统计有很多高精尖的应用领域，但它们的起源却可以追溯到非常世俗的动机：博弈。数千年来，人类一直热衷于基于概率的博弈游戏。在 17 世纪之前，人们普遍认为，骰子游戏就是天意，完全超出了人可以控制的领域。如果说有人可能相对准确地预测骰子的结果，这简直是痴人说梦，甚至还可能亵渎神灵。

直到 1664 年，一位法国作家提出了一个问题，才扭转了人们的观念。这位言行怪诞的作家名叫舍瓦利耶·德梅雷（Chevalier de Méré），他的问题引起了当时 17 世纪法国两位最有智慧的名人的注意，那就是布莱兹·帕斯卡（Blaise Pascal）和皮埃尔·德费马（Pierre De Fermat）。最终帕斯卡解决了德梅雷的问题——他证明，把一个骰子掷四次，至少掷得一个 6 的概率是 51.77%，略高于把两个骰子掷 24 次掷得至少两个 6 的概率，即 49.14%。在法国大革命前的文化沙龙里，饱学之士们都绞尽脑汁，渴望解决在博弈中将收益最大化的问题。从这个微不足道的猜谜游戏里，人们对掷骰子的研究催生出了概率论。不过，正如我们在上文中说到的，人类对于各种规则有着异常敏锐、一触即发的直觉，因此很不善于处理那些随机发生的、杂乱无章的信息。真正意义上的随机事件并不会“记住”先前的结果，但人类天生喜欢基于观察进行推断，正是这种天性让我们常常误入歧途。

以彩票为例，如果一切正常，数字 1、2、3、4、5、6 这几个数字一起掉出摇号机的可能性与其他任何一个数字组合是一样的。即便如此，人们出于直觉还是会认为，这样整齐的一串数字比其他数字组合更为难得，大多数人也不会选择这样的号码。同样道理，如果一枚硬币被反复抛起 20 次，而且每次都是正面朝上，那我们不免会觉得第 21 次时“应该是”反面朝上了，可事实上反面朝上的概率依然还是 50%。[1] 正是这种“赌徒谬误”害得许多人不可自拔、倾家荡产。值得庆幸的是，尽管直觉很容易出错，却并非无法摆脱。数个世纪以来，人类在好奇心的驱动下发展出各种手段，用于剔除信号中夹杂的噪音。

在 21 世纪，从市场到医药，从体育比赛到气候模型，统计与概率信息已经无所不在。统计数字看起来直观，所以很受欢迎。但这种极简化的表象其实是有误导性的，它把可能出错的细节信息掩盖了起来。统计数字模糊暧昧，而公众的数学能力又普遍不足，如果不够谨慎细致，往往会错误理解一些统计趋势。更值得警醒的是，别有用心的阴谋分子还会利用模糊的统计数字来操纵民意，宣扬错误言论，这会威胁到公众的利益，所以也难怪会有人对统计数字不以为然、冷嘲热讽。不知是王尔德还是马克·吐温曾说过这样一句了不起的妙语：这世界上有三种不诚实——“谎言、大谎言和统计数据”。

1　事实上连续出现 20 次正面朝上的概率只有 1/1 048 576，但也许这也正能够让我们理性地意识到硬币出现正反面的概率是多么公平。

这种质疑固然情有可原，但也不能把统计数字完全视为虚假的“特洛伊木马”诡计，那会像是在倒洗澡水时把孩子也一起倒掉了。统计学家弗雷德里克·莫斯特勒（Frederick Mosteller）曾经说过：“用统计数字确实很容易撒谎，但如果没有统计数字，撒谎就更容易了。”确实如此，如果能合理运用，统计工具就能够为我们揭示出很多不易察觉的规律与趋势。因此，无论是在医药还是政治等各个领域，统计工具都发挥着不可低估的重要作用。当然，要让统计数字真正发挥作用，还必须谨慎回避各种陷阱与误区。数字信息经常被人滥用，我们必须小心辨别、仔细思考，才能避免大意出错或受人蒙骗。

在这个充满不确定性的世界里，统计数字尤其便于我们进行量化分析。但是，一旦脱离具体情境，又缺乏充分理解，这些数字也可能令人迷惑不解或造成误解。为了更好地说明这个问题，让我们看看一个有悖直觉的例子。

假设你接受一项艾滋病病毒（HIV）检测，并被告知检测的准确率为 99.99%，如果检测结果呈阳性，那么你真正携带 HIV 的可能性是多少呢？按照大多数人的本能反应，那我们几乎肯定得病了，不过这个结论是错误的。正确答案是，大部分人患病的可能性都是将近 50%。你可能感到不解，其实大多数人，甚至包括一些医学专家，都很难接受这样一个看似荒唐的答案。

这个奇怪的结果可以用贝叶斯定理（Bayes' theorem）来解释。这是一个用于结合各种条件概率的数学框架，以展示概率是怎么分布的。根据贝叶斯定理，若 HIV 检测呈阳性，那么实际感染 HIV 的概率不仅取决于测试，还取决于一个人实际患病的可能性。HIV 检测本身可能几近完美，但其准确率还有赖于另一个条件：这个人感染病毒的先验概率。我们在此暂不提及贝叶斯定理的正式表述，因为这不仅超出了本书涉及的范围，也没必要用一堆不常见的数学符号把读者弄得一头雾水。但贝叶斯定理的基本逻辑并不难理解，也很有必要解释清楚，因为它关系到生活中数不胜数、看似荒唐的统计数据。

在我们上文所述的例子中，一项准确率高达 99.99% 的 HIV 检测只能有一半的把握确认患者感染了 HIV，这究竟是怎么回事呢？对于一名低风险群体的受试者而言，他感染病毒的基准概率大约是万分之

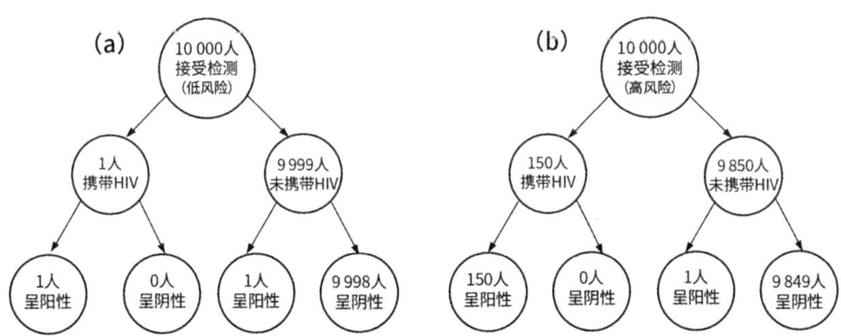

* 用频率树形图来分析HIV检测的可靠性，两组分别是低风险人群和高风险人群

一。假设 10 000 名这样的受试者都来接受 HIV 检测，他们其中确实有一个人携带了病毒，其检测结果也几乎肯定是呈阳性。但是在其余的 9 999 人中，因为检测的准确率并不完美，也就是有 0.01% 的情况检测结果错误，所以还会有一个人也得到阳性的检测结果。这样一来，10 000 人接受检测之后，就会出现两例结果呈阳性，而其中只有一人是真的。这也就是说，如果检测结果呈阳性，患病的可能性为 50%。

这一结果确实让人有点困惑，但这并不意味着这项检测不行，上面例子中的这项 HIV 检测事实上已经是相当精确了。不过，这个病毒感染的概率非常有限，因而它的“条件概率”远远低于我们的直觉。事实上，一位受试者感染病毒的先验概率与最终结果的准确性是密不可分的。我们不妨再考虑一下 HIV 高风险人群接受同一项检测的情况，比如静脉注射吸毒者。这类高风险人群的 HIV 感染率大约是 1.5%。我

们假定有 10 000 名这样的受试者前来接受检测，其中大约有 150 人已经感染病毒，且检测结果也确实呈阳性。在其余的 9 850 名受试者中，大约也会出现一名假阳性，即错误的检测结果。在这种情况下，HIV 检测结果呈阳性的人实际感染 HIV 的概率就不再是一半了：对一名高风险群体的患者而言，检测呈阳性的感染概率是 150/151，也就是 99.34%，远远高于低风险群体中的情况。

上文中的频率树形图能够清楚地说明低风险与高风险两个群体的不同情况。两者结果差异巨大，值得我们思考。人们不禁会提出这样的问题：为什么会不一样？为什么两个不同群体接受一项相同的检测，其准确率却有天壤之别？我们可能会出于本能地认为是检测出现了错误，但事实并非如此——检测本身并不带有歧视性，检测精确性也不会因受试者的特定背景而提高或降低，检测针头并没有奇异的洞察力，对每一个的受试者而言，准确率始终都是 99.99%。问题的症结正好说明了贝叶斯定理，也就是说，当问题取决于其他方面的概率时，某一方面的信息并不足以得出正确的结论。概率往往是有条件的，我们必须小心解读那些脱离情境的孤立数字。

上面的例子也说明了一个道理：概率和统计数字看似直观，但简单的表象掩盖了内部的复杂性，很容易引起误解，有时甚至会让我们得出完全错误的结论。很多时候，似是而非的推断和数据误读都会带来严重的后果。而这些误读绝不是学术上简单的小问题或是数学把戏，在当今这个时代，各种统计信息决定着方方面面的重要决策，无论是在科学、政治还是经济领域，统计数字与概率无所不在，有时甚至会决定医疗方案或政府行动等事关生死的大事。

生活中许多事情都要求我们基于概率信息做出正确的结论。一旦犯下错误，特别是那些应该拥有更多知识和更多决策权的人，就可能会造成非常高的人力成本。在艾滋病危机爆发初期，抗逆转录病毒药物尚未出现，HIV 检验呈阳性就意味着被判了死刑。HIV 检测非常可靠，这让当时许多医生盲目相信检测结果。于是很多病人其实并没有感染HIV，但医生根据检测结果告诉他们极有可能已经染病，导致很多检测呈假阳性的病人深陷抑郁，有些甚至导致了极端的行为。

在另一个领域，概率还可能决定很多人的命运，那就是法庭。陪审团和法官都有一个重要任务，就是定罪。为了得出正确的结论，他们时常要面对控方与辩方分别罗列出的大量数据信息。在任何一桩涉及数据信息的法律案件中，双方在呈交相关信息时都是为了各自的客户。双方将信息呈交给陪审团，试图左右他们的态度与立场。不过，正如上文中 HIV 检测的例子那样，这些孤立的信息往往没有什么实质的内容，反而很容易引起误解，甚至误导陪审团做出有悖于真实情况的错误结论。统计数据可能听着响亮悦耳，可一旦缺失了关键的信息，那么这些数字的作用究竟是启迪还是误导，就不知道了。

如果想了解这类问题可能造成多么严重的后果，我们不妨回顾一下著名教授罗伊·梅多爵士（Sir Roy Meadow）的一次惨痛教训。梅多教授是英国一位德高望重的儿科医生，最著名的是 1977 年委托他人发表的一篇有关孟乔森综合征（Munchausen syndrome）的论文。因为对儿童健康做出的伟大贡献，他被封为爵士，他的思想对当时的社会工作者和英国全国防止虐待儿童学会（National Society for the Prevention of Cruelty to Children）也产生了巨大的影响。他曾说过一句名言，后来被直接称作“梅多法则”：“一个婴孩的突然死亡是一场悲剧，两个突然死亡则会令人起疑，三个就是亟待证实的谋杀。”

梅多总是觉得到处都有黑暗力量在作祟。他的这种倾向完全出于对数字规律的无知，最终也毁掉了很多人的生活。其中最悲惨的当属 20 世纪 90 年代末萨莉·克拉克（Sally Clark）的遭遇。萨莉与丈夫史蒂夫都是律师，他们连续痛失两个年幼的儿子，死因都看似是“婴儿猝死综合征”（SIDS）。他们的第一个儿子克里斯托弗在 11 周大的时候忽然昏迷不醒而夭折，第二个儿子哈里在 8 周大的时候也在类似的情形下停止了呼吸。这两起死亡事件发生时，都是萨莉一个人陪在孩子身边，她本人似乎也有了一些创伤的征兆，可能是因为当时她竭力试图抢救孩子。而正是这些细节让她本人背上了嫌疑。

于是，萨莉和史蒂夫刚刚经历丧子之痛，又意外地雪上加霜，夫妇两人都被指控犯有谋杀罪。由于没有找到任何物证，对史蒂夫的控告被撤销，但是最高法院决定继续对萨莉进行审判。梅多当时被认为是英国在儿童虐待问题上首屈一指的权威，检方要求他出庭作证，指控萨莉的罪行。当时物证缺乏，梅多用了统计数字来论证其有罪。他断言说，像克拉克家这样不吸烟的中产阶级家庭，发生 SIDS 的概率仅仅为 1/8 543。他进而推测，在这样的家庭里发生两起 SIDS 的概率大约只有 1/7 300 000。面对陪审团，他把这种情况类比成极端离奇的赛马获胜概率：

> **你们都知道，在全国跑马大赛中支持那些获胜概率很小的马全凭运气。假如获胜的概率是 1/80。去年你支持的那匹马获胜了，那么第二年，另一匹马获胜的概率依然是 1/80，而你支持了这匹马，它又获胜了。诸位，我们现在面临的情况是，按照 1/80 的获胜概率，假如你连续四年都能获胜，那就是 1/7 300 000 的可能性了。没错，这实在是非常非常幸运，因为每一次获胜概率只有 1/80。也许你可能碰巧赢了一次，但如果要连续四年都获胜，我们知道这其实是不可能的。所以，这两起死亡事件也是同样的道理。我们只能说，两起非常难得的事情接连发生，这实在是非常、非常、非常不可能的。**

他的这番话数据确凿、不容置疑，对萨莉·克拉克而言不亚于铁证如山。媒体自然也把这段话当作无可辩驳的罪证，陪审团也做出了同样的选择。梅多的证词成为最强有力的证据，最终萨莉·克拉克成为众矢之的，被媒体丑化成铁石心肠、不知悔改的弑子犯。陪审团也受到公共舆论的影响，最终认定她两次弑婴罪名成立。

不过，统计学家们对这个判决结果深感不安。梅多证词中所说的1/7 300 000，是他把两个独立事件发生的概率相乘的结果。当然，在抛硬币或轮盘赌这类事件中，每次的结果相对于前一次而言都是独立的，这样计算当然完全正确。但如果前后两件事并不是相互独立的，那就是大错特错了。即使是在20世纪90年代，流行病学上也已经有证据表明，由于基因或环境因素的影响，SIDS往往有家族遗传。也就是说，原本假定两起死亡事件相互独立的想法根本站不住脚，将萨莉定罪的概率验算也是完全不靠谱的。

出错的并不仅仅是概率计算。梅多教授确实错误地使用了统计数字，更糟糕的是，陪审团和全国媒体也根据失实的统计数据认为萨莉有罪。这个错误在法庭上非常常见，因此也被称作“检察官谬误”(prosecutor's fallacy)。我们不妨首先假定梅多提供的数据是正确的。按照大多数人的理解，这样的数据就意味着萨莉无罪的可能性只有1/7 300 000。但这样的推论是大错特错的。发生多起SIDS实属罕见，但同样，发生多起母亲杀婴案的概率也是微乎其微的。要想知道哪种情况更可能发生，就必须通过比较来明确它们的相对可能性。在萨莉一案中，如果真做这样的分析对比，那么结论是，在一个家庭中发生两起SIDS的可能性远远高于两起谋杀案，这也从侧面说明，做出错误判决的内因还是在于“检察官谬误”。

克拉克一家遭遇的不公正待遇还是引起了一些人的注意。英国皇家统计学会（Royal Statistical Society, RSS）发表了一篇措辞强硬、内容全面的驳斥文章，抨击控方滥用统计数据，并恳请大法官重新认真考虑这起案件。当时，《英国医学杂志》的主编斯蒂芬·J. 沃特金斯(Stephen J. Watkins)也撰写了一篇社论，指责这起案件中滥用医学数据的行为，提出“被告也应该得到像患者一样的保护”。遗憾的是，人们对这些抗议置若罔闻。我们很难想象萨莉·克拉克经历了多么痛苦的折磨。她先后经历两次丧子之痛，接着又遭到不公正的错误判决，不仅被大众媒体妖魔化，还受到神职人员的诅咒。甚至在狱中她也厄运不断，遭到其他狱友的排斥，原因不只在于她的罪名，还因为她本人曾当过律师，还是一名警官的女儿。

如此触目惊心的不公正判决，若不是有几个人的坚持不懈的努力，只怕永远都不会被平反昭雪。史蒂夫·克拉克后来离开了曼彻斯特的律师事务所，在萨莉服刑的监狱附近找到一份法务助理的工作，并且卖掉家里的房子，用来支付诉讼费用。后来，他得到了著名律师玛丽莲·斯托（Marilyn Stowe）的帮助。她主动提供无偿服务，因为她基于自己的职业判断，认定萨莉的罪名是不成立的。要证明萨莉无罪，是一个漫长而艰辛的过程。在第一次上诉时，他们演示了统计问题，可法官根本不以为意，甚至认为这些只是玩弄数字游戏而已。

多亏斯托律师天性顽强且足智多谋，他们终于获得了第二次上诉的机会。斯托通过仔细调查发现，检方任命的病理学家艾伦·威廉斯（Alan Williams）对哈里的尸体进行解剖时，在微生物检查中发现了存在金黄色葡萄球菌菌落的证据。这有力地表明病菌是一个重要的致死原因，而控方并未及时把这一发现告知辩方与调查人员。在玛丽莲·斯托与史蒂夫·克拉克的不懈努力下，法院终于在 2003 年推翻了对萨莉的指控。第二次上诉最终认定，统计上的错误严重地误导了陪审团，整个审判也出现了无可挽救的偏差：“梅多教授讲述了在全国跑马大赛上多年连续支持高赔率选手而获胜的例子，我们怀疑，这一生动类比对（陪审团的）想法产生了很大的影响。”

萨莉·克拉克终于沉冤得雪，这也带来一连串多米诺效应。梅多素来以德高望重的专家身份示人，几乎从不犯错，这件事却令他名声扫地。人们接着着手复查他以往曾出庭作证的其他案件，结果不少因为他提供的统计数据而判刑入狱的女性都被无罪释放了。萨莉 · 克拉克虽然最终获释，可这时的她已经在监狱中度过了三年多地狱般的生活，饱受各种折磨。史蒂夫痛心地说，她“永远无法痊愈”，她不仅始终无法走出悲痛的心境，还患上了很多严重的心理疾病。2007 年，萨莉 · 克拉克死于酒精中毒。正是专家与公众对统计数字的误解与滥用，让她的一生遭到了无法弥补的严重伤害。

萨莉 · 克拉克的悲剧时刻提醒我们，数字事关重大。如果脱离了情境与细节，统计数字尤其容易引起混淆与误解，这一点非常重要。很多案件都建立在似是而非的统计推论的基础上，而很多无辜的人也因为错误的数学概念而被定罪，这实在让人倍感忧心。有时候，高精尖的科学领域也可能带来一些可怕的推论。比如 DNA 图谱测定是一项无可匹敌的尖端技术，可以解析出我们所有的遗传密码，因此，无论是公众还是法律专家都认为 DNA 证据是无可置疑、绝无差错的。不过，DNA 证据固然强大，可以帮助将罪犯绳之以法，却也并非绝对可靠，跟其他各种科学研究一样，它也是会出错的。

正如上文所说的 HIV 检测的例子一样，基于 DNA 证据所做出的结论是否可靠，取决于相关案件的先验信息。举例而言，比如要跟在某一犯罪现场发现的部分 DNA 图谱相一致的概率大约是百万分之一。如果拘押的犯罪嫌疑人恰好符合这个图谱，我们就会觉得已经得到了强有力的证据，或者说是嫌疑极大的“铁证”。不过，如果我们在一千万人的巨大数据库中仔细排查，也许会发现有十个人都有嫌疑，可这仅仅是大样本带来的巧合罢了。按照贝叶斯定理，若要评估犯罪的概率，我们不仅需要考虑检测结果，还需要考虑产生这一结果的频率与样本容量。所以，某一特定 DNA 证据是否有力，取决于它是来自单一对象，还是仅仅是数据库匹配的结果。如果没有这方面的信息，陪审团就很容易犯下“检察官谬误”。

我们必须重申，这个问题并非在于技术的局限，而是在于我们解释的偏误。DNA 证据让法律诉讼发生了巨大的变革，这一点毋庸置疑。但是，草率盲目地解读数据却可能造成冤假错案，而且已经造成了一些悲剧。所以我们必须小心避免概率中的各种陷阱。概率数据看起来似乎直接明确，但实际上，直观简单的表象通常都是复杂的错觉。若要真正理解数字背后的意义，我们还需要进一步了解具体情境并仔细考量。有时候，数据所传递的真实信息很可能与我们最初的感知大相径庭。

统计数据时常模棱两可、似是而非，有时一些数据似乎能够支持某种假设，但我们也可能被看起来明显的趋势所误导。人们总是出于本能地相信数字是客观明确的，却常常忘记了数据也需要人的解读。

13 筛选信号

Sifting the Signal

1973 年，加州大学伯克利分校被控性别歧视。从表面来看确实证据确凿：申请入读这所著名学府的男性录取率是 44%，而女性录取率只有 35%。这个差异显得非常可疑，暗示了录取过程中可能存在性别歧视。于是有人提出了法律质疑，意在揭发并扭转这种偏见。可随后的调查却揭示出一个奇怪的结果：如果按照系别一个一个分析录取数据的话，会发现“在大多数的系，女性的录取率稍高于男性，而且差异明显”。

为什么会出现这样两个看似相互矛盾的结论呢？如果女性比男性更有可能（哪怕只是稍稍多一点可能）被某个系录取，为什么最初的数据没能反映出这个情况呢？要解决这个自相矛盾的难题，我们需要深入分析大学录取的分层数据，而其中深藏的规律在“录取百分比”的数据中并不那么明显。平均而言，男性倾向于申报工程类的系，相对竞争不那么激烈，符合要求的申请人的最终录取率就比较高。女性申请人则正好相反，她们更愿意申报那些竞争非常激烈的系，例如英文系。

因此，伯克利一案的问题并不在于录取中赤裸裸的性别歧视，而是不同性别在选择学术方向的时候存在的一个“潜在变量”，也叫“混杂变量”，从而导致整体录取率发生了偏差。该研究的作者指出：“对偏见的衡量往往比想象的更困难，有时候证据会与我们的期待相互矛盾。”当然，这一切并非刻意为性别歧视洗白，几位作者也明确表示：“即使在研究生招生制度中没有发现存在明显的偏见，也并不意味着教育过程中的其他方面或有关的职业活动中绝对没有偏见。”加州大学伯克利分校的调查结果确实有些出人意料，其中的关键就是“辛普森悖论”(Simpson's paradox）这一有悖于直觉的现象，即在分组数据中存在看似清晰的规律，但合并各组后这个规律就消失了，甚至还可能出现相反的结果。

我们当前一个有趣的问题是，获取数据太过容易，而对这些信息和趋势的分析与解释又太过肤浅，最后往往得出与现实相矛盾的结论。辛普森悖论通常出现在政治、社会与传媒领域中，一旦从概率数据中得出不正确的因果关系，就会犯下这个错误。举例而言，人们在医院去世的比例远远超出在邮局的比例，若由此推断邮局比医院更适合治病救人，那就大错特错了（这当然也是再明显不过的）。众所周知，仅凭统计数据是很难推断因果关系的，哪怕一个小小的混杂变量就可能让人误入歧途，得出荒谬的结论。关于这个问题有一个非常经典的例子，那就是溺亡事故似乎总是随着冰激凌销量的提高而增加。这两者之间固然存在着明确而显著的统计学关系，但由此认为是冰激凌导致了溺亡，这简直就是胡言乱语。这里的潜在变量是气温的上升，这才是导致冰激凌销量大增和水上活动事故增加的原因。

在形形色色的陷阱中，最容易滋生错误的要算是因果关系谬误了。我们在前几章曾介绍过一大类的逻辑谬误，叫“后此故因此”谬误，可一旦深藏在统计数据之中，这类谬误就不那么容易识别了。在争论或讨论中发现因果关系谬误通常并不难，可在涉及统计数据的情况下，我们就显得数字能力普遍不足，以至于时常对这类谬误视而不见。公众对统计信息和趋势数据盲目追捧、奉为圭臬，殊不知要想从中归纳出一个确凿的因果关系其实非常困难。面对众多的混杂变量，我们需要非常小心谨慎地加以分析，才能解析出深层的变量关系与规律，而有时也可能一无所获。有句话我们不能忘记：“相关性并不意味着因果关系。”

相关性也许意味着存在某种联系，但是辛普森悖论和无处不在的潜在变量提醒我们必须小心应对这一信息，如果解读错误，就可能对不明真相的人造成误导，给他们留下完全错误的印象。统计学家大卫·R.阿普尔顿（David R. Appleton）和同事们曾举过一个有趣的例子，是关于 20 世纪 70 年代与 90 年代英国维克汉姆（Whickham）小镇女性死亡率的数据。调查发现，不吸烟女性的死亡率是 43%，而吸烟女性的死亡率只有 38%。在毫无经验的人看来，这似乎说明吸烟在某种意义上是有利于健康的。可当我们考虑到辛普森悖论后，这种耸人听闻的结论就不攻自破了。研究者按照不同年龄分组分析，结果发现，在各个年龄段，吸烟都是有害健康的。产生混乱的原因很简单：各年龄段烟民的比例不一样，而年纪很大的女性当中相对来说有更大比例的人不吸烟，这部分的高死亡数据，拉高了全年龄段非吸烟女性的死亡率。通过这类例子我们不难发现，别有用心的人完全可以运用种种手段来操控数据，扭曲真相。

事物之间存在千丝万缕、错综复杂的关系，如果没有分清混杂变量，就不能贸然将相关性视为因果关系，这样不仅草率，有时甚至是错的。另外，即使不存在混杂变量，我们也应该小心分析各种相关性，从中发现真正的原因。我们会发现，用雨伞和下雨天存在相关性，这没错，但由此认为是雨伞导致了下雨，那就大错特错了。有时候，这些牵强附会的虚假关联还会带来喜剧效果。泰勒·维根（Tyler Vigen）就曾在毫不相干的两组数据间发现了很强的相互关系，例如美国的奶酪消费量和床单缠绕致死事故的数量相关；自缢身亡的数量与北卡罗来纳州的律师数量也明显相关。美国一个具有讽刺意味的宗教团体“飞面神教”（the Flying Spaghetti Monster）的创始人鲍比·亨德森（Bobby Henderson）也曾指出，全球海盗数量与全球平均气候之间存在统计学意义上显著的反比例关系，由此推论，海盗可以避免全球变暖，他宣称“海盗是绝对神性的体现”。[1]

说到这里，有必要先做一个说明。我不希望让读者产生一个错误的印象，认为统计上的相关性是毫无意义的数据。事实正好相反，统计上的相关性可以被视作侦探小说里的重要元素之一。假设发生了一系列罪案，统计相关性表明，某一嫌疑人在每一起案件发生时都在这个地区出现过。这一点本身并不能直接证明这个人有罪，但也为警方的工作开了个好头，以便他们决定是否需要进一步展开调查。同样道理，如果这位嫌疑人的行动轨迹和案件之间根本不存在任何关系，那我们就不必再多做考虑了。唯一值得警惕的是，这类统计工具必须运用得当，力求避免各种混杂变量的影响。让我们再回到前面所举的破案的例子中。在大量谋杀案中，杀手与验尸官的活动范围有可能会呈现某种相关性，但是，如果没有足够充分的理由认为这位验尸官是一名昼伏夜出的连环杀手，那我们也并不能仅仅根据这个相关性将其治罪。

我们必须小心谨慎地分析统计信息，才能避免得出错误的结论。在 19 世纪中期，瘴气致病论仍然是医学界的主流想法，也就是认为疾病是由污秽的空气传播的。当时的社会改革家埃德温·查德威克爵士（Sir Edwin Chadwick）曾说过这样一句俏皮话：“所有的臭味都是病。”正如前几章有关疟疾的讨论中所说，当时人们普遍相信瘴气致病的说法，而好几次瘟疫爆发时都有恶臭传播的情况，让人们对此更是深信不疑。查德威克当时是为伦敦城中的穷人争取权益的社会活动家。1842 年时，他已经敏锐地发现，卫生条件是一个重要的健康问题。在他的监督下，伦敦的城市排水委员会（the Metropolitan Commission of Sewers）开始逐步改善整个伦敦城的排水系统，关闭了 20 万个污水池。

1　尽管这只是一个刻意为之的荒唐玩笑，但是像索马里这些海盗肆虐的国家所制造的二氧化碳确实低于其他富裕国家。这里面的原因更可能是与贫穷和工业落后有关，但我也愿意像这样随便找个借口，就能够像 16 世纪的海盗那样四处闲逛。

令人奇怪的是，尽管瘴气致病论是错误的，排水系统改造工程却在一段时间里反而让人们对此更加深信不疑了。人们发现，在关闭了污水池的地区，暴发霍乱的次数减少了。这种关联非常显著，却也有误导性。有人认为这充分证实了糟糕的空气是各种疾病的源头。几乎在同一时间，有关疾病源头的相同想法，以及灾难性疫情的爆发，让巴黎也开始进行城市改建和排水系统改善工程。正是在这几次疫情暴发的推动下，乔治-欧仁·奥斯曼（Georges-Eugène Haussmann）开始重建巴黎城。在他的精心设计下，巴黎不再像从前那么拥挤阴暗，城市里建起了宽阔美丽的大道与林木葱郁的花园，成了如今我们心中的“光之城”。

早在那个时期，就已经有一些人觉得瘴气理论有问题，内科医生约翰·斯诺（John Snow）就是其一。到了 1854 年，伦敦的排水系统还没有延伸至该市的索霍区，而急速增长的居民数量早已经让这里的居住空间变得十分局促。污水池相应地不断增多，直至超出了城市的承受能力。1854 年 8 月 31 日，一场暴虐的霍乱疫情在索霍区的宽街一带爆发。短短三天之内，就有 127 人染病死亡。城市陷入恐慌之中，在随后的一周内，大约四分之三的居民逃离伦敦。到了 1854 年 9 月中旬，这场瘟疫已经造成 500 人死亡，致死率达到 12.8%。

当时主流的观点认为，糟糕的空气是致病的根源，但斯诺不接受这样的说法。于是，在亨利·怀特海德牧师（Reverend Henry Whitehead）的帮助下，他着手开始进行彻底调查。他走访了疫情的幸存者，还追踪了病患的行动轨迹，真相渐渐水落石出：他发现所有的病例都有一个关联点——宽街的一个水泵。斯诺对此深感困惑，同时非常怀疑瘴气致病的说法，但直至 7 年后，才由路易·巴斯德提出了开创性的细菌理论。可以说，19 世纪的流行病学存在一个真空时期，人们并不了解疾病究竟是如何传播的。不过，斯诺在当时不仅认真绘制地图，还采用了先进的统计分析工具，最终成功将疑点锁定在了一只水泵上。

当然还有其他一些混杂变量。比如当地的僧侣似乎未受传染，住在酿酒厂的人也安然无恙。斯诺深入调查后发现，僧侣们只喝自己酿造的啤酒，同样道理，酿酒厂里的水也都得到了发酵处理。发酵过程杀死了霍乱病菌，这正好解释了为什么僧侣和酿酒师都没有得病。[1]此外还有些奇怪的特例，例如在另一处水泵附近也出现了多起死亡病例。斯诺和怀特海德多方询问深入探查，最终发现在这一区域染病的人们都出于口味偏好特意去宽街取水饮用。各种发现都将矛头指向了那只水泵，这才是真正的病源。基于这些重要发现，当地政府拆除了水泵的手柄，也终于控制住了疫情。

这场瘟疫共造成616人死亡，而斯诺和怀特海德高效迅捷的侦破工作无疑挽救了更多的生命。这一事件更大的意义也许是对科学界的影响："死亡地图"（ghost map）成了流行病学发展中的一个关键时刻，这是一门横跨科学与医学两个领域的学科，关注疾病的爆发、传播与起因。流行病学研究表明，即便看似明显的相关性也必须谨慎检验，以免将其他因素误认作疾病的根源。从医学研究的角度来说，索霍区的霍乱疫情也为"瘴气论"敲响了丧钟，因为斯诺发现的水泵强有力地证明了水才是传播霍乱的真正元凶，而并不是像大家以为的空气。仅仅数年后，科学界正式发现了微生物，过时的"瘴气理论"终于被盖棺论定，人类也由此迈进了当代医学的大门。

人们后来才了解到这场疫情暴发的原因。位于宽街的这口水井正巧位于一个污水池上方一米多，受到污染的粪便病菌通过渗透作用进入水源，开始向周围肆虐传播。对于政治意识比较敏感的人们而言，这场瘟疫中还有一个细节值得玩味。当眼前的危机稍稍平息的时候，当地政府断然否定了斯诺的证据，还换上了水泵手柄，全然不顾再次暴发疫情

---

1 这是关于水质的重要发现：如果不确定水质是否安全，宁可喝啤酒。

的危险。如此卑鄙无知的做法，完全是因为当局因政治考虑而表现出的胆小怕事的办事风格，尽管眼前的证据无可辩驳，但接受这些证据就等于承认了粪口传播的可能性。在当时的政府官员看来，这个说法过于恶心，公众无法理解。这也反映出长久以来的政客们根深蒂固的恶习：公众舆论比科学证据更加重要，往往因此不惜损害公众的利益。

当然，并非只有政客才不愿接受那些令人难堪的统计数据，时至今日依然有不少人持有类似的想法与态度。硅谷宠儿伊丽莎白·霍姆斯（Elizabeth Holmes）走上又跌下神坛的故事就是一个当代的例子。年轻时的霍姆斯少年老成，很早就表现出了创业方面的天赋。她在高中时代就已经创立了自己的第一家公司，向中国的大学出售 C++ 编译器。2004 年，年仅 19 岁的她从斯坦福大学辍学，把学费变成了一家新公司的种子资金。她的这次创业有一个崇高的目标：要彻底变革美国的医疗保健体制。为了表明心志，她给自己的公司取了一个新名字“Theranos”，这是把“治疗”（therapy）和“诊断”（diagnosis）两个英文单词混合起来。可这个名字后来变得臭名昭著。

她很快结识了很多有意投资热门医疗领域的风险投资人。到当年年末，Theranos 已经获得了 600 万美元的投资，到 2010 年时已经吸引到了 920 万美元。可实际上这家公司形迹可疑，甚至连一个像样的网站都没有。这一切当然都是有预谋的。霍姆斯视史蒂夫·乔布斯（Steve Jobs）为偶像，她竭力打造出尖端高科技的形象，甚至也穿着乔布斯那样的高领衫，也和他一样高度保密，禁止员工与别人讨论工作项目，甚至连员工内部相互讨论也不被允许。公司上下每项决策，事无巨细，都必须经过她的批准。尽管公司上下守口如瓶，还是有消息传出，说投资人的经费都用于开发一个诱人的概念：只需几滴血就可以诊断出多种疾病的简单检测，有望在未来让人们免于承受扎针之苦。

霍姆斯向投资人保证，这项测试既快又准。只需小小一滴鲜血，Theranos 就可以诊断出几十种不同的疾病。董事会里个个都是大人物，包括政坛大亨亨利·基辛格和威廉·佩里（William Perry）。随着新公司渐渐羽翼丰满，霍姆斯也在一片赞誉声中走向神坛，金钱与名声随之而来。大众媒体也对她的个人神话大做文章，铺天盖地的都是偶像崇拜般的报道与评价。霍姆斯许诺将从根本上改变疾病诊断行业，此番雄心壮志与她的自信风度令大众媒体神魂颠倒，《福布斯》杂志、《财富》杂志和《华尔街日报》纷纷刊登了她的封面故事，并把她称为“下一个史蒂夫·乔布斯”。

2014 年，Theranos 的市值已经达到 90 亿美元，而霍姆斯持有一半的公司股份，《福布斯》杂志估算其个人所拥有的资本净值高达 45 亿美元，并宣布她已经成为全球最年轻的白手起家的亿万富翁。霍姆斯的雄心并未止步于疾病诊断领域，她还想借着消费者选择权的名义，与连锁百货公司沃尔格林（Walgreens）联手，把血液检测服务搬进百货公司。霍姆斯很快就清除了业务扩张方面所面临的一些棘手的法律障碍，2015 年，她参与编写了一分亚利桑那州的议案，议案规定病人无须医生意见就可以订购血检服务。霍姆斯对此兴奋不已，宣称这项新议案“让每个人能直接掌控自己的健康”。不过，较为敏锐的观察者也注意到，这项议案对 Theranos 公司而言无疑是一笔巨大的财源，Theranos 为公众提供的正是血液检查项目。而他们之所以如此野心勃勃，是因为拥有了一个神奇的设备：爱迪生检测机（the Edison Machine）。

尽管这项技术广受追捧且吸金无数，但科学界毫不掩饰他们对此的疑虑。Theranos 以不利于公司业务为由，拒绝透露这项所谓革命性测试技术的任何细节。但对科学家来说，这个理由非常空洞无力。2015 年《美国医学协会杂志》（*Journal of the American Medical Association*）刊登了一篇评论，作者约翰·约安尼迪斯（John Ioannidis）不仅批评了这项“鬼鬼祟祟的检测”，还对大规模推广诊断性检测的理念表达了忧虑。他认为：“主要的动机似乎是为了开发产品与服务，而非出于研究目的报告新的科研发现。”有此疑虑的并非只有约安尼迪斯一人，还有许多科学家也都对此持保留意见。后来更是惊爆内幕，原来爱迪生检测机的结果很不可靠，Theranos 用的竟然是竞争对手的机器。但霍姆斯的麻烦还不止于此。普利策奖获奖作者约翰 · 卡雷鲁（John Carreyrou）在《华尔街日报》上发表了一篇措辞尖锐的调查文章，讽刺的是，仅仅数月前这份报纸才刚刚刊登出了一篇大肆吹捧霍姆斯的文章。

Theranos 立刻摆出强硬姿态予以回应，谴责那篇文章是无良新闻，并说还有心怀不满的员工从中作梗。尽管气势很盛，但这番辩驳毫无说服力，在短短几周的时间里，零星的质疑声就汇成了抨击的洪流。2016 年 1 月，美国医疗保险和医疗补助服务中心（the Centers for Medicare and Medicaid Services, CMS）公布了他们对 Theranos 公司实验室设备的调查结果，由此揭开了惊人的内幕：Theranos 公司的检测结果很不准确，有可能“直接危及患者的健康与安全”。2016 年后期，Theranos 公司受到制裁，并禁止霍姆斯在至少两年内拥有或运营任何一个实验室。其他调查进一步对爱迪生检测机的结果提出质疑，迫使 Theranos 公司宣布大量检测结果无效。曾经的合伙人沃尔格林迅速抛弃了这家公司，随后还就 Theranos 违反合同造成的损失索赔 1400 万美元。

刑事调查也随后跟进，有大量证据表明 Theranos 公司在设备准确性方面曾经误导政府监管机构与投资人。这家公司的命运急转直下，它曾经成功改变了亚利桑那州的法律，如今却被亚利桑那州检察长告上法庭，罪名是在血液检测设备方面存在“长期处心积虑的欺诈行为与失实陈述”。再往后，Theranos 公司解雇了员工，很快关闭了实验室，在每一次调查之后都兵败如山倒。2016 年 6 月，《福布斯》杂志重新评估 Theranos 公司和霍姆斯本人的净市值，这次的结果应该更接近实际情况：0 美元。

爱迪生检测机不过是一个高级的“土耳其机器人”[1]，看似光鲜精巧，实则玩弄的是忽悠人的伎俩。这场轰动一时的闹剧已经被写成了书，书中道尽了人性中的虚伪、愚蠢与狂妄。[2] 但我们更应该注意这个故事背后的重要道理。Theranos 公司之所以能够平步青云、扶摇直上，很大一部分原因是他们能够聚敛大量的财富，但警钟早就应该敲响了。最明显的警示是，他们声称用极少的血液就能够完成准确的检测。而事实上，化学和物理知识告诉我们，区区几滴血根本检查不出什么结果，而这也是大多数人怀疑的原因。当然，这也并非完全不可能实现——也许爱迪生检验技术确实在微流体领域取得了开天辟地的巨大进步，吸引投资人的也正是这一点。

之所以说 Theranos 公司所声称的检验早就应该敲响警钟，其中还有另一个更为隐秘也更为致命的原因。高科技领域的投资人如此精明，若他们能花上三分钟和一位统计学家聊聊，就完全可以避开这个陷阱。Theranos 公司试图把他们简化医疗诊断的做法粉饰成一种美德，但这一想法自身是注定行不通的。为什么呢？我们首先必须明白，很少有人能单纯通过医疗检测来确诊某种疾病，往往是出现了某些疾病症状后，我们才会进行相关检测。在出现病症之前筛选疾病的想法听起来当然很诱惑，但在医学意义上往往是没有价值的。此外，在没有症状出现的情况下，这类检测还可能误导病人，甚至可能有损他们的健康。

为便于读者理解，我在这里介绍两个重要的概念。第一个概念是“敏感性”（sensitivity），也就是检测中阳性病人有多少是被正确识别的，因此这个概念有时也被称作“真阳性率”。如果一项检测中实际上有 100 个真正的阳性病人，其中有 90 人检测结果为阳性，那

1　所谓“土耳其机器人”（Mechanical Turk）是一种据说会下棋的机器，制造于 1770 年。在随后将近 84 年里，它击败了从拿破仑到本杰明·富兰克林等很多人。其实这不过是一个精巧的骗局，机器里躲藏着一名棋手而已。历史上有不少世界顶级的象棋大师都曾担任过这位深藏不露的棋手。

2　目前已经有人买下了 Theranos 公司故事的电影版权。

么这项检测的敏感性就是 90%。另一个相对应的概念是“特异性”(specificity)，也就是所有真正的阴性当中检测结果确实为阴性的比例，也被称为“真阴性率”。在理想条件下，一项检测的敏感性应为 100%（真正的阳性都能检测出来，无一漏报），且特异性也为 100%(真正的阴性也都检测为阴性结果，无一误报)。可惜我们所生活的世界远非如此完美，即使那些高质量的检测也无法达到这个标准。在实际情况下，敏感性和特异性均高于 90% 即可被认作是优质检测了。关键在于，孤立地看待这两个数字是不能确定检测是否是合格的，否则会非常可疑。

我们在上文曾讨论过的 HIV 检测就是这样一个例子。检测看似有着近乎完美的敏感性，但仍会把极少数携带病毒的阳性病例漏报为阴性结果；即便特异性也高达 99.99%，依然会在低风险人群中造成 50% 的虚假阳性报告。任何检测的诊断准确性都与敏感性和特异性这二者密不可分，因此在解释数据时要格外谨慎。在有些更为复杂的情况下，这些指标与疾病的患病率是相互独立的，所以一项检测的预测结果还取决于疾病的普遍程度，就必须小心运用贝叶斯定理来进行演算。不考虑其他因素，没有章法地进行诊断，这样做本身就有问题。对此，埃莱夫塞里奥斯 · P. 迪亚曼迪斯（Eleftherios P. Diamandis）曾经写过一篇措辞严厉的文章进行抨击，简明扼要地剖析了其中的问题：

> 假设一位非专业人士的前列腺特异性抗原（PSA）指标为 20ug/L，他可能会根据这个数据推断自己有超过 50% 的可能性罹患前列腺癌，于是会要求做活组织切片检查。可如果他前几天的 PSA 指标是 1ug/L，那么他患癌的概率就几乎是零。他的 PSA 指标突然上升的原因很可能只是急性前列腺炎，一种并不凶险且可以治愈的疾病而已。“孕检”结果呈阳性的男性也会倍感困惑，但有经验的医生就会考虑睾丸癌的

可能性。

霍姆斯的核心主张是实现所谓的“医疗民主化”，也就是让病人自己进行检测。可她这么做就等于无视了医生要求病人做特定检查的根本理据，也限制了接受筛查的人群规模。诊断的筛查网越宽泛，虚假阳性的比例就越高。Theranos 公司野心勃勃地向世人许诺，他们可以用一滴血检测出 30 种不同的疾病，但其实这么做只会让事情更糟，因为同时进行多项独立检测会显著增加出错的概率。具体来说，如果每一项检测的特异性是 90%，那么在总共 30 项检测中，至少出现一项虚假阳性的可能性就高达 95%。就算我们能够设法将每项检测的特异性提高到 99%，至少出现一项虚假阳性的概率依然高于 25%。这是多重独立检验自身固有的缺陷，每多增加一项检测都会降低预测最终的准确度，直至最后全都是毫无价值的干扰噪音。

即便真有功能如此强大的神奇机器，按照统计学的基本现实，Theranos 公司的美梦也不会变成现实。对一大批患者进行一连串检测，又缺乏相关的先验信息，再用这样的检测结果来预测他们的健康状况，这是毫无理性、愚蠢至极的做法。爱迪生检测机根本不能免除人们求医问药的麻烦，反而会让他们陷入杞人忧天的无谓恐惧之中。最终，病患、立法人和投资人都将矛头指向了伊丽莎白 · 霍姆斯。毫无疑问，她的很多言论都无异于欺诈，当然，她面对各种质疑所做的辩解也是含混不清。话又说回来，这场 Theranos 的闹剧也并不能全部归咎于霍姆斯一人。如果当初那些投资人能够尽心尽职，提出一些基本的质疑，那他们也不会变得如此鬼迷心窍。有一句警语很适合用在这里：“蠢人易失财。”

14 大小很重要
Size Matters

2015 年 10 月，全世界的食肉人士得到了一个坏消息：加工过的肉类可能致癌。《每日快报》的标题有点吓人——“培根和热狗都致癌——几乎和吸烟一样糟糕”。《卫报》（*Guardian*）也不甘落后，标题是“加工过的肉类有致癌风险，其危害堪比吸烟与石棉”。这些新闻标题都来自国际癌症研究机构（International Agency for Research on Cancer, IARC）一则令人揪心的消息。该机构隶属世界卫生组织，职责是研究导致癌症的各种因素。该组织宣称，加工过的肉类令肠道癌症的风险增加 18%，由此将其列为 1 类致癌物，吸烟与辐射也同属此类。这份公报中还将红肉列为 2A 类致癌物，也就是对人类“可能致癌”。肉类和抽烟有着同样的致癌风险，这个消息立即引起了轩然大波。

不过，这些耸动的新闻标题都是彻头彻尾的胡说。IARC 的分类系统晦涩难解，分类标准并不是风险的“程度”，而是有关该风险的“证据强度”。也就是说，即使两个事物的致癌风险相差十倍，也可能被划分为同一类。这种分类只能说明我们对一个东西存在危险性的有把握程度，而并不能说明它危险的程度。1 类物质是那些存在明确致癌证据的事物，包括吸烟、日晒和酒精。2A 类和 2B 类分别是“很可能”和“有可能”致癌的物质，也就意味着有关风险的证据有限或不够明晰。由于在哲学意义上难以证明问题完全不存在，所以 2 类物质几乎包括了流行病学中的所有因素。按照 2018 年的分类标准，唯一被认定为 4 类物质（很可能对人类没有致癌风险）的是用来制造瑜伽裤的己内酰胺。

这些内容听起来有悖直觉，不合常理，事实也确实如此。作为一名从事癌症研究的科学家，我能理解将风险分层的理据；但作为一名科普工作者，我也深知这种分类标准很容易造成公众的混淆与误解。如果告诉一名非专业人士，轮班工作或喝咖啡“有可能致癌”，他自然不会把这理解成“风险的证据不够有力也不够明确”。科普作家埃德·杨（Ed Yong）也曾说过，IARC“有两个突出的特点。第一，他们的目的是谨慎评估某些物质是否致癌，从杀虫剂到日晒无所不包，并尽量明确地表述可能存在的风险。第二，他们的表述很糟糕”。那么，撇开表述不清的问题不谈，加工过的肉类究竟有多危险呢？

为了回答这个问题，我们有必要先看看背后的数据。在英国，每1 000 人中就有 66 人在一生中患上肠癌。很少吃加工肉类的人群患病率为 56/1 000，而经常吃加工肉类的人群患病率为 66/1 000。也就是说，在每 1 000 人中，最爱吃肉的人群患肠癌的人数要比不吃肉的人群多 10 人。所谓“相对风险”，就是指暴露组相对于非暴露组所增加的风险。在这个例子中就是 (66-56)/56，也就是 10/56，大约是 18%，这就是 IARC 在新闻发布会上援引的数据。我们还可以从“绝对风险”的角度来讨论这件事。对于吃加工肉类和不吃肉的两个人群而言，一生中患上肠癌的风险之差为 10/1 000，刚好是 1%。也就是说，爱吃加工后肉类的人一生中患肠癌的风险比从不吃加工肉的人高出 1%。不可否认，第二个数据听起来就不那么惊悚了。

对概率数据的报道方式会在很大程度上影响我们的理解，也会影响我们相应的情绪反应。在有关健康与生死的问题上影响尤为巨大。很多人可能已经留意到，当今媒体正掀起一股潮流，那些通俗小报，以及某些本应更为严肃的大报，更倾向于将原本完整全面的信息简化成治癌/ 致癌两类话题。另外，即使报道的是完全相同的信息，如果相对数据比绝对数据更为惊悚，那么媒体就往往会选择更容易哗众取宠的相对风险数据。但是，这些数据很容易误导公众，媒体也应该让公众知悉绝对风险方面的信息。

过度关注相对风险的问题，并不仅限于媒体与世界卫生组织机构。在医药领域中，也存在类似这样很严重的统计过度补偿的问题。制药公司在报告药物有效性时也倾向使用相对数据，他们这么做其实是想让人们觉得他们的产品更有效。[1]举个例子，假如有 2 000 名心脏病患者参加一项试验，其中 1 000 人得到安慰剂，另外 1 000 人得到一种新药。在随后一年中，如果服用安慰剂那组有 5 人出现心脏病，而服用药物组有 4 人患心脏病，那么绝对风险降低值只有 1/1 000，也就是 0.1%。这样的结果算不上太好，意味着如果我们假定两组之间的差异并非巧合的话，医生让 1 000 人服药只能避免 1 例心脏病而已。所以考虑到推广新药上市所需的成本，我们可能会采用好看一点的数据，也就是 20% 的相对风险降低值。

这类做法也常常出现在经济领域和政治领域中。人们常用统计数据进行各种错误的比较。如果一座价值 20 万欧元的房子在第一年贬值 50%，而在第二年又升值了 50%，就有人会声称这座房子的市场价值在第二年恢复如初了。这种说法显然是错误的。在第一年年末，这所房子的价值只有 10 万欧元，第二年升值 50% 后上涨到 15 万欧元，也不过是最初价值的 75% 而已。之所以会造成这样的错误，是因为两次 50% 的升降幅度是相对于不同的基准的，第一次是相对于最初价值，第二次则是相对于贬值后的价值。问题的关键是，我们不能把百分比数据简单进行加减运算，而应该充分认识到，这类数据常常是相对于不同数值而言的。

写到这里，我其实一直在有意回避一个模棱两可的棘手概念，那就是“统计学意义上的显著性”（statistical significance）。我们常常

1 本 · 戈达克（Ben Goldacre）的书《医药界黑幕》（*Bad Pharma*）揭露了制药公司在日常行为和试验报告中的种种问题。

看到新闻标题警告公众，一些曾被认为无害的物质与癌症有着统计意义上显著的关联，或者声称，就统计学意义上的显著性而言，某些饮食可以降低痴呆症的风险。这类说法到底是什么意思呢？“显著性”也许是各门学科中最容易被误解的概念之一了，有时连科学家自己也常常搞错。假设我们开发了一种有助于改善偏头痛的新药，称为药剂X，它可以减少偏头痛的发生频率。与之对照，我们也会提出一个零假设，就是认定药剂X与偏头痛发生频率毫无关联。接着我们开展实验，将受试者分成两组——实验组和控制组，实验组得到药剂，而控制组得到安慰剂。当实验结束时，我们真正需要回答的问题是：药剂X是否确实有效，以及我们能否就此否定零假设？

要回答这个问题需要采用一些统计学方法，因为人是复杂多样的，两组中受试者的反应都会形成差异性的分布。在理想条件下，我们的样本应该能够完美地代表现实，但因为我们的受试者数量有限，这一点并不可能做到。某一组或两组中都可能出现异常值，影响平均值的准确性，对研究者产生误导。两组之间也可能存在偶然性的差别，因此要确定两者间的差异是否真实存在，我们还得采用统计学工具。如果实验设计合理、操作规范，运用统计学工具可以有效剔除无关信息，确证两组之间是否确实存在真实差异。当一个结果具有统计学意义上的显著性，就意味着它不可能是偶然产生的，也意味着这一结果是真实可信的。重要的是，统计学意义上的显著性只是表明药物确实产生了影响，但它并不一定意味着这种影响会带来实质性的效果，而后者才是我们日常所说的“显著”的意思。

如果遵循了这些步骤，为什么那么多声称存在的相关性到头来却并不存在或者是错误的呢？责任往往在科学家和医生身上，因为就连他们也无法避免犯错。尽管有争议的科研论文都要经过极为严苛的同行评审，但是，一些在统计学意义上模棱两可的结论仍有可能被遗漏。这方面一个典型的例子就是“自然疗法”(naturopathy)。自然疗法是替代疗法的一个分支，它包括反射疗法（reflexology）、顺势疗法（homeopathy）和颅骶疗法（craniosacral therapy）等内容，其核心原理是所谓的“活力论”（vitalism），即认为疾病或健康都是源于某种虚无缥缈的“生命力”。其实很久以前，实证研究就已经驳斥了这种说法，目前也没有可信的证据表明以上各种疗法确实存在什么治疗效果。尽管如此，哪怕在当今科学昌明的时代，这些观念依然广为流行。之所以会出现这类怪事，一部分原因无疑是大自然的吸引力，人们总会错误地认为这类疗法是没有副作用的。[1]自然疗法提出了一个看起来简单易行的健康方案，却很容易让人忘记一点：无论是医学还是我们人体都是非常复杂的。

令人奇怪的是，自然疗法反而坚称，科学证据表明相关疗法对患者的效果是在统计学意义上有显著性的。如果这些疗法在原理上站不住脚，在临床上也没有实际效果，那这些说法不就自相矛盾了吗？其实，这一切都是由于“统计学意义上的显著性”这个概念本身的微妙。如果希望统计方法能够揭示真实问题，就必须确保采用高质量的数据和具体情形下得当的分析方法，如果方法上不可靠，最终结果就是毫无意义的。自然疗法者总是津津乐道于三五项得到积极结果的研究，其实这些都是基于小样本的低质量研究。这一点非常重要，因为在小群体中，哪怕只出现一个异常数据，也会令整个研究发生偏差，群体越小，结论的可信度就越低。很明显，随着研究群体的增大，一些表面效果就会消失，实验的质量也随之提升，而广受追捧的所谓显著疗效不过是虚假的幻象而已。

有些实验报告患者确实感到了治疗效果，其实是一种“安慰剂效

1　曾经是物理学家的喜剧演员达拉·奥·布莱恩（Dara Ó Briain）关于顺势疗法有这么一句俏皮话：“顺势疗法的优势是你永远不会服用过量。不过，你可能会被淹死。”

应”，更准确地说，这是“趋均数回归”的结果。[1]人们早就观察到，在衡量某一变量时，如果第一次的测量值过于极端，那么下一次的测量值往往会更接近平均值。比如，人们往往会在症状最严重的时候去求医问药。这个时候疾病处在极端的状态，随着时间的推移，情况会逐渐好转。可很多人仍然将病情的好转归功于弄虚作假的民间疗法，而不考虑到自己免疫系统的出色表现。诺贝尔奖获得者彼得·梅达沃（Peter Medawar）曾经说过：“如果一个人满足以下三条：一、身体不舒服；二、接受了一些试图帮他康复的治疗；三、病情好转了。那么他就会认定是治疗让他恢复了健康，任何医学原理都无法说服他怀疑这一想法。”

这也说明科学研究中有个问题尚未得到应有的重视：并不是所有的研究都是同样有效的。就算发现了统计显著性，也未必就意味着存在效果。令人遗憾的是，很多运用了统计学分析的研究，被毫无意义的显著性指标带入了歧途，比如在医学与基因学领域。2005 年，约翰·约安尼迪斯发表了一篇标题语出惊人的文章《为什么大多数发表出来的研究发现是假的》（*Why Most Published Research Findings Are False*），得出了一些值得注意的结论。在医学领域，很多实验结果看似有显著性，其实不过是人为失误的结果，比如设计缺陷，研究动力不足，或者受试者数量过少而不足以得出有意义的结论。

约安尼迪斯在文章中总结了在评估研究结论时应谨记的 6 项指标：

1.在科学领域，研究规模越小，研究发现就越可能出错。如果样本容量太小，受试组的代表性就很差，出现“假阳性”的概率就会增大。自然疗法的支持者们依赖的就是此类研究，它们往往样本很小，研究结构的质量很低。

---

1 有确凿的证据表明，安慰剂效应其实非常小，在所报告的虚假干预的效果中，趋均数回归起了很大作用。

2.在科学领域中，效果量越小，研究发现就越可能出错。相关性固然重要，但效果量也同样重要。效果量衡量的是某一现象有多强烈，有助于我们了解所观察到的关系究竟是偶然发生的，还是具有实质性的意义。如果效果量很微小，那么所观察到的效果可能就只是碰巧产生的而已。

3.在科学领域中，受检验的相关关系类型越多，而最终被选择的相关关系类型越少，研究发现就越可能出错。简单来说，如果一项实验中出现了多种可能的相关关系，那么其中有些相关性可能就是偶然发生的“假阳性”。当检验众多可能的相关关系时，研究者很容易犯“采樱桃”的错误，选择了那些实际上偶然发生的统计关联作为结果。

4.在科学领域中，实验设计、定义、结果及分析模式越灵活，研究发现就越可能出错。如果定义不够严谨，就可能出现偏差，原本“阴性”结论也可能会被解释成“假阳性”。

5.在科学领域中，涉及的经济或其他利益与偏见越多，研究发现就越可能出错。特别是在生物医药领域，投资人与研究结果之间常常会存在利益冲突，因此各种偏见的出现就在所难免。约安尼迪斯也明确指出，利益冲突并不一定就是钱。而科学家也可能受到意识形态的影响，在某些情形下，这也会左右最终的研究结论。

6.科学领域越热门(即参与进来的研究团队越多)，研究发现就越可能出错。这一点似乎有悖直觉，却也是真知灼见。某个领域内的研究越多，原则上确实应该会提高研究的质量，但团队之间会发生激烈的竞争，结果反而会适得其反。在这种情况下，时间成了最为关键的要素，研究团队往往倾向于抢先发表尚不成熟的研究发现，于是该领域就会出现很多“假阳性”的结果。约安尼迪斯和他的同事们将这种研究阶段称

为“普洛透斯现象”（Proteus Phenomenon）[1]，意思是研究的结论常在正反两个极端之间迅速交替。

这些细致而且令人忧心的研究发现，提出了一个紧迫的问题：如果大多数已经发表的研究发现都是错误的，那么科学研究还有什么用呢？研究如何才能有意义呢？我们首先要注意的是，约安尼迪斯批评的并非全部的科学研究，而是“采用不合理的策略，最后的研究发现仅仅基于一次研究，且以形式化的统计显著性作为衡量标准，通常都是 p 值仅低于 0.05 的”那些研究。在那些严重依赖统计相关性的研究领域里，这类问题无疑特别突出。但只要根据已有原则科学地规划实验，这类问题是可以有效避免的。比如，大型强子对撞机所记录的事件必须经过严格的统计学分析，才能判断是否确实发现了新的基本粒子。在粒子物理学研究中，统计显著性的标准阈值极度严苛，所以不可能发生“假阳性”情况。

不过，约安尼迪斯所说的问题在医学和生物医学的一些领域里却是司空见惯的。在这些领域里，复杂的交互关系在所难免，于是研究者往往采取“以发现为导向”的研究策略，首要目标是探索新发现，而不是提出严谨的假设小心求证。这种思路就很容易导致错误或虚假的发现——原本只是偶然的结果都被当成了重要发现。之所以会出现这类问题，一部分原因在于人们设定的显著性的判定值——通常被称作 p 值，其实是任意的。若 p 值低于 0.05，通常就认为结果具有显著性，很多研究者为此苦心孤诣、孜孜以求。可问题在于，这个数值其实并不是衡量研究质量的真实指标，更算不上是理想指标了。这一数值是生物学家罗纳德·费希尔（Ronald Fisher）在 20 世纪 20 年代率先使用的，当时只不过是把它作为统计学上非正式的经验法则，用来确定一项结果

1 普洛透斯是希腊神话中的海神，外形多变，以至于没有人能捉住他。——译者注

是否值得再次考察。[1]

在那个时代，人们开始逐步重视用数学思想进行统计分析，这一潮流的倡导者是费希尔的宿敌——波兰数学家耶日·内曼（Jerzy Neyman）和英国统计学家埃贡·皮尔逊（Egon Pearson）。内曼和皮尔逊正式提出了“统计功效”等概念，但他们却对费希尔的创新嗤之以鼻。内曼更是认为费希尔的创新“在数学意义上比没用更糟糕”，而费希尔反唇相讥，说内曼的研究方法是“学术自由的噩梦”。其他统计学家不愿参加两派纷争，就把他们的框架简单杂糅在了一起。从此，费希尔的经验法则被强行并入内曼和皮尔逊的数学框架，且就此被抬高到了本不应该有的重要地位。

此后这一标准被不断滥用和误解。有些研究者很善于挖掘数据，会随意地寻找各种具有统计显著性的数据关系，却不会认真考虑这究竟是真正有意义的关系，还只是偶然现象。对于这样的做法，英国皇家学会院士大卫·科洪（David Colquhoun）早就提出过严厉的批评，他说：“显著性测试的用处就是让你不至于丢人现眼，免得那些不配发表的文章给发表出来了。”有人还提出用“统计假设推断检验”（Statistical Hypothesis Inference Testing）这个术语来指代这类数据挖掘的做法，原因是这个术语的缩略词（SHIT）可谓恰如其分。无论如何，在不了解作用机理也未掌握深层机制的情况下，研究者就必须小心谨慎地处理相关关系。为追求显著性结果而对数据进行大量的“事后检验”（post-hoc tests），确实可以获得想要的结果，只不过这些结果远非有价值的发现，而且通常都毫无意义。正如经济学家罗纳德·科斯（Ronald Coase）所说的那样：“如果你持续不断地折磨你的数据，那它一定会招供。”当然，这种招供很可能根本靠不住。

1　由于本章内容的技术性较强，我对于 p 值这个概念介绍得较为简略。这里是把它定义成某种检验参考，以判定实验结果是否值得继续研究。

既然如此，为什么一些科学家还要发表证据不足、值得怀疑的研究结果呢？一部分原因在于不是所有的科学家都具备足够的统计学素养，而另一个原因则更让人不安：科研领域的发表偏见给科学家们造成的压力。科研期刊总认为负面的研究结果没有发表的价值，这就给了研究者极大的压力，迫使他们去寻找现象之间的各种关联，甚至有时不惜捕风捉影、无中生有。这么做未免目光过于短浅，事实上，零结果与显著性发现一样都有价值，都有助于我们深入理解研究问题。相比于提出一些错误的结论，确认某些药物确实无效要更有用。

遗憾的是，近年来所谓“不发表就淘汰”的思想给科研单位造成了很大的破坏。如果科学家看似未能产出足够量的“阳性”结果，那就不会得到科研经费。这种重数量轻质量的奖惩机制其实伤害了我们每一个人。为此，我们必须谨慎对待那些单一的研究，特别是医药方面的研究，和其他关注相关性而非内部机制的研究领域。在这些领域里，具备统计显著性的结果未必意味着结果是“真实”的——这一点我们绝不应该忘记。

值得一提的是，我和约翰·约安尼迪斯曾经合作研究过“不发表就淘汰”对科学界发表成果的可信度所造成的影响。不难想象，我们研究的结果表明现行的模式下，并不足信的结果往往比那些严谨扎实的研究更能够得到青睐，这导致可信度的问题一直存在。事实上，只有在重复研究的基础上，科学才能蓬勃发展；没有重复研究，孤立的一个结果根本就站不住脚。正因如此，这一问题在近几年也引起了热烈的讨论，同时也推动了“开放获取与开放数据”（the Open Access and Open Data）运动，鼓励科学家不仅仅提交支持自己结论的数据，也提交全部的研究结果，无论是正面的还是负面的数据。

我们现在还能用一些强大的统计工具来横向比较多项研究，特别是那些结果相互矛盾，或研究质量与力度参差不齐的研究。其中一个方法叫“元分析”（meta-analysis），简单来说就是对所有研究进行研究，评估这些研究的质量，帮助人们更清楚地审视各种相关的数据。这种方法至关重要的地方在于，它要求大批量的研究，这样才能保障研究的质量和规模。也正因为如此，那些孤立的研究结果充其量只能是初步发现，随时有可能变。科学发现大多都只是暂时的成果，而且永远在不断变化之中，这绝非科研的局限，而是科研的内核。科学研究的基础就是不断的自我修正。

在这几章中，我们介绍了统计数据与各种数字如何混淆视听，还有逻辑缺陷又是怎样掩人耳目、引人误入歧途的。即便报道准确，脱离具体情境的纯粹数字也很容易给人造成错误的印象。若仔细甄别、严谨推敲，也不难发现这些数字中包含的真实信息。统计学是一个强大的工具，但公众对统计数字的理解往往不尽如人意。如果希望统计分析能够有助于我们的研究，我们就必须提高有关素养，避免因为无知而误解和滥用统计数据。

统计数据的滥用还是煽动家的拿手好戏。他们时常在论述中故意掺杂一些错误的数据解读，用看似深奥神秘的数字给自己增加底气。我们不妨看看时下的政治话语，其中不乏政客们咆哮着用断章取义的数字相互攻击。他们一心只顾着在论战中获胜，至于这些数字该如何解读，又是否准确可靠，他们根本毫不知情，也并不关心。这种情形着实让人心寒。人们不禁要问：怎样能够避免这一切呢？在个体层面上，最好的对策是增强意识，了解统计数字的用途与滥用情况。就全社会而言，公众普遍对数字心存敬畏，但我们更应该警惕那些唯数据论的做法。正因为我们在数字能力方面缺乏自信，才没有人敢质疑数字滥用的问题。事实上，基本的统计原理并不复杂，本章中也有所介绍，就算你不是统计学专家，也可以发现日常生活中那些值得警惕的数字陷阱。

有充分的证据表明，如果统计数据用真实情境下的数字来解释，就更容易被人理解，这种方法也被称为“固有频率报道”。比如，如果想要告诉病人服用某种药物产生某种副作用的概率是 10%，那么比较好的说法是“在 100 名服用此药的患者中，我们预计会有 10 人在治疗过程中会产生这种副作用”，以帮助病人了解这一数字的具体情境。固有频率报道对专业人士也大有裨益。在前文有关贝叶斯定理的例子中，我们看到数量惊人的医学专业人士都错误地估算了患者感染 HIV 的概率。可如果我们采用第 12 章中的树状分叉图来报道固有频率，就可以显著减少人们对感染病毒概率的误解与误读。采用这样的方式呈现数据，几乎所有医生都能得出正确的结论，而当他们看到的仅仅是统计数字的时候，情况则正好相反。

谈了这么多，最关键的是这样一个事实：尽管统计学看起来简明直观，但同时也隐藏着大量的微妙性和复杂性，我们完全可能被它们迷惑而犯错。我们经常会漏掉一个重要的步骤，那就是在合理的情境中正确地解读那些数字的意义。当我们心存疑虑时，就应该继续追问，找出那些诱人的统计数据背后真正的含义，再做出合理的推断。如果没有这些严谨扎实的考察过程，那些混杂的数字与错误的观念就很可能将我们引入歧途。

不加审视地单纯罗列一些数据原本就是毫无意义的，而这些数据还常常会火上浇油，让原本就爱哗众取宠的新闻更具有煽动性。在这种情形下，误导人心的并不仅仅是统计数据本身，还有我们对数据来源不加甄别的盲目信任。陈述数据的那些故事也会影响我们的感知和判断。我们每天都会接触到海量错综复杂的数字，其主要来源是大众媒体，所以媒体的作用不可低估。如果我们想知道自己究竟多么容易被误导，又该如何避免受到误导，就应该了解传统媒体与新兴媒体究竟是如何影响我们每个人对世界的理解的。

第五部分 世界新闻

Section V: News of the World

现在看来，报纸并没有能力分辨自行车事故与文明崩塌之间孰轻孰重。

——乔治·萧伯纳

(George Bernard Shaw)

15 不平衡的平衡

Skewing the Balance

等一切尘埃落定，未来的历史学家们回顾 21 世纪初期的时候，依然会对 2016 年美国总统大选期间所发生的怪事深感困惑。民主党候选人希拉里·克林顿（Hillary Clinton）与共和党候选人唐纳德·特朗普之间的选战一点也不寻常。2016 年 11 月 8 日那天，我正在佛罗里达州优博市的一间酒吧里，与几位科学家同行们观看计票过程。我们当时和全世界大多数人一样，满心期待着美国就此出现史上第一位女总统。相比于那位富有争议的竞争对手，希拉里无疑有着很大的优势。然而，当计票结果显示特朗普赢下了佛罗里达州后，这次大选带来的不安情绪愈演愈烈。第二天清晨，选举结果得到最后确认。与此前的预期完全相反，特朗普最终赢得了总统大选。

这次大选震惊了世界，余波遍及全球，而且无疑会在随后的几十年间一直成为政治学者们津津乐道的话题。这一事件究竟会造成哪些长远影响，目前还言之过早，但是可堪回味，足以警世。希拉里执政经验丰富，本是较为合理的人选。美国前总统巴拉克·奥巴马素来快人快语，他曾说过“从未有哪位男士或女士比希拉里·克林顿更有资历担任美国总统”。尽管她本人备受赞誉，但竞选过程却并不顺利。她在担任美国国务卿期间违规使用私人邮箱的“邮件门”事件，给她带来争议不断。但无论如何，希拉里都会服从宪法与政治规定，之前大多数美国总统也都是如此。

但特朗普则完全不同，他向来蔑视常规，绝不是一个寻常的角色。他既当过电视真人秀明星，又是颇有手段的商人，他的参选一度让美国政界困惑不已，大多数人认为不过是一场助兴表演罢了。此人毫无政治远见与从政经历，不过是个迷之自信的吹牛大王而已。在打击竞选对手的时候，特朗普也非常粗鲁，肆无忌惮地四处开炮，谩骂污蔑无所不用其极。[1]可最后他还是获得了共和党的提名，这一结果让所有人大跌眼镜，也让许多人灰心丧气。

这场选举从一开始就严重偏离了美国的政治规范。特朗普的种族主义立场非常明确，从不讳言对穆斯林、西班牙裔和有色人种的反感，也毫不忌惮使用各种恶毒语言诋毁女性，还将他讨厌的女性称为“婊子”和“肥猪”。面对越来越多的性骚扰指控，他也根本不以为意。有证据表明，他的商业运作中也存在猫腻。此外，诸如三 K 党、美国纳粹党和刚刚冒头的所谓“另类右翼”运动等赤裸裸的种族主义组织也对他大唱赞歌，但这些似乎都无损他的声望。有人甚至指控他为了干涉大选可能与某国情报机构有串通嫌疑，这也没能对他造成实质性打击。对一个传统的候选人而言，上面这些污点中的任何一项都足以令其身败名裂，可特朗普面对一次次不断升级的丑闻危机，却总能安然度过。

特朗普意外崛起，新闻机构也忙不迭地力求客观公正地予以报道。在通常情况下，媒体对待各位总统候选人的方式态度大同小异，无非是在保持中立的同时评估双方的优势、对比各自的缺陷，这种报道方式，让总统大选就显得像是在两个势均力敌的选项之间做选择。而这两个选项受同样规则的制约，也必须满足同样的标准。可是特朗普拒绝接受常规的约束——不仅越来越多地进行人身攻击，撒谎也更加肆无忌惮。曾获得普利策奖的事实核查机构“政治真相新闻网”（PolitiFact）在

---

1 我们在前面提到过，有人对奥巴马出生地表示怀疑，而特朗普就是其中声音最响的人之一。

2015 年把“年度谎言奖”授予了特朗普，但他非但没有收敛，反而变本加厉地撒谎，一个又接着一个，引得媒体竞相报道。

对于特朗普大量此类言论，英国《卫报》驻美国记者艾伦·尤哈斯（Alan Yuhas）评论道：“特朗普说谎就像他发推特一样：不规律，全天候，有时恶毒，有时自相矛盾，有时根本毫无理由。”可明知道他是在胡说八道，甚至是毫无依据的胡乱指责，媒体机构出于职责所在还是不得不进行报道。这真是一个狡诈的策略，因为这类报道相当于帮他扩散了那些不着边际的指责，还把他糟糕的思想传播给了容易受到影响的大众，结果大家反而对揭露这些乱七八糟说法的意见显得充耳不闻。这也难怪美国的媒体评论员们哀叹政治界滋生出了所谓“后真相”的风气，也就是指公众受主观情绪的驱动，面对辟谣的事实依据丝毫不理。

对于这次不同寻常的竞选，媒体极力想用正常的方式来理解和对待，于是给大量无根据的指责提供了很大的空间。更糟糕的是，为了表示公正，媒体还让大家错以为特朗普与希拉里旗鼓相当，以为两人的缺点也具有可比性。这个预设本身就大错特错了。正是由于媒体这种错误的公正，让人们把希拉里的小失误与特朗普的大丑闻相提并论，结果反而对特朗普更加有利，让他有机会到处宣传所谓“狡诈的希拉里”这一说法。到了大选后期，等媒体开始意识到自己所犯的错误时，为时已晚。他们把特朗普热烈的胡言乱语视作常规的政治选举活动，并且显得与克林顿夫人分庭抗礼，可这恰在无意之间为他的恶劣行径披上了合法性的外衣。

希拉里与特朗普原本就不能相提并论，刻意让两人平起平坐是傻瓜的做法。可是错误已经铸成——媒体既然愿意把特朗普看成常规的竞选人，他也乐得其所，这对他来说是非常有利的，却对希拉里相当不利。2016 年 9 月，《纽约时报》专栏作家、经济学家与评论家保罗·克鲁格曼（Paul Krugman）对媒体的平庸表现提出了批评：

> 如果唐纳德·特朗普真的成为总统，那么很大一部分原因应该归咎于新闻媒体。我知道有些（不少）记者忙着撇清责任，但是这样很可笑，我相信他们自己也知道这一点。正如尼克·克里斯托弗（Nick Kristof）所说，尽管希拉里·克林顿充其量只是撒了个小谎，但民意调查表明，公众认为她比那个撒谎成性的家伙更不可信。这一点就足以说明大众传媒的失败。

在这个事件中，媒体犯了被称作“虚假平衡”的经典错误，他们力求在尊重证据的基础上平等对待两个对立的立场，但事实上这两个立场并非是平等对立的。如果仅仅因为双方存在某种共性，错误地将其等同起来，就很容易犯虚假平衡的错误。这就好比有人认为在家养一只猫和养一只老虎是一回事，理由是它们同属猫科。一方的立场或观点有着充分的佐证，而另一方却没有足以支撑的数据，仅仅因为两方立场对立就等同视之，这就大错特错了。立场对立并不意味着意见双方都值得平等对待，可惜很多人都忽视了这一点。这种逻辑真空，反而会被愚蠢或狡诈之徒所利用。

在对有争议问题的新闻报道与论辩中，这种情况显得尤为突出。受人尊敬的媒体通常会刻意避免偏见。这是值得称道的职业素养，在健康的社会中，积极而充分的辩论有着至关重要的意义。我们每个人都容易心存偏私，只有通过充分透彻的讨论，我们才不至于道听途说，人云亦云。那些心怀职业良知的新闻编辑、播音员和作家矢志不渝追求的理想就是客观公正。但是，客观公正并不意味着虚假的等同。在事实证据确凿、结论无可争议的情况下，还要执意去报道所谓“各方立场”，就等于是在抬举和粉饰那些错误的想法与荒谬的论点。所谓虚假平衡，就是枉顾事实依据，将并不平等的对立意见等同视之。事实上，如果一方的证据无可置疑，那么与之相悖的观点就不再成立，也就不值得再予以考虑了。

虚假平衡的错误源于认为对立观点相互平等的错误思想，而未能考虑观点背后的事实依据。即便在看似客观的科学领域，这一误区也很容易被人利用。我们不妨以替代疗法为例。有些替代疗法根本没有事实依据，且科学研究发现其效果不过是安慰剂效应而已，但当有患者声称有用时，竟然也被当成了有力的证据，与科学研究的结论平起平坐，这实在是荒谬至极。诚然，好新闻应该平等对待相互对立的不同立场，可如果一方有了压倒性的确凿证据时，就不必再刻意追求这种虚假的平衡了。当然，想要合理权衡需要有一定的专业能力，对于新闻媒体而言，区分真正的科学与伪科学是有些难度的。

即便不是心怀恶意或偏私，新闻界的失察失职也造成了很多不良后果。我们在前文曾提到，安德鲁·韦克菲尔德在麻腮风三联疫苗研究中所犯的错误让无辜的生命付出了代价，若不是新闻媒体推波助澜，也不至于造成如此严重的后果。尽管大量的科学依据都表明韦克菲尔德的说法纯属瞎扯，但在新闻媒体中，他大肆渲染的谣言还是与科学依据平起平坐，被等同视之。我们并不是想要把那些荒唐甚至悲惨的严重后果都归咎于新闻媒体，但是反疫苗人士因此会有恃无恐，利用这种所谓的“公正”来散布无根无据的恐怖谣言，这一点实在令人忧心。

可惜这场闹剧之后，我们并没有太大的长进。在科学界，虚假平衡的例子仍然层出不穷，而疫苗的问题至今依然争议不休。在闹出麻腮风三联疫苗危机之后，韦克菲尔德非但没有从此走下神坛，反而在 2016 年再次成为争议的焦点，他竟然四处宣传一部纪录片，宣称美国疾控中心（US Center for Disease Control）掩盖了疫苗危害健康的真相。在罗伯特·德尼罗（Robert De Niro）的要求下，这部纪录片甚至还参加了翠贝卡电影节（Tribeca Film Festival），结果引起激烈的批评。可惜，这些批评能有什么作用呢？在虚假平衡的影响下，再坏的宣传也是宣传，都是在为各种舆论推波助澜、广而告之罢了。

曾有一个爱尔兰当地的广播电台请我与韦克菲尔德当面辩论。我劝告他们不要给他随意发表言论的机会，还解释了这一做法的错误所在。但制作人表示，听众对此很有兴趣，而且对手的广播电台也邀请他上节目，主持人不仅支持韦克菲尔德，而且不会提出任何反对的意见。所以情况很简单：两个节目韦克菲尔德都会上，唯一的差别是有没有反对意见。百般无奈，我只得同意参加，同时也提醒说，让他在广播节目里胡说八道根本就是错误的做法。那次经历实在令人沮丧。在节目中，我解释了为什么韦克菲尔德的观点毫无可取之处，他却滔滔不绝地发表了一通阴谋论，声称我就是阴谋的一部分。后来，韦克菲尔德就已经变得怒气冲冲，连珠炮似地提出了一连串荒唐可笑的指控，然后我终止了这次访谈。这个节目最后向公众播出的部分有了很大删减，内容已经支离破碎，而我关于虚假平衡的警告完全不见了影子。

这次经历虽然让人沮丧，但我也得到了可贵的教训。无论本意如何，把科学与伪科学作为平等的对立两方，这种做法本身就会让人误解，就好像双方正在探讨的是尚存争议的科学问题。无凭无据的谣言寄生于严谨扎实的科学理论，好比血吸虫吸食健康的血液，这些谣言也就由此获得了合理性。原本动机不纯的各种说法摇身一变成了科学观点，狡诈小人也以此操纵无知大众的意见。[1]

虚假平衡并非只出现在媒体上。在近现代时期，肺癌还较为罕见，1878 年肺癌占所有癌症病例不足百分之一。正因罕见，医生们一旦发

1　韦克菲尔德本应在 2017 年接受伦敦摄政大学（Regent’s University London）一个顺势疗法学会的颁奖，还会播放他的纪录片。我们对此表示反对。我在接受《每日电讯报》的采访时讲了虚假平衡的问题，我当时是这么说的：“韦克菲尔德向来喜欢妖言惑众，总想把自己塑造成伽利略式的伟大形象，这么做不仅自恋自大，而且很不诚实。无论是不是有意的，任何为韦克菲尔德先生提供能够公开谈论疫苗问题的行为都是可悲的错误，他的谎言已对公众健康带来了严重的损害，我们现在还在它的阴影之下。他的言论毫无依据，今天的科学研究也早已对其进行了有力的驳斥。如果所有证据都明确地指向一方，那就根本不该再有争议。可如今邀请这么臭名昭著的家伙上台，会让人误以为他的说法还有可取之处。这是大错特错的。”最后电影放映活动被取消了。

现肺部出现恶性肿瘤时都会格外关注，将其视为可遇不可求的疑难病症。可到了 20 世纪初期，肺癌发病率忽然急剧上升，1918 年在癌症病例中的占比达到 10%，而 1927 年时已达到 14%。人们对此提出各种各样的解释，例如日益严重的空气污染，或者是一战遗留的环境影响等。但这些并不是真正的原因，有些国家并没有受到上述因素的影响，可肺癌病例也同样显著增加。

当时的人们并没想到，吸烟可能就是致癌的元凶。在诉诸自然谬误的影响下，既然烟草来自大自然，那么吸烟也被视作一种健康的习惯。随着香烟的大规模生产，香烟价格更便宜、效果更强劲，吸烟成为一种广为流行的恶习，而且也比以往的烟斗更容易吸到气管深处。不过，人们逐渐发现了吸烟有害健康的证据，把吸烟视作健康时尚的虚假看法也随之灰飞烟灭。

1929 年，弗里茨·利金特博士（Dr Fritz Lickint）发现了吸烟与肺癌有关的统计学证据。到 1939 年，利金特已经积累了大量的翔实研究，并撰写了一本 1 200 页的鸿篇巨制。历史学家罗伯特·普罗克特（Robert Proctor）将这本书称为“迄今出版的著作中，对烟草最为全面的学术控诉”。该书明确、直接地指出，吸烟不仅与肺癌相关，对其他许多疾病也都有显著的影响。

除了利金特的分析，还有其他一些研究证据也汇集了起来。统计相关性分析表明，吸烟可能导致癌症的快速出现。这一点很快得到了证实，因为在香烟的烟雾中确实发现了致癌物质。同时，实验室研究也发现香烟会引发动物患上癌症。

三方研究聚焦一处，证据如雪球般越滚越大。到 20 世纪 50 年代时，世界各国的健康委员会都开始向消费者发出吸烟有害健康的警告。现在回想起来，这件事在当时本应该盖棺定论，可当时的人们对这些科学发现既不关心也不重视，公众反应非常淡漠。美国癌症协会（American Cancer Society）的主任查尔斯·卡梅隆（Charles

Cameron）在 1956 年痛心地表示："肺癌和吸烟之间存在一定的关联，如果同样的关联发生在肺癌和吃菠菜之间，大概没人会举手反对全国禁止吃菠菜。"

随着越来越多的证据显示香烟有害健康，公众对吸烟的态度也日益反感，烟草业不仅对科学发现完全不予理睬，而且还用愤怒和喧嚣予以抵制。在一份 1969 年在各大烟草公司里传播的内部备忘录中，我们可以清楚地看到那种不屑一顾的态度和使用的手段：

> **在大学校园和售卖机里，我们的销售都受到了限制。我们的产品被贴上了警示标签。我们的广告也遭到各方打压，情况不断恶化……我们要制造怀疑，因为在公众的头脑里，怀疑是对付科学事实的最好方式。它也是制造争议的最好途径。**

他们为达目的不择手段——确实把怀疑作为了他们的产品。当公众从 20 世纪 50 年代开始抵制烟草后，烟草业巨头就开始向公关专家寻求帮助，播撒怀疑的种子。1954 年 1 月 4 日，全美国 400 多种报刊同时刊出了一则广告，也就是我们今天所知的臭名昭著的《诚挚声明》（*Frank Statement*），这份声明从第一句话到最后的结论都站不住脚，通篇都是纯粹的修辞游戏：

> **最近一些用老鼠进行的科学实验颇受公众关注，研究者提出吸烟在一定程度上与人类的肺癌有关。权威专家在此指出：**
>
> **1.近年来的医学研究表明，许多原因都可能导致肺癌。**
>
> **2.专家们就导致肺癌的原因尚未达成一致。**
>
> **3.并无证据表明吸烟是导致肺癌的原因之一。**

4.虽然有数据声称可以证明吸烟与患病有关，但这样的数据同样也能用于现代生活的许多方面。事实上已有多位科学家对这类数据的合理性提出了质疑。

这些措辞策略并未从此就淹没在历史之中，所以值得我们细细琢磨。开篇看似合理，但话术中藏着狡黠，这是一个典型的“稻草人论证”——先退让一步，承认对老鼠所做的研究可能与人类肺癌有一些松散的关系。但这完全是说假话。流行病学研究与实验室研究都已经积累了大量证据，表明吸烟和肺癌之间存在明确的因果关系。因此在这里提及老鼠实验是一个教科书式的误导策略，意图就是转移视线，让人们忽略那些有关人类健康的负面证据。事后想来，其实早在医学界展开研究之前，烟草公司的内部研究就已经发现了致癌的可能性，所以这种虚情假意的行为就显得更为卑劣。

声明中编号罗列的几项内容更像是花言巧语的诡计列表。我们在前几章中已经深入解析了一些逻辑谬误与非形式谬误，所以对列表中前三项（如果加上开篇中的“诉诸权威”可算作四项）中的谬误就不多赘言，点到为止。第一点是典型的“转移注意力论述”（red-herring argument），也就是故意偏移话题。其实，其他事物是否会导致肺癌并不重要，重要的是吸烟是否会带来肺癌风险，且风险有多大。这一点无非是想要偏离重点，转移话题。第二点也极其荒谬，医学界早就形成共识，明确认定香烟有害健康，就连烟草公司的内部研究结论也是如此。至于第三点，即便是在 1954 年，也同样有悖于事实依据。请注意原文第二点中用的是单数形式的“原因”（the cause），而在第三点中就变成了复数形式的“原因之一”（one of the causes），这样就改变了前提，即使这两点内容都为真，整个论述也是无效的。

声明中最后一点也是完全错误的。事实情况是，详尽的统计分析早就提供了吸烟致癌的线索。利金特和其他科学家通过艰辛的工作，排除了其他混乱的变量。《诚挚声明》故意制造疑问，就是为了抵消科学观点的影响力。他们的目的就是让公众错误地认为，支持或反对吸烟是两个平起平坐、同样合理的立场。这在实际上就是利用了虚假平衡的武器。这没有什么可怀疑的，这份“怀疑备忘录”终究就是一种令人不齿的文字游戏。

虚假平衡是“人为制造的争议”（manufactured controversy）中的典型一例。这是一种牵强虚假的争论，让原本毫无科学争议的课题无端生出些不确定性。对于烟草公司而言，这一招确实有效，此后数十年间，不少公众依然心存疑虑并保持着吸烟的习惯，数百万人为此付出了生命的代价。这种下三烂的手段并非绝无仅有。当初也曾有证据表明，儿童雷氏综合征（一种可能致命的肝炎）与使用阿司匹林有关，制药厂也曾用同样的伎俩，推迟将近两年后才发出强制性警告。无独有偶，众所周知紫外线辐射可以致癌，但有关机构——比如已经不存在的“室内晒黑协会”（Indoor Tanning Association），还是想方设法打压这一科学共识。

值得一提的是，有些公关活动用意虽好，但也可能达到毁誉参半的结果。上文中的《诚挚声明》是全球著名的伟达公共关系顾问公司（Hill+Knowlton）的杰作，这家公司还有一段值得玩味的事迹。1990年10月，海湾战争战事不断升级，一位名叫娜依拉（Nayirah）的科威特公民声泪俱下地控诉说，她曾亲眼看到伊拉克士兵把婴儿从保育箱中拽出来，扔在一边任其自生自灭。如此骇人听闻的指控迅速成为新闻头条，当时美国总统乔治·H. W. 布什（George H. W. Bush）也曾多次提及这则新闻，动之以情地向公众解释开战的理由。直到1992年海湾战争结束后，记者约翰·麦克阿瑟（John MacArthur）才曝光了这位“娜依拉护士”的真实身份，原来她是科威特驻美大使沙特·萨巴赫（Saud Al-Sabah）的女儿，她的虚假控诉正是伟达公关一手操办的。伟达公司的内部研究表明，有关暴行的描述最有可能左右美国的公众舆论。[1]这一结论听起来颇有讽刺意味，却正中要害。

有些人可能会觉得，那些伎俩不过是旧时代的产物，现代公众的思想更复杂、感知更敏锐，这种赤裸裸否认现实的做法应该无法奏效。这种想法虽有道理，但事实却并非如此。如今，即便科学证据确凿无疑，欺世盗名之徒也总能散播谣言，动摇人心。无论证据如何确凿无疑，总会有既得利益团体想方设法打压事实依据，其卑劣伎俩无异于几十年前的烟草公司。他们有时与烟草公司一样是为了金钱，但在有些情况下，政治或宗教等思想信念的影响可能更大。诚然，心怀宗教或政治理念，或为心中理想而据理力争，是无可指摘的，但使用阴险卑鄙的手段来宣扬个人观点则是绝不能被接受的。虚假平衡正是在这样的情形下发挥作用的——“智能设计运动”的诡计就是非常典型的例子。

在很多宗教中，都把地球上纷繁复杂的生命形式当作神灵的杰作、设计的典范。这种神学观点，或称“设计论”（argument from design），有着源远流长的历史。有记录的最早版本可以追溯到苏格拉底的相关讨论，不过那也是很久以前的事了。在中世纪时期，这一观点成为基督教教义的重要内容，其中一个版本还出现在了《圣经》上，经由使徒保罗（Paul the Apostle）之口说出。13 世纪的基督教哲学家托马斯·阿奎那（Thomas Aquinas）甚至把这一论点作为自己论证上帝存在的五个逻辑论据之一。在中世纪的神学思想中，只有设计论才能解释这个星球上丰富的生命形态与精巧的生命机制。天地之大，万物有灵，在他们看来，处处体现着造物主的高超技艺。

“设计论”在此后数百年里受到了苏格兰哲学家大卫·休谟（David

1 在这场牺牲了数千无辜生命的战争中，伟达公关公司操纵民意，影响公众舆论。不止于此，他们还施展话术，参与了一些看似高尚的事业以增加自己的声望。在我们前文提及的 Theranos 公司事件中，伟达公关也负责了相关的止损工作。当然，伟达公司只是众多公关公司中的一家，这类公司最善于利用各种谬误来蛊惑人心，给公众灌输一些有悖现实的错误信息。我们本可以对此嗤之以鼻，可他们摆布人心的手段确实非常有效。

Hume）等人的批评。这一神学观点关键的论据是，大千世界复杂多样、精彩纷呈，背后必然有造物规划，绝非随意偶发。但到了 19 世纪后期，达尔文的进化论证明，这世间的万物并不需要外力来塑造，是残酷环境的本身让这些物种随着时间的流逝而呈现出各自不同的形态。纷繁复杂的万物背后并没有什么心灵手巧的造物主。

尽管进化论中没有论及上帝，但拘泥于字义的《圣经》研究学者们依然将其视作冒犯与挑战。在 20 世纪早期，美国的基督教长老会（Presbyterian church）中现代派与宗教激进派之间的分歧越来越大。宣传进化论学说成了导火索，甚至被宗教激进主义教派视同叛教，而对威廉·詹宁斯·布莱恩（William Jennings Bryan）而言，却成了他个人的积怨。布莱恩曾是前州议员，曾三次作为民主党提名人参选总统，结果都失败了。在第三次参选失败后，他就回到宗教里面寻求寄托，坚信进化论是对上帝的亵渎。布莱恩的观点在当时显得太过小众，不过他虽然无法撼动自己所在的教会，却有足够的政治资本在州议会内多方游说。后来，进化论学说在美国好几个州被禁止教授长达数十年之久，其中田纳西州直到 1967 年才撤销禁令。

虽然教育审查被叫停，但事情并没有这么简单。在 20 世纪 80 年代中期，法学教授菲利普·E. 约翰逊（Phillip E. Johnson）在离婚后，宗教信仰也发生了巨变，他逐渐成了“智能设计运动”的领军人物。这一运动到 90 年代还创建了所谓的“发现研究所”（Discovery Institute），致力于促进“科学与基督教及其神学理念的和谐一致”。

为了达到这一目的，“智能设计运动”打造出了所谓的“楔子策略”，也就是将自己的思想嵌入公共话语中，其核心理念就是把进化论说成是众多理论之一，强调他们自己的观点也同样合理，也应该在学校里被传授。对毫无戒心的人们来说，这种说法听起来似乎也合情合理，如果进化论“只不过”是一种理论，为什么让它独享特殊地位呢？但是，这里的“理论”一词含混晦涩，在不同的语境中有着不同的意义。

在科学话语中，理论是经过了充分检验的假设，可以对观察的所有数据做出最佳解释，同时具有解释力和预测力。科学理论绝非随意的猜想，不仅要通过严苛的检验，还要得到多重数据的支持。如果说进化论“只不过”是一种理论，就好比说细菌致病论或相对论也“只不过”是一种理论——它们都是对客观现象的科学解释，被人们广泛接受，而且有强有力的证据支持。

“发现研究所”故意混淆两种不同的定义，企图借用虚假平衡来推动他们的宗教学说。他们还力图推动“争议教学”（Teach the Controversy）运动，但美国科学促进会批评这是“人为制造的争议”，声称进化论是尚存争议的科学观点，这种说法本身就是错误的。尽管1990年“楔子策略”已经在网上被曝光，宾夕法尼亚州的多弗尔地区学校还是开始推行“智能设计”理论与进化论并行教学，此举直到2005年才在法律上受到质疑，法院最终裁定，把“智能设计”与科学理论进行平等教学的做法是毫无道理的荒唐之举。

在许多其他国家，有关气候变化长期以来的“争论”不休，也充分体现出所谓“质疑”的杀伤力。大量证据早已表明，正是人类活动导致了全球气候剧烈变化。步入工业化时代以来，人类已经向大气层排放出了数百万吨的二氧化碳，导致全球气温持续不断上升，趋势令人担忧。科学界就此早已达成明确共识，但总有人否认现实，散布疑云，借此否认自己的立场有问题。否定气候变化并非一种边缘的观点，反而有着为数众多的拥趸。造成这种局面的一部分原因还是虚假平衡。气候变化的科学依据确凿无疑，但媒体却很少强调这一基本事实。麻省理工学院的奈特科学新闻中心（Knight Center for Science Journalism）主任博伊斯·伦斯伯格（Boyce Rensberger）就此评论说：“科学界的平衡报道并不意味着给予争论双方同样的权重，而是以各自的证据为基础来分配相应的权重。”

遗憾的是，对于气候科学的虚假平衡早已成为常态。有一项研究调查了自1988年至2002年期间四份主要美国报纸上的636篇文章，结果发现，在大多数报道中，一小股否认气候变化的言论与科学界的主流共识竟然占据了等量的篇幅。当然这种情况也绝非美国仅有。就连素来以严谨的科学节目著称的英国国家广播电台（BBC）也未能避免这类问题。2011年的一篇报道曾尖锐地批评BBC在处理人类造成的气候变化问题上"对无足轻重的意见给予不应有的重视"。这篇报道还发现，尽管人类活动导致气候变化早已是证据确凿的事实，仍有一些BBC节目"过于死板地固守公正的编辑原则"，结果让那些否认气候变化的言论有了更多的播放时间。2014年发表的后续报道指出，上述结论"至今依然回响不绝"。

正因如此，当今气候科学存在着一条泾渭分明的观念鸿沟：科学界在气候变化问题上早已达成共识，几乎不存异议；但公众却认为气候科学还有不少争议。在2013年的一项研究中，一些民众估计只有半数科学家认同气候变化，可实际的比例是接近百分之百。正是这种挥之不去的疑虑让人们迟迟不肯采取行动来遏制气候变化。但也有迹象表明，近几年情况也开始有所改善。2017年，有篇文章指出，"各国的媒体报道正在逐步接近科学界的共识"，但否定派的声音仍然不绝于耳，各种否认气候变化的言论仍通过一些渠道得以传播。最为典型的渠道就是保守派报刊上的一些专栏。我们前文已经讨论过，有不少人出于意识形态的动机而否定气候变化的基本事实，所以倒也不算令人意外。

平衡报道本身是一件好事，新闻公正也同样值得称道，但是平衡必须充分考虑每一立场的证据力度。如果天真地把那些证据不足的观点也当作合理意见，那真是太鲁莽了。这么做是抬举了那些胡言乱语，同时也打压了合理的意见，让人们更容易受到蛊惑与误导。当然我们也可以责怪媒体的素质太差，但这样也未免有失公允，因为如果没有媒体，我们就更容易受到各种来路不明的谣言的蛊惑。

传统媒体在传播正确信息与观点方面发挥着至关重要的作用。他们能够推动事实核查与质量控制的标准，碎片化的现代媒体却缺乏这方面的能力，而这种能力在当今时代比以往任何时候都显得更加重要。新闻公正就像是帮助我们抵御党派偏见的坚强堡垒，但是虚假平衡不仅会损害这种优势，还可能让那些危险又荒谬的观点看似合理，并得以广泛传播。最终，这种诡辩只会加深我们之间的分歧，让我们了解到的真相更少。

16 “回音室”里的故事

Tales from the Echo Chamber

想要预测未来绝非易事。1936 年美国总统选举就是非常经典的例子。参与此次竞选的分别是时任总统富兰克林 · D. 罗斯福（Franklin D. Roosevelt）与堪萨斯州州长埃尔夫 · 兰登（Alf Landon）。当时经济大萧条已经持续了 8 年之久，导致国家凋敝。4 年前罗斯福推行经济“新政”并最终赢得大选，其中社会保障和失业救济等政策更是深得民心。尽管如此，他在推进改革的过程中还是在国会与法院遭遇到了不少阻力。有些人因为财政方面的原因反对，兰登则指责罗斯福仇视商业。政治学者们纷纷预测两人之间将展开一场势均力敌的竞选。

当时很多报刊争先恐后地开展大选结果预测，其中领头羊是《文学文摘》(*Literary Digest*)。这份题材广泛的周刊准确预测了自 1920 年以来的每次大选结果。他们当然渴望保持持续准确预测的记录，但民意复杂多变，想准确预测也并非易事。《文学文摘》认为，准确预测的唯一方法是招募前所未有的大规模样本人群。这是个合理的想法，他们也为此下了极大的决心，最终招募了将近 1 000 万人——几乎是当时美国选民总数的四分之一。当年 8 月期的杂志社论信心满满地宣称，他们的民调将预测 11 月即将到来的总统选举结果，“相比 4 000 万选民产生的真实结果不会相差百分之一”。最终共计 240 万人参与了这场民意调查，基于调查结果，《文学文摘》杂志颇为自信地预测了一个看起来显而易见的结果：兰登会赢得大选，因为调查显示兰登将获得 57% 的选票，大幅领先罗斯福 43% 的选票。

但这一预测并未成真。兰登非但未能成为第 33 任美国总统，而且票数远远低于罗斯福。事实上，罗斯福以压倒性优势再次赢得大选，拿下了除佛蒙特州和缅因州之外所有的州。更令人称奇的是，有一位名叫乔治·盖洛普（George Gallup）的年轻统计学家，在完全没有报刊资源的情况下做出了精准的预测。盖洛普仅仅根据 5 万人的小规模调查就做出了预测，样本量只有对手的 1/50。这一切从表面看来似乎有悖常理，因为我们都知道样本越大，结果应该会越准确。那么，为什么《文学文摘》招募了为数众多的受访者，最后的结果却完全是错误的呢？

这一问题的根本原因非常微妙，也非常关键。为了获得最大规模的数据，《文摘》是通过三个现成的名单来招募受访者的，即杂志的读者群、电话号码簿和汽车登记记录，而问题正是出在这里。如果你属于三者其一，那你很可能比当时普通的美国人富有得多。另一个问题是，接受民调的人群中只有一部分人选择成为受访者。所以这个样本看似庞大，实则存在不可避免的偏差与扭曲，根本无法代表真正的选民群体。预测失手后，杂志本就灰心丧气，盖洛普的预测更让他们恼羞成怒。因为盖洛普不仅准确预言了大选结果，还预言了他们所犯的错误，甚至还根据他们的数据来源和可能的偏差，准确预测出了《文学文摘》的民调结果。《文学文摘》为这次错误付出了惨重的代价，最后一蹶不振，声名狼藉。而盖洛普正好相反，他以此为契机创建了以自己的名字命名的民调公司，至今依然风头强健。

对于我们当今的时代，这一事件留下的教训比对 20 世纪 30 年代更为紧要。《文学文摘》杂志手握规模上百万之众的大型样本，却还是做出了错误的结论，因为他们没想到这些受众其实并不能代表总体人群。当然，《文学文摘》还犯下了一系列相互关联的错误，其中一些在前面几章中已经提过，如“确认偏误”，扭曲的样本，甚至还可能存在“一厢情愿的想法”。但就总体而言，他们最大的失误还是错误地认定他们的受访者能够代表总体情况。杂志的挫败留给世人一个警示。人们常常出于有意无意的原因，待在“回音室”内反复倾听与自己相似的意见，而对于那些和个人观念不符的事实却充耳不闻，结果是有些时候会因此酿成惨剧。

我们身边或多或少一直存在各种“回音室”，比如政治立场不同的报刊，或是观点各有偏颇的电视节目。不过，这一问题在当今世界显得更为迫切，危害也更加严重。这里面的原因说来似乎有悖直觉，那就是我们对互联网的过度依赖。这听来确实令人费解——我们原本天真地以为互联网会带来充分的言论自由，让我们有机会接触到以往听不到的各方意见。我们正是怀着这种急切而乐观的心情拥抱了这项新兴技术。但现实却并不如想象中那样美好，我们所生活的时代，到处是基于算法的信息过滤，四周充斥着目标明确的定向广告，这些会进一步影响到我们会获得哪些信息。社交媒体网站看似公开自由，实际上也依赖广告收入，所以会为自己的利益不断投放定向广告。总而言之，我们就是产品。

说到底，这些操作都是为了想方设法让我们接触到自己喜闻乐见的各种内容与观点。这些算法能够精确估算我们想看的各种内容，预测我们会喜欢什么，同时剔除那些我们可能会反感的信息、观点与意见，将我们包裹在舒适的气泡中。他们精挑细选，为我们量身定制喜欢的内容。这种对信息的把关，会显著影响到我们接收与加工信息的方式。而近期更有数据显示，社交媒体已经变成我们主要的新闻来源，有时甚至是唯一的来源。互联网活动家伊莱·帕里泽（Eli Pariser）把这种情况称作“过滤气泡”（filter bubble），他批评社交媒体为了狭隘私利而刻意讨好用户，内容中“糖果过多，胡萝卜不足”，没有实质内容。拥有 16 亿活跃用户的脸书（Facebook），就为我们研究“自我选择”（self-selection）提供了足够的例子。作为全球最受欢迎的社交媒体，脸书的商业模式在于向大量用户定点投放广告，此外它也因滥用用户信息而声名狼藉。

互联网目前仍处于襁褓时期，它所造成的影响依然存在争议。考虑到数据还不明确，我无法草率断言信息过滤技术会给全社会造成哪些恶劣的影响。技术本身并无好坏善恶之分，重要的是如何运用这些技术。在有些情况下，确实需要预先判断用户的兴趣。假如一位冶金学家和重金属乐迷同时搜索词条“金属的种类”，想必会得到截然不同的结果，这种分层[1]有助于节省大家的时间。可当我们把社交媒体作为个人思想观念的晴雨表时，问题就出现了。如果我们只选择那些支持个人观点的信息，摒弃那些对立意见，那么再荒谬的想法也可能获得网络上的支持，并误以为在现实世界中也能得到同样认可。这样很容易形成公共舆论层面的确认偏误——看似有很多支持和佐证，其实不过是道听途说的传闻。我们在前文已经说过，这类错误很容易影响决策，让人做出错误的判断。

简单粗暴的信息过滤还会造成一些匪夷所思的错误。脸书是当今互联网最受欢迎的社交媒体，它在本想清理平台上的裸体图片时，弄巧成拙，让自己栽了跟头。其中有名的例子就是脸书对挪威作家汤姆·埃格兰（Tom Egeland）一篇文章的处理，舆论为之哗然。埃格兰于2016年发表了一篇有关战地摄影作品的文章，其中引用了摄影家黄功吾（Nick Ut）深入人心的作品《战争的恐怖》（*The Terror of War*）。这张著名的摄影作品聚焦于一名九岁的女孩潘金福（Kim Phúc），在越战最为激烈时的一场汽油弹袭击后，她全身赤裸惊恐地奔逃。此番恐怖的景象永远印在了美国人的文化意识中，这张作品也获得了1973年普利策摄影奖。可是脸书全然不顾语境，无视这张照片的历史意义，刻板地执行公司规定，竟然封杀了埃格兰的网页。挪威媒体和政界对此立

1　我本无意在此使用双关语（“分层”的英文 stratification 既可以表示地层，也可以表示人群分类），但还是保留了这样的表达。

刻提出严厉指责，这也在世界范围引起了质疑，最终迫使脸书做出妥协。不过，脸书网站粗暴筛查的问题依然很严重，比如有关母乳喂养、医疗和艺术话题的网页常常被封，可有些仇恨团体的网页却安然无恙。

如今自我选择的潮流愈演愈烈，但这并不都是网络巨头的责任。这股潮流早已超越了社交媒体，触及了人性，因为每个人在内心深处都渴望能根据自己的选择来构建现实。尽管我们都担心算法最终会决定一切，可基于脸书上1010万用户资料的研究发现，用户对网页内容的明确选择对于推送内容的影响远远大于标准化的筛选算法，在避开相反意见方面也是一个更主要的因素。归根结底，大部分的筛选和选择都是我们自己做的。实际上，网络上的“回音室”可能不会比我们现实生活中的大多少，只是更容易走向极端罢了。《美国科学院院报》在2016年的一项研究中发现，错误信息特别容易在网络上蔓延，原因在于网络用户倾向于“扎堆组成志同道合的小群体，导致个人意见进一步强化，滋生确认偏误、造成隔离甚至极端化倾向”。

在某些方面，网络用户会自然而然地聚集在一起，形成自我肯定的回音室。麻省理工学院的研究者马歇尔·范阿尔斯廷（Marshall Van Alstyne）和埃里克·布林约尔松（Erik Brynjolfsson）早在1996年就已经预言会发生这种情况，他们将其称为“网络巴尔干半岛化”（cyberbalkanisation），意思是像巴尔干地区那样分崩离析、各自为政的状态。作者在这篇文章中提出，当时刚萌芽的互联网可能打破传统意义上的壁垒，但也可能带来有害的偏狭：

> **通过IT技术具备的定制访问和搜索能力，每个人都可以专注于与其用户资料相匹配的职业兴趣、音乐与娱乐内容，也可以选择只浏览那些符合个人偏好的新闻与分析报道。每个人都有权力筛除不符合个人偏好的内容，这会导致形成“虚拟派系”，故意隔绝对立意见，强化自己的偏见。互联网**

> 用户会寻求志同道合的伙伴进行交流，不愿意相信价值观不同的人所做的重要决策。这是一种自发形成的巴尔干半岛状态，人们无法充分共享彼此的经验与价值观。无论是对管理松散的组织，还是对民主社会的结构而言，这都是有害的。

事实证明，这一观点确为真知灼见，比互联网的大规模使用和社交媒体的出现都早了好几年。事到如今，确实出现了恶性循环，人们通过自我选择不断获得积极的反馈，导致个人认知出现偏差，日益偏离现实世界。我们在此不妨看看推特（Twitter）的例子。作为一个微型的博客平台，推特上的帖子通常都是公开的；但这丝毫不会削弱回音室效应，因为用户们获得的新闻推送都来自他们所选择关注的人。

媒体的传播渠道在短短几年内发生了天翻地覆的变化。过去的信息是从新闻直播室传遍全世界，记者和编辑组成的工作团队可以保障新闻的质量，核查事实细节。这样虽然也不完美，还有很大的提升空间，但这种传统模式至少可以保证最基本的新闻品质与职业操守。传统媒体的新闻报道、观点与专题往往立场明确，背景扎实，但是在千禧年后的短短几年里，这一切发生了巨大的变化。

如今我们大多数人都通过网络来了解新闻。总体而言，这些新闻也并非直接来自传统媒体的数字信息中心，而是散乱分布在社交网络里。这样一来，我们就成了自己的情报收集员，可以有选择性地遴选信息，甚至断章取义。我们一旦成为自己的新闻编辑，自然更愿意强化自身偏见，而不会刻意去挑战自己的观点。在选择收集新闻的时候，也更关注那些符合自身认知的信息，让我们更确信自己的世界观是正确的。面对海量信息，我们很容易就能找出几篇与自己三观一致的文章，还有大量作为补充的博客内容或“油管”视频。我们不是简单地根据上下文接收信息内容，而是做了一本数字化的剪贴簿，里面都是我们自己信以为真的内容，尽管未必是事实真相。

在脱离了具体语境和观念壁垒后，网上经常充斥着非常极端的意见，代表着分庭抗礼的对立阵营。在这种简单粗暴的视角下，任何问题都被简化成了二元对立：不是好的就是坏的，不是对的就是错的。正如我们在前文所说的，这往往是一种虚假的对立，完全忽视了其他可能的意见。如果双方都只是接受与自己观念吻合的信息来源，每一个观点每一条论据都非常主观，那要让他们达成某种共识真是难上加难。更糟糕的是，他们甚至在一些基本事实问题上都无法达成一致，结果两极分化愈演愈烈。2016 年，哥伦比亚大学新闻学院曾发表过一篇文章，探讨社交网站的影响，其中恰好说明了这个问题：

> **合格的新闻中也混杂着未经核查的信息与观点。谣言与八卦四处流传。我们把这种情况称为“数字碎片化”。新闻公司……被迫削减成本，不再有足够的能力提供严谨扎实的新闻报道、背景材料和分析评价。数字碎片化带来的后果之一就是两极分化。面对毫无事实依据的观点与谣言，人们越来越喜欢简单快速地“赞”或“踩”……我们也许正在逐步丧失区分信息与观点的能力。**

皮尤研究中心通过调查发现，千禧一代（这里是指那些 20 世纪 80 年代中期以后出生的人们）中 66% 的人主要通过社交媒体来获取新闻。类似研究也得到了更明确的结果，大约 40% 的用户都曾因政治意见相左而删除过社交媒体上的联系人。这说明我们不仅喜欢修建高墙来保护花园，还喜欢把花园修剪成更统一均匀的模样。这种明显的确认偏误让我们对他人提出的中肯批评置若罔闻，却又不知不觉地走向更为严重的刻板教条。这个问题不仅存在于社交媒体，连谷歌这类搜索引擎也深受其害。谷歌采用了各种算法来为网页排序，而受欢迎程度在很大程度上会影响到搜索结果的顺序。而搜索引擎会根据以往的搜索结果来建立庞大的用户数据库，这时就可能会为了迎合用户的口味，让偏见变得更为严重。

“回音室”的问题还可能威胁到我们的身体健康，在这方面，替代疗法群体也是非常典型的例子。我们在前几章曾提到过的 whatstheharm.net 网站，上面记录了许多令人痛心的案例，都是人们经不起诱惑，采用替代疗法代替有效治疗，最终酿成的惨剧。正是这些“确认偏误”的“回音室”怂恿人们去相信那些匪夷所思的奇谈怪论。说到这类问题会带来多么危险的后果，我们不妨看看这种趋同思维中最惨痛的形式——对艾滋病的否认。HIV 从非洲丛林中流出肆虐全球的故事，可谓是非常骇人听闻的一段历史了。HIV 的起源至今仍不明确，但我们已经知道它与中非和西非的非人类灵长动物的免疫缺陷有着密切的关联。大约在 19 世纪末期到 20 世纪初期这段时间，这类病毒跨越了物种间的屏障，传染给了人类。那些为了获取蛋白质而在丛林中捕食肉类的猎人可能被猩猩咬伤，或者在宰杀过程中发生血液接触，由此促使了病毒传染。

一经传染，带病毒者起初并没有什么症状。慢慢地，病毒载量的增加会逐步侵害免疫系统。在随后几年内，患者的免疫系统抵抗日常侵害的能力显著降低，最终发展成获得性免疫缺陷综合征，也就是艾滋病（AIDS)。此时患者体内的 CD_4+T 细胞数量急剧下降，完全无法抵挡伺机入侵的各类感染，也无力抵御癌症，全身各个器官系统均受到损害。如果没有条件治疗，就几乎等于被判了死刑。在最初的数十年里，凶险的病毒始终被限制在非洲丛林深处，但它一直蠢蠢欲动，伺机反扑，想要永久限制住它只怕是不太可能。最初孤立发生的病例可以追溯到 1959 年的刚果（当时还是比利时的属地），还有一位美国少年在 1969 年染病身亡。最为普通的毒株 HIV_{-1} 于 20 世纪 60 年代中期从刚果民主共和国传入海地。大约在 1969 年前后，一名感染者从海地前往美国。尽管当时的人们毫不知情，但他这趟旅程却成了极其重要的历史事件，因为全球除非洲撒哈拉沙漠以南的几乎所有 HIV 感染病例的源头都是这名感染者。

因为潜伏期较长，病毒得以长期存活并逐步站稳脚跟。直到 1981 年 6 月，美国疾病控制中心在洛杉矶发现了五例集中爆发的罕见病例——这些本应该年轻力壮的青年都感染了一种肺炎，但通常情况下，只有在免疫力极度低下的情形下才会患上这种肺炎。在随后的几个月里，很多年轻的同性恋开始一病不起，病因都是与免疫系统抑制有关的各类感染。此外，卡波济氏肉瘤（Kaposi's sarcoma）原本是一种非常罕见的癌症，当时忽然变得很常见，美国各地的很多男性病患身上都出现了标志性的红色结节。新病例随后大量爆发，到 1982 年时，这种病已被命名为“同性恋相关免疫缺陷”，而在同性恋群体中，它有一个更为耸动的名字：同性恋癌。

这个名字在短短几个月间便失去了意义。静脉注射吸毒者、血友病患者和来自海地的移民群体中也开始爆发病例。到 1983 年，疾病危机已经传遍全球，美国疾控中心也启用了新的名称：艾滋病。同年 1 月，巴黎巴斯德研究所（Pasteur Institute）的弗朗索瓦丝·巴雷-西努西（Françoise barré-Sinoussi）和吕克·蒙塔尼耶（Luc Montagnier）公布了研究发现，他们从一位艾滋病患者的淋巴系统内分离出一种可以杀死 T 细胞的逆转录酶病毒，他们也因此最终一起获得了诺贝尔医学奖。与此同时，美国科学家罗伯特·盖洛（Robert Gallo）开展的独立研究也发现，这种病毒可以导致艾滋病。直到此时，这个病毒才终于有了如今广泛使用的名称：HIV。

病因一旦查明，人们便开始急切寻求治疗方法。美国国家过敏与传染病研究院（National Institute of allergy and Infectious Diseases）的安东尼·S. 福西（Anthony S. Fauci）沉重地告知美国公众，美国已经有超过一百万人感染，十年内的感染人数预期将会增加两倍甚至三倍。科学团队殚精竭虑，孜孜不倦地寻求攻克病毒的办法，直到1987年，第一个针对HIV的抗逆转录病毒药物“齐多夫定”（AZT）终于问世了。

抗逆转录病毒治疗（ART）的问世，是攻克艾滋病战役的一道分水岭。以往的研究者曾对HIV导致艾滋病的观点提出质疑，不过有关证据很快表明，这一观点是毋庸置疑的。在广泛共识的背景下，有一个例外显得特别惹眼，那就是彼得·迪斯贝格（Peter Duesberg）。此人在当时不仅是一位德高望重的科学家，还是美国国家科学院（National Academy of Science, NAS）院士。迪斯贝格声称HIV病毒是无害的，艾滋病实际上是同性恋为了使用罂粟（亚硝酸异戊酯）这类药物的一个理由。迪斯贝格还指出AZT药物会导致艾滋病，而当时大量证据充分说明他的观点根本就是空穴来风。作为美国国家科学院院士，他动用私权，未经同行评议就发表了一篇文章，大肆宣扬自己的错误理论。面对这种滥用私权之举，期刊编辑无奈地做出了让步，但是说：“如果你打算把这些未经证实、含糊其词且充满偏见的观点公开发表，那就悉听尊便。但我觉得任何受过科学训练的读者都不会对此信服的。”

迪斯贝格并没有有力的佐证，他的武器就是自己的声望与话术。这些荒谬的观点很容易就被其他研究者拆穿，曾经德高望重的学术权威也就此走下神坛。他还想继续通过《自然》杂志宣扬自己缺乏证据的错误观念，但是被杂志编辑约翰·马多克斯（John Maddox）拒绝了，马多克斯表示：“再也不会有人会回应他那些花言巧语了。”但是迪斯贝格已经种下了怀疑的种子，他的奇谈怪论也在替代疗法的小圈子里赚到了一些人气。他关于AZT会导致艾滋病的说法又正好迎合了一些人的阴谋论，认为大药厂为了利益不择手段，故意布下阴谋。另有谣言说，艾滋病是为了消灭某些不受欢迎的人群而人为制造出来的，这又进一步加剧了人们对大药厂的怀疑。

在艾滋病疫情严重的社区，上述谣言更容易蛊惑人心，而且难以动摇。时至今日，大约半数的美国黑人还是认为 HIV 是人为制造出来的生化武器，目的是遏制穷人、黑人、同性恋和拉丁裔的人口数量。这样的想法是离不开具体社会背景的。美国黑人长久以来一直是各种不公正制度的受害者，而他们在新增 HIV 感染人群中又占据了很大的比例。在艾滋病肆虐的黑人社区，这些观念往往变得深入人心。其危害并不仅仅是某些抽象的知识缺失或观念错误，还可能进一步阻碍疾病的治疗与预防，因为人们会错误地认为无论采取什么措施都会染病，由此也不愿意采取预防措施。

艾滋病疫情最为严重的是男同性恋群体，该群体遭受的污名化伤害也最严重。在性解放运动开始后，同性恋群体的作风更为大胆。他们常用的性行为也有很高的染病风险。当艾滋病恐慌达到顶峰时，男同性恋们遭到了各种污蔑和歧视。当时有些科学家为遏制危机四方奔走，但罗纳德·里根（Ronald Reagan）领导的美国政府依然不以为意，疾控中心屡次请求资助均遭到否决。当里根总统最终于 1987 年承认事态严重时，已有将近 2.1 万人染病身亡。当他于 1989 年离职时，这个数字已经猛增至 7 万有余。白宫的漠然态度背后是一种恶劣的思维习惯，即对最苦难人群的冷漠与无视。除此以外，公众不仅愚昧无知，而且公然“恐同”，同性恋男子常常被视为是“不洁净”的，宗教狂热分子甚至宣称艾滋病是对同性恋者公然违背“天命”的报应。当时很受欢迎的浸信会牧师与电视真人秀明星杰瑞·福尔韦尔（Jerry Falwell）甚至说过这样的话：“上帝并非用艾滋病来惩罚同性恋者，他所惩罚的是纵容同性恋的这个社会。”

在如此压抑的仇视氛围中，同性恋群体比其他任何亚文化群体都更为孤独失落，这也难怪有些同性恋男子拒绝接受科学的观点。这些人为数不多，但声音不小，而且随意地接受了迪斯贝格的一些观点。1992 年，伦敦的社会活动家乔迪·威尔斯（Jody Wells）创立了一份名为《连续统》（*Continuum*）的刊物，旗帜鲜明地否认艾滋病的相关事实，声称 HIV 不会导致艾滋病，甚至还质疑 HIV 是否真实存在。刊物工作人员拒不认可 HIV 药物的疗效，反而不断宣传一些非常规治疗方法。《连续统》全体编辑人员最终都不幸死于与艾滋病相关的疾病，刊物也最终在 2001 年停办。

可惜《连续统》刊物的工作人员并不是这些愚见最后的受害者。此后几年，其他一些否认艾滋病的人士也因此断送了性命。可这股毒性思潮时至今日仍在流传。1999 年，塔博·姆贝基（Thabo Mbeki）在成为南非总统后，尽管该国 HIV 感染率一直居高不下，竟然也对艾滋病持否认态度。他在就职期间完全无视科学建议，反而大量听取否认主义思潮的错误意见。他甚至拒绝向 HIV 阳性患者提供抗逆转录病毒的药物，斥责那些都是“毒药”。他还为自己建起了一个“回音室”，将观念一致的曼托·查巴拉拉-姆西曼（MantoTshabalala-Msimang）任命为卫生部长。结果她提倡用大蒜、甜菜根和柠檬汁取代 ART 药物来治疗艾滋病。这种匪夷所思的做法在医学界及南非国内引起了人们强烈的担忧，此人也被蔑称为“甜菜根医生”。为了应对姆贝基政府的危险政策，5000 名科学家与医生于 2000 年共同签订了《德班宣言》（*Durban Declaration*），一致明确声明 HIV 就是导致艾滋病的元凶，并对南非政府采取的否认立场提出了严厉的批评。

可惜这些忧虑依然遭到了漠视。姆贝基反而任命组建了一个科学委员会，其成员大多数都是对艾滋病持否认观点的人士，其中还包括迪斯贝格本人。这个委员会再次无视科学界的基本共识，主张用所谓的整体医疗和替代疗法取代抗逆转录病毒治疗来对抗 HIV。姆贝基政府无视医学意见，偏听偏信，执迷不悟，最终付出了惨痛的代价——当他于 2008 年卸任时，大约有 34.3 万至 35.4 万艾滋病患者因治疗不当而死亡。

这一惨剧充分说明了“回音室”带来的极大危害：达成群体共识并不能绕开残酷的现实。“回音室”只不过是范围更大的采樱桃谬误与确认偏误。更重要的是，我们必须努力保持警惕，避免让自己的社交圈也沦为“回音室”。受到广泛认可的观点也不应免于批评检视，正相反，真正强有力的观念就该经得起检验。“回音室”的问题自古有之，但是在互联网时代可能会变得更为严重，会加剧分裂，在当代世界造成两极对立。在我们身处的这个时代，无论是多么荒谬、陈腐或危险的观点都可能轻松地找到世界观一致、相互应和的同道中人。

志同道合的团体有助于强化社会的凝聚力，但如果人们对与之矛盾的证据置若罔闻不予理睬，这样的团队是毫无意义的。当然，信息不可能存在于真空中，若想深刻理解我们当今面临的各种挑战，就必须了解信息是如何传播的，又是如何被歪曲的。

17 愤怒制造机
The Outrage Machine

对于美国康涅狄格州纽敦镇的居民而言，2012 年 12 月 14 日是一个黑暗而令人悲痛的日子。就在当天上午，20 岁的亚当·兰扎（Adam Lanza）迈进了当地桑迪胡克小学的大门。当时并没有人知道，兰扎已经用一支杆栓式步枪射杀了自己的母亲，更没有人知道他在弑母后还拿走了母亲的“大毒蛇”步枪。他用这把偷来的枪，在学校里四处扫射，一共射杀了 20 名 6 岁到 7 岁的学童和 6 名学校老师，最后，他又把枪对着自己的脑袋扣动了扳机。就在这短短不到 5 分钟的时间里，宁静的桑迪胡克小学突遭浩劫，成为美国历史上最惨重的校园枪击案之一的发生地。

这场骇人听闻的屠杀发生得毫无征兆。没有什么特别的目的，也没有精心的谋划，只是一名内心藏着深深不安的年轻人的疯狂之举，这举动摧毁了许多幸福的家庭，让全国上下为之震惊。而受害人尸骨未寒，精致的利己主义机构“美国步枪协会”（National Rifle Association, NRA）就启动了“损害控制”模式——面对众多证据，他们辩解说虽然人们可以轻松获得枪支，但这与其后发生的惨剧并无关联。[1]转眼之间，桑迪胡克就成为一场持久激辩的代名词，对立双方围

1 “美国步枪协会”的说法是绝对错误的。现有证据有力地表明，只要人们能够获得枪械，那他们出于恶意使用枪械的风险也会显著增加，由此让公众更不安全。在全世界大多数地方，枪支买卖都是受到限制的，公众也广泛认可这一点，但在美国却仍然是具有争议的问题。

绕枪械管制法的问题重燃战火。当然，事态如此发展也算是意料之中。长久以来，美国国内有关枪支问题一直有着针锋相对的两种立场，每一场新的枪击惨剧都会让争议再次成为公众的焦点。枪击惨案无疑会引起民情激愤，但没有人会想到，有一方将会在受害者父母的伤口上撒盐。

各大媒体刚刚在黄金时段播出了枪击案的新闻，阴谋论就开始运作，各种奇谈怪论开始出现。像往常一样，在专注于阴谋论的网络论坛上，那些唯恐天下不乱的人们众口一词，拒绝接受官方的说法，反而捏造了另一个版本的故事：桑迪胡克枪杀案是一起伪造的事件，目的是为枪械管制立法来收买人心。在这些人的心里，这场悲剧完全就是个障眼法，是一场为了愚弄公众而精心设计的闹剧而已。对大多数人而言，这种说法真是匪夷所思，荒唐的逻辑与结论真让人百思不得其解。可确实有不少人真的开始相信，桑迪胡克只不过是个“伪旗行动”(false-flag operation)。

我们都知道目击证人的陈述常常相互矛盾，在争分夺秒的新闻周期中也难免出现一些无关痛痒的细节出入。那些自称知道桑迪胡克真相的人们伺机而动，抓住报道中每一处细小或难免的失误大做文章，就为了证明新闻报道是在掩盖真相。无论多么微不足道的矛盾出入，都会被他们大肆渲染，成为言论的武器。这简直是教科书式的“确认偏误”，这种分析看似目光犀利观察入微，实则严重歪曲事实，固执己见，且整套说辞漏洞百出。枪击案发生仅仅两天后，有人就在“油管”上面上传了第一条否认枪杀案真实性的视频，数千条同类视频紧随其后，纷纷涌现。

在这之后，所有有类似想法的人，开始梳理新闻报道，希望能够证明整个事件就是一场骗局，其目的是为了剥夺美国宪法第二修正案赋予他们的“拥有和携带武器的权利”。我们在很多人身上都能看到这种荒唐的逻辑，奥利·泰茨（Orly Taitz）就是其中之一。他说：“亚当·兰扎是不是被人下了药，遭人操控才变成了杀人机器，从而被政府作为在经济崩溃之前收缴人民自卫工具的借口呢？”事实上，新闻报道与名人的支持产生的恶劣影响要远远超出其应有的范围。广播界名人、阴谋论家亚历克斯·琼斯（Alex Jones）所扮演的正是这么一个不太光彩的角色，他利用自己的名声，把这不堪一击的错误逻辑传播给了两百多万忠实听众。枪击案发生不过 5 分钟后，琼斯的热门网站就提出一个问题，怀疑这场血案是不是“一个邪恶预谋的一部分”。[1]

这种伪装成诘问形式的指责一发不可收拾，很多类似的版本随后很快在互联网上出现并传播开来。比妖言惑众更糟糕的是，这种扭曲的逻辑伤人至深，如果接受了这种所谓的真相，就等于说受害人家庭才是整个骗局的罪魁祸首。根据这种颠倒黑白的说法，悲痛欲绝的家长丝毫不值得同情，他们不过是一群演员，帮助邪恶的政府故布疑阵挑起事端罢了。原本只是可怜的家长，却被所谓的“真相运动”定义成了毫无人性、背信弃义的“危机演员”，简直就是现代版的该隐[2]。

对受害者家人的攻击来得密集而且迅速。有时是伪装成一些提问，本质上是极不恰当和极冷酷的，比如询问家长们孩子死去时的各种具体细节。而更为常见的，是赤裸裸的断言与蛮横无理的胁迫。吉恩·罗森（Gene Rosen）就成了这种攻击的受害者。在枪击发生时，他打开家门，帮助六名学童和一位司机躲开了弹雨。即便如此无私英勇，罗森却未能幸免于各种网络骚扰，甚至有人一口咬定他是政府阴谋的共犯。此外，刚刚在枪击案中失去了女儿埃米莉的罗比·帕克（Robbie Parker）在接受 CNN 的采访后，被一个网名“恐怖行动”的人无端指责，他一根筋地认为罗比的悲伤是装出来的。

这些指责并不只在网络上流传。甚至有人专门前往纽敦镇，当面

1　这种“提问而已”的策略非常常见，其真实的目的是用提问的形式抛出无端的指控或荒诞的猜疑。现在甚至已经成了一个缩略词 JAQ（Just Asking Questions）。

2　该隐是《圣经》故事里面的人物，是人类祖先亚当和夏娃所生的第一个儿子，他杀了弟弟亚伯。在西方文化里，该隐是杀亲者的象征，也是恶人的祖先。——译者注

指责骚扰那些居民。就在枪击惨案发生几天后，一个假称是兰扎亲戚的人来到该镇，拍摄各种视频上传到网络上，自称是要证明整个小镇都是一场骗局。还有人给受害人家庭寄去言辞歹毒的信件。一位名叫维多利亚·索托（Victoria Soto）的老师在袭击中为了保护学生而英勇牺牲。惨案没过几天，就有人拿着她的照片当街拦住她的姐姐，要求她承认根本就没有什么枪击案，而且也从来没有维多利亚这样一个人。2014年5月，为两位受害者格蕾丝·麦克唐纳（Grace McDonnell）和蔡斯·科瓦尔斯基（Chase Kowalski）在运动场修建的纪念碑，也被人偷走了。不仅如此，小偷还给格蕾丝的父母打电话，宣称孩子的死只是个骗局。此人后来被逮捕，被盗的纪念碑也终于归回原位。

在各种荒谬的遭遇之中，莱尼·波茨纳（Lenny Pozner）的遭遇算是最离谱的。波茨纳原本有个儿子叫诺亚，他曾为这个漂亮可爱的孩子拍下了很多好看的照片。当儿子遇害后，他的照片时刻提醒人们，在冰冷的数字背后还有着无可估量的人情代价，而这些照片也成了控枪辩论中震撼人心的画面之一。可是，那些所谓追求桑迪胡克小学事件真相的人立即展开攻击，宣称这些照片都是为了操控公众情绪而伪造的，其中很多人甚至不依不饶地怀疑从来就没有过诺亚这个孩子。这种否认的观点令人难以置信，波茨纳也倍感困惑，于是他公开了诺亚的死亡证明，希望可以帮助所有纽敦镇的受害家庭消除这些质疑和骚扰。令人心寒的是，波茨纳的英勇之举丝毫没有换回哪怕一丁点同情与理性。那些所谓追求真相的人不依不饶地宣称死亡证明也是伪造的，甚至对他进行了卑劣至极的人身攻击。铺天盖地的电子邮件、信件和电话随即将受害学童的家长们淹没，疯狂地指责他们说谎，宣称孩子的死都是虚构伪造的骗局。而这些人最终没有受到任何惩罚，这令受害人的家庭更加心碎。在“油管”上有一条标题是“去你的，莱尼·波茨纳”，标签赫然是“诺亚·波茨纳”“骗子”“恋童癖”这些字眼。与纽敦镇其他很多受害人一样，波茨纳的信箱中充满了各种不堪入目的诽谤与恶意攻击。连诺亚这个从未伤害过任何人却惨死于非命的孩子，也未能免于遭受嘲弄和侮辱，实在令人心寒。

面对铺天盖地的诋毁与责难，当地居民们展现出了非同寻常的坚强品质。波茨纳和其他家长不愿让受害的孩子们继续遭受这些污蔑，这其中甚至不乏一些种族歧视或性暗示的卑劣手段。波茨纳和其他家长一起创立了一个名为 HONR 的组织，目的是为了“让人们意识到这种制造谎言的行为不只是冷酷无情，而且是犯罪。有些人会对重大灾难事件的受害者及其家属进行污蔑、骚扰和感情欺凌，如有必要，应对他们提起民事或刑事诉讼。我们将采取一切法律手段，要求那些欺凌者必须为自己的行为负责”。正如有些人拒绝相信“9 · 11”事件，这些所谓追求真相的人虽然口口声声地要寻求真相，实则不辨真伪，颠倒黑白，他们真正的目的不过是宣扬散布他们自以为是的世界观罢了。正因如此，HONR 组织根本不愿意让他们与“真相”一词沾上任何关系，而是选择了一个更贴切的字眼——“谎言制造者”。

桑迪胡克小学受害者的家庭遭受了双重的伤害，这是极其不公正的；在不相信那些阴谋论的人们看来，这更是令人难以置信。不过这一事例也令人警醒，让我们意识到“回音室”效应可以造成怎样可怕的后果。人们在隔绝的环境中很容易相信一些奇谈怪论，但要让一群人固执己见，甚至还理直气壮地去骚扰别人，那还需要一定的“临界质量”。在桑迪胡克事件中谎言制造者的推动下，原本微不足道的流言蜚语又经过了网络阴谋论的熔炼。在这些自我封闭的气泡中，再荒诞不经的观点也不会遭到挑战，反而还被不断怂恿扩大。缺少了重要的质疑与批评，整个群体只能听到鹦鹉学舌般所重复的他们自己的观点——这是由众口一词导致的自我维持反应。若要理解这一点，我们必须明白信息的来源有多么复杂。互联网让全世界的信息汇聚在我们的指尖，也正因如此，各种来路不正的信息也得以飞速传播开来。而人们往往缺乏区分信息来源是否可靠的关键技能。

这并非只是个无关紧要的小问题。人们生性喜欢在思想上靠近属于自己的回音室，这意味着这些问题会不断加剧。桑迪胡克惨案后发生的事情，让我们认清了错误信息源可能带来的危险。尽管新闻媒体对这场枪击案做了充分详尽的报道，但阴谋论者毫不理会这些信息来源，反而不屑地将其称之为“主流媒体”。像奥利·泰茨和克莱德·刘易斯（Clyde Lewis）这些著名的阴谋论者甚至还抛出了更阴险卑鄙的说法。亚历克斯·琼斯在这方面也尤为惹眼，他积极散布谣言，声称枪击案不过是个骗局。就在我写本章时，HONR 组织成功地以诽谤罪将琼斯告上了法庭。琼斯从此也变成了过街老鼠，他在各大社交网络上的平台也都被封了。尽管如此，还是有很多人不愿意相信常规的信息来源，尽管那些没有来由的想法荒诞不经，但他们却始终执迷不悟，信念难以动摇。正因如此，这些持有类似观念的人们才会理直气壮地去骚扰和折磨无辜的可怜人，甚至还以此为荣。

现在的问题在于，这些错误的信息源正迅速成为各种自身绝缘的回音室，把原本合情合理的现实信息都隔绝在外。在这样的氛围中，再荒诞的想法也会成为众口一词的信条，再无耻的行径也会成为受人称颂的壮举。所谓追求桑迪胡克事件的真相绝不是孤立的事件。五花八门的阴谋论中，无论是反疫苗运动还是登月阴谋论，信徒们其实都身处于大同小异的气泡之中。即使在政治话语中也不乏阴谋论，因为人们自我选择的偏见不可避免会造成认知上的扭曲。这些随声附和的信息源固然能够安慰人心，但就长远而言危害极大，且在精神健康方面的危害尤为明显。

一个典型的例子就是当今网络上方兴未艾的所谓“目标个体”（Targeted Individuals, TI）的群体。这些人坚信有群神秘人员正在监视自己的一举一动。他们甚至声称能听见头脑中有传递邪恶恐怖消息的声音。他们认为这些痛苦体验的根源是一种有关“能量武器”的神秘政府阴谋，而他们都是这场阴谋的受害者，是思想控制实验中可歌可泣的小白鼠。这个 TI 群体在过去几年发展迅猛，拥趸甚至还创建了一个名字意为“思想正义”的网站，这是一个注册的慈善机构，目的是阻止政府使用那些他们所设想的武器，无论是在“油管”还是更广泛的网络空间上，都出现了众多与此相关账号，声称“团伙跟踪”的现象正在四处蔓延。

事实上，这些人的这种感受还有一个更平凡也更可悲的解释：幻觉与妄想型精神分裂症。目前虽然没有关于这一现象的深入研究，但科学家洛林·谢里丹（Lorraine Sheridan）和大卫·詹姆斯（David James）发现，每一次有人宣称遭遇“团伙跟踪”时，他们都会发现这个人患有严重的妄想症。遗憾的是，想要说服这些人求医问药难上加难，因为“目标个体”群体坚信，咨询精神健康医生是不应该的。更为可悲的是，他们甚至像邪教组织一样连家人都不放过。如果家人说这个人可能有精神问题，那他会认为家人也遭到了蒙蔽，因此也不可相信。目前网络上出现了大量传播类似观念的网站，其危害性不容小觑。谢里丹曾忧心忡忡地说：“根本没有与之针锋相对的网站，也没有人可以让那些‘目标个体’相信这一切只不过是他们自己的幻觉。他们就这样禁锢在一个封闭的思想‘回音室’里了。”

原本患有精神疾病的人聚集在各种网络论坛上，而自我绝缘的气泡进一步加剧了幻想症的病情。这些病患最终无法获得正确的心理干预，有时甚至酿成惨剧。2014 年 11 月 20 日，新墨西哥州的律师迈伦·梅（Myron May）走进佛罗里达州立大学图书馆，朝着人群胡乱开枪，杀死 3 人，后来在与警方的交火中丧生。就在实施枪击前，他还在“油管”发布了一段关于自杀的文字，其中描述了自己作为“目标个体”的痛苦体验，并声称制造这场无差别枪击案的目的，就是为了提高公众对“目标个体”群体的意识。无独有偶，就在此案发生之前不到一年，阿龙·亚历克西斯（Aaron Alexis）在华盛顿海军造船厂（Washington Navy Yard）开枪，造成 12 人死亡、3 人受伤的惨剧。就在大开杀戒前，亚历克西斯也宣称自己是“目标个体”，一直受到“极低频电磁波”的伤害。值得说明的是，大部分精神病患者并不具有暴力倾向。但是在众口一词、拒绝求医的思想影响下，这些病患都无法得到应有的治疗。

上述种种问题的核心都在于信息来源，实际上也就是我们自身固守的偏见。互联网在理论上本应有助于我们接触到多种多样的不同思想，但人性深处的“确认偏误”却让我们更愿意去选择与自己观念一致的说法，听不进那些刺耳的对立意见。总有些擅长察言观色、望风而动的人会利用这种偏听偏信的倾向，投其所好地说些逢迎之词，从中谋取私利。

不妨以某些党派网站造成的风险为例，我们可以选择两个大相径庭的网站。其一是“自由社会”(Liberal Society）网站，其“标题党”特色明显，比如:“哇哦，桑德斯（Sanders）刚刚在直播中暴虐特朗普。特朗普气得冒烟。”这样的措辞显然是为了吸引左翼选民。其二则是与之形成鲜明对比的“保守派 101”（Conservative 101）网站，该网站也会用各种荒唐的噱头吸引右翼选民，使用耸动的标题，比如“南希·佩洛西（Nancy Pelosi）刚刚在台上精神崩溃大放厥词”。从表面来看，这两个网站内容截然相反，立场势如水火，可很多人都不会想到，它们竟是佛罗里达州同一家公司的手笔。2017 年新闻聚合类网站 BuzzFeed 曾在调查中发现，这两个网站上的一些新闻报道近乎雷同，除了刻意煽动受众情绪的标题与关键措辞外，其他内容几乎如出一辙。这背后的原因很值得玩味：极端党派的文章总能在网上引起强烈反响，文章越能煽动强烈的情绪，就越容易被人转发。疯狂转发又能提高广告投放量，进而给公司创造利润。其实这类网站上的大多数文章都是从常规新闻渠道照搬而来，只不过根据相应受众做了一些修改，以刺激人们更多去转发。

悲哀的是，这类情况已经变得稀松平常了。《纽约时报》2016 年的调查发现，“政治新闻和宣传材料都是根据脸书专门制作的，定位独特，设计精妙，是为动态新闻的受众度身定制的”。尽管这些新闻可能并不完全符合真实情况，却还是成为公众参政议政最重要的信息来源。当然，出现这种情况也是意料之中，我们早已看到，人们本来就喜欢寻找与自己三观一致的“回音室”，只要说些他们爱听的话，迎合他们内心固守的偏见，就能挣到大钱。正因如此，这些网站上才充斥着危言耸听的标题和言辞偏激的夸大表述。他们就是想要撩拨公众的怒火，这样才能吸引眼球。这些网站就是表现卓越的愤怒制造机，目的就是从中牟利。

在我们所接触到的各种信息背后，常常隐藏着各种利益集团和不为人知的内情，有的是政治势力的驱动，有的则是对利益的追逐。无论这些信息是多么赏心悦目，又或是多么骇人听闻，我们都应该谨慎求证，而不是急于转发。值得庆幸的是，有一些资源可以帮助我们进行求证。像某类历史比较悠久的网站会把一些惯犯标记出来，我们访问这个网站，就可以有效规避一些证据不足的转发消息。目前进行事实核查的网站也越来越多，主题涵盖了替代疗法和各类政治谣言。

我们都应避免成为错误信息的传播者，也应该避免自己被虚假信息所愚弄。在这个问题上，英国皇家学会的格言“不盲信他人”（nullius in verba）对我们每个人都有裨益。我们应时刻谨记，每个人都有责任检视各种言论的真伪，然后再决定是接受还是拒绝，而不是简单地根据自己的感受与喜好而偏听偏信，因为，新闻报道对我们的影响事实上远远超出了我们所意识到的程度。

18 那些糟糕的网红

Bad Influencers

健康与生活作家贝尔·吉布森（Belle Gibson）走下神坛的过程令人咋舌。在 2015 年之前，这位年轻的澳大利亚女作家一直广受赞誉，甚至被视为人生榜样。她曾身患多种癌症，但拒绝常规治疗方案，全心全意地使用替代疗法和自然疗法。尽管预后希望渺茫，癌细胞甚至扩散到了血液、大脑和子宫，但吉布森还是坚持不懈，奋力求生。她还经历了一次中风，差点死在手术台上，整个医疗团队都对治疗前景持悲观态度，但她却无视这些阻碍，最后竟然战胜各种困难，奇迹般地康复了。

置之死地而后生的奇迹让她名声大震，成为许多人心中希望的灯塔。她在网上的数十万粉丝，都为她的成功欢欣鼓舞。她奇迹般康复的故事也传遍了全世界，报章杂志都刊登了她的传奇故事，比如 *Elle* 和 *Cosmopolitan*，后者还将她誉为“本年度你所见过的最鼓舞人心的女性”。她随后推出的名为“保健”（wellness）的手机应用软件和健康食谱《健康大厨房》（*The Whole Pantry*），都广受追捧，很多出版公司也趋之若鹜，争抢她下一本著作的版权。苹果公司甚至用专机把她接去加利福尼亚州，为苹果智能手表 iWatch 上市而造势，这款智能手表上也有她的应用软件，软件的累计销售额超过了一百万美元。

但是，吉布森的励志故事表面上看起来光鲜耀眼，不久后就暴露出很多疑点。

最早出现的可疑迹象是慈善基金的挪用问题。吉布森素来以慈善家的形象示人，常常故作不经意地表示自己筹集了巨额善款。对此，费尔法克斯传媒（Fairfax Media）从 2014 年末开始着手调查，结果发现，尽管吉布森以五个慈善组织的名义大肆敛财，这些组织却从未收到过任何捐款。吉布森也用过另外两个慈善组织的名义，这两家虽然收到过捐款，但金额与吉布森声称的金额并不一致。吉布森吹嘘自己募集过 30 万澳元慈善款项，但似乎只有 7 000 澳元真正用在了慈善项目当中，而且其中大多数捐款还是在调查启动后才捐出的。

挪用经费的问题只是一个开始，此后又不断爆出很多其他问题，吉布森的光环很快就褪去了。有些人对她奇迹般的康复也产生了之前未曾有过的怀疑，而面对他人的质疑，她不能也不愿说出自己医生的姓名。还不止于此，她所说的外科治疗疤痕似乎并不存在，所谓的抗癌故事的各种细节也经不起推敲。起初，吉布森对这些质疑的反应并不积极，暗示说可能自己的病是被误诊了，但越来越多的人开始怀疑她在编造事实。面对大量的事实证据以及可能带来的犯罪指控，吉布森最终在 2014 年 12 月承认，她的所谓抗癌故事是捏造的，她从未患过癌症，也压根没有什么奇迹般的康复。

毫无疑问，这种接二连三的背叛引起了极大的公愤。吉布森很快就发现，把你捧上天的那些人往往也是最先把你推倒的人。当初对她大肆吹捧的那些媒体对她的欺骗行径表现得怒不可遏。但正是他们在第一时间把她推向了神坛，所以如今表现出的震惊和愤怒也显得不那么有说服力了。

如果没有那些人云亦云的奉承与吹捧，吉布森可能只不过是在“回音室”小团体里兜售医疗传奇的小骗子，绝对不会成为公众英雄和社会名流。吉布森的故事里充斥着贪婪、傲慢与狂妄，也离不开那些是非不分的媒体的推波助澜。毫无批判力的报刊记者非但没有谨慎地询问考证，反而夸大了她的谎话，还给她戴上了英雄的光环。虽然从一开始就有人警告这是伪科学，但这些报刊压根没有进行查实，就开始对贝尔·吉布森进行大肆吹嘘。对于这种吹捧性的报道，*Cosmopolitan* 杂志的作者劳伦·萨姆斯（Lawren Sams）是这么辩解的：“癌症是种相当可怕的灾难，所以对任何人的癌症诊断结果提出质疑是罪大恶极的。”这不过是为了推卸责任、牵强附会的借口，无论是细致询问吉布森的“病情”，还是采访她的主治医生，都是合情合理的。

之所以没有人向吉布森询问这些问题，是因为她正好符合读者市场所期待的典型人设——用陈词滥调堆砌而成、能在社交媒体上转发分享的励志榜样。简而言之，吉布森可能成为明星。这正好也反映出时下名人影响与流行观念中一个微妙却重要的点，而吉布森的故事正好适合那种易于推销的套路。但我们也不能忽略的是，吉布森之所以会被吹捧成主流文化的明星，与新闻媒体没有尽职调查有很大关系。其实早在骗局败露之前，就已经出现了各种警告性的迹象。比如，吉布森声称，自己患上癌症是因为她对宫颈癌疫苗“加德西”出现了身体反应。这种荒唐的说法原本就应该引起足够的警觉。此外，吉布森明确拒绝各种常规抗癌疗法，认为那些都不是自然疗法。她还宣称自己的痊愈得益于水果饮食、印度式草药疗法、颅骶疗法、结肠灌洗和格森氏疗法。而这些都是没有任何明确抗癌效果的伪科学。

媒体对上述疑点竟然毫不质疑，一味盲目吹嘘，无疑是在宣扬鼓吹这些虚假、危险的言论。吉布森的抗癌骗局确实骇人听闻，但更值得担心的是她所宣扬的那些荒谬的医学观点，以及媒体对这些危险的言论不加辨别和批判就直接传播的做法。其中最荒诞且有悖道德的是，吉布森宣称传统抗癌疗法作用不大，鼓吹那些替代疗法与自然饮食。不仅吉布森对此津津乐道，众多媒体也大肆宣扬。要是吉布森真的患了癌症，结局只怕也很惨，因为她自己吹捧的各种疗法不可能发挥一丝一毫的疗效。

贝尔·吉布森绝非个案。目前，有数以千计的人像她一样大肆鼓吹伪科学的替代疗法或饮食，并企图从中牟利。这几年，方兴未艾的“保健”产业概念不清、范围模糊，从减肥、水疗到替代疗法，几乎无所不包。这一产业的总价值约为 4.2 万亿美元，几乎是全球制药产业的 4 倍之多。与医药产品不同的是，这些产品大多没有什么疗效。其中，仅替代疗法一项，总价值就占了 3 600 亿美元有余。在当今时代，“保健”是一个含糊不清的新概念，包含了头脑、身体和心灵的全面健康，支持者们倡导一种简单化的“自然”理念，无所顾忌地接纳各种不正确的替代疗法和理念。尽管这些人的言论荒诞不经，但总能获得足够的人气。其中也不乏一些初衷良善的支持者，尽管有大量的反面证据，却还是受人误导，笃信他们兜售的药物是有效果的。其他则是一些卑鄙无耻的江湖骗子，他们最擅长的就是把蛇油兜售给容易受骗的顾客。

对保健的疯狂追捧在互联网上尤为显著，总有“大师”在网络上蛊惑人心。有些“大师”根本不具备任何理性思维的能力。人称“食物宝贝”的瓦尼·哈里（Vani Hari）就是这样一个“大师”，她专门对食品安全问题发表错误言论以从中牟利。这种伎俩有时也会产生意想不到的喜剧效果，比如她曾在 2014 年声称机舱中的空气有害健康，因为不是纯氧，而且氮气含量“几乎为 50%”。读者只需有高中学历就应该明白，我们的大气层中 78% 都是氮气，而纯氧则会很快给人带来无法弥补的损害。如此低级的错误充分证明了哈里的无知，她只知道一味胡说八道，甚至都不会在网上先搜索一下相关信息。

在虚拟的保健阵营中，像哈里这样的家伙还有很多。Naturalnews 网站就像保健市场的一个缩影，我们可以从中一窥形形色色的奇谈怪论，有的兜售可疑的膳食补充剂和替代疗法，也有的夸夸其谈地宣扬阴谋论。这个网站的创建人麦克·亚当斯（Mike Adams）曾用过“健康守护者”这样的网名，这既不是自嘲，又显得毫无自知之明。正如很多替代疗法领域的网站一样，Naturalnews 网站对医学方面的证据嗤之以鼻，网站中谎言的数量远远多于事实。这类网站的常见套路是，一边妖魔化温和有益的公共卫生措施，一边指责这些都是阴谋。Naturalnews 网站自然也不例外。网站上充斥着各种危言耸听的陈词滥调，比如“疫苗导致自闭症”“纳粹曾用氟进行思想控制”，无奇不有。这些谎言完全无视事实，像顽强的野草一样，难以根除。

因此传统医学遭到质疑，有关“大药厂”的阴谋论广为传播，也就一点都不奇怪了。Naturalnews 这类网站还充斥着各种关于癌症的假言论和假新闻。在帕特里克·斯韦兹（Patrick Swayze）因胰腺癌病逝后不久，亚当斯就宣称斯韦兹“和很多名人一样，都是被药物或化疗害死的”。这种极不负责任的说法也暴露了他在癌症治疗方面的愚昧。[1] 在亚当斯看来，阴谋无处不在，除了上面这些荒唐的观念以外，他还否认艾滋病，怀疑“9·11”的真相，以及怀疑奥巴马的出生地。不难想象，他也强烈反对转基因食品，目前，他就因为威胁要伤害转基因生物研究人员正在接受调查。

也许有人觉得亚当斯只是个不入流的、唯恐天下不乱的小人，但我们绝不能低估这个网站的影响力。Naturalnews 网站在 2015 年一个月就吸引了 700 万的浏览量，网站上的内容还传播到了世界各地。这样的传播力不容小觑，而这还不是最大的自然保健类网站。其中最著名的当属约瑟夫·默科拉（Joseph Mercola）创建的网站，他的谣言帝国影响广泛。

默科拉在很多方面与其同行并无二致，都使用同一套伪自然主义的说辞。他公然反对疫苗接种，还散布了很多危险的谣言。他说 HIV 不会导致艾滋病，还热捧图里奥·西蒙奇尼（Tullio Simoncini），此人宣称癌症只是一种霉菌，用小苏打就能治愈。最荒谬的是，默科拉还大肆宣传各种已经证实无效的疗法，比如磁疗、顺势疗法和心灵疗法等。他同样也兜售各种各样的所谓保健产品，其中至少有四种产品被控非

1 斯韦兹本人根本不接受蛇油。他在病逝前不久接受采访时表示，自己对曾经被兜售的东西非常反感。“如果有人说他们有神药，就像很多人信誓旦旦地告诉我的那样，那你一定会有两种特点：你已经很有钱，而且很有名。如果不是就闭嘴吧。”我们都应该向他学习。

法，他还收到了美国食品及药品管理局（FDA）的警告函。

尽管默科拉之流声嘶力竭地谴责“大药厂”的贪婪，他们却很少承认自己兜售假药也收益颇丰。默科拉看起来光鲜体面，实际上是用伪科学来兜售各种无效甚至有害的产品，从中获得丰厚的报酬。美国《商业周刊》（*Business Week*）在 2010 年曾经发表过一篇对他进行强烈谴责的文章，批评他的市场宣传过于激进，而且对网站的访客“缺乏尊重”，还指出“他在售卖保健品与服务，让人不免想起 19 世纪初蛇油贩子的那些卑鄙下流的伎俩”。可惜的是，这番抨击丝毫没能影响到他的那些顾客，仅仅在 2010 年一年，默科拉就坐收了 700 万美元的暴利。

这些无稽之谈在网上已经造成了非常恶劣的影响，更可恶的是，主流媒体还推波助澜，让他们显得更加道貌岸然。我们在上文中提到的贝尔·吉布森骗局，还有她走下神坛前的各种谄媚报道，都充分说明人们对保健的狂热早已成为主流文化现象之一。不只吉布森如此，“食物宝贝”的第一本著作《食物宝贝之路》（*The Food Babe Way*）在 2015 年刚刚出版时，也赫然登上了《纽约时报》和《华尔街日报》的畅销书单榜首。

也许有的读者会认为，我是在某些预设的基础上做出种种推断的。也许这些不入流的名人并没有得到过多的媒体关注，因此也不会产生太大的社会影响；也许那些伪科学的伎俩并不会对公众观念产生强大的影响。这些质疑都可以理解。如果说社交媒体上某个网红的陈词滥调就能影响到公共健康，听起来好像有点小题大做，一些人看起来深刻的长篇大论也无非是病毒式营销的肤浅伎俩。不过现实好像并不是这么简单，证据之一是我们不太能够想到的一种媒体形式：电视真人秀。

就是对于真人秀的拥趸而言，这类节目也远远算不上有什么深刻的内涵。就其实质而言，这类节目就是为了满足人们的偷窥心理，因此特别关注那些鸡零狗碎的东西。为了激发观众的兴趣，节目制作人选用一些粗鲁、浮夸的人来煽动情绪，有时也会故意操纵情节，夸大表现最丑陋的人性，并对这些人进行公开的嘲讽。这也难怪，选这些人进节目，无非是把他们作为嘲讽和愚弄的对象，让观众获得一点优越感。2003 年英国版《老大哥》（*Big Brother*）节目中的杰德·古迪（Jade Goody），就是这些人当中非常典型的例子。

无论是八卦小报还是普通观众都把缺乏常识的古迪看作嘲讽的对象。她经常出洋相，比如，她以为“里约热内卢”是一个人，也不知道美国人用的语言也是英语。尽管娱乐小报经常对她冷嘲热讽，但她天性大大咧咧，偶尔举止荒诞不经，一直都是通俗小报和八卦专栏的常客。但是在 2008 年底，她被诊断患有宫颈癌，生活状况急转直下。最初的检查结果还算乐观，但随后古迪和家人被告知病情已经到了晚期。2009 年 3 月，年仅 27 岁的古迪病逝，留下了两个年幼的孩子。

随后发生的一切实在令人唏嘘。当时英国年轻女性对宫颈涂片检查的接受程度很低。古迪因病去世的消息传开后，情况很快发生了转变。2009 年 3 月的预约人数比预计猛增了 70% 多。自古迪被诊断患癌到病逝期间，预约接受筛查的人数增加了 50 万。尽管我们觉得那些真人秀明星只能算是最不入流的名人，但这一事件的公众效应却显而易见。值得一提的是，名人效应在社会经济地位较低的妇女群体中尤为明显，而这一群体在各类健康运动中总会遭到忽视。

这么多人意识到健康筛查有可能挽救生命，这无疑是古迪患病的新闻所造成的直接影响。不过，名人效应总是转瞬即逝，即便是有积极作用的报道也无法避免这个问题。只有公众注意到了这个新闻，它才能有触动人心的力量，一旦公众的兴趣减弱，记忆也随之消退，而我们的兴趣也是与媒体报道密切相关的。“古迪效应”也是如此：2009 年参加筛查的人数屡创新高的时候，正好就是相关新闻报道热度最高的那几天。而到了 2012 年，筛查人数急速下降。等到 2017 年时，人们对于古迪的记忆与相关报道都已消失殆尽，英国宫颈癌筛查人数也降至 19 年来的最低水平。

需要指出的是，影响筛查人数的是名人新闻，而不是筛查本身带来的好处。当 2005 年澳大利亚女歌星凯莉·米洛（Kylie Minogue）患乳腺癌的新闻被广泛报道之后，乳腺 X 光检查的需求翻了一番不止，其中大多数都是年轻女性。可其实对她们来说，X 光筛查也可能出现假阳性，因此也可能是有害的。另外，增加新闻报道的力度并不一定能够提高公众意识。在很多情况下，年龄都是癌症的最大风险因素，大多数癌症病例都发生在老年群体。英国癌症研究院的莱斯利·沃克（Lesley Walker）曾警告说，不准确的新闻报道“可能会让年轻女性产生恐慌心理，同时也可能对老年女性产生误导，让她们以为年老与乳腺癌没有关系”。

有意思的是，新闻史上确实有过关于乳腺癌的错误报道。1999 年德国的《明星》（*Stern*）杂志曾刊登专题文章，声称十分之一的妇女在有生之年会罹患乳腺癌。报道所配的图片非常煽情，年轻的乳腺癌康复患者露出自己的乳房和乳房切除后留下的伤疤。这则专题报道引起了热烈反响，以不同语言刊登在许多国家的报刊上。很快，十分之一这个数据就深深留在了公众的意识里，很多健康运动都会用这个数据来提高人们对乳腺癌的认识。

可惜的是，这个数据虽然在技术上是对的，却有着很大的误导性。《明星》杂志忘记提醒读者，这个数字是指一个人从出生到 85 岁期间罹患乳腺癌的累积风险，而当一个人到 85 岁时，更有可能会死于其他的疾病。事实上，乳腺癌确诊的平均年龄是 65 岁左右。这篇文章会让低风险的年轻妇女严重高估自己患癌的风险。有一项研究指出，高估程度可能高达 20 倍。大量证据表明，这种错误观念正是片面的新闻报道导致的。调查表明，医生们都知道 65 岁的女性比 40 岁的女性有更大的患癌风险，但只有仅仅 20% 的女性知道这个基本常识。[1]

---

1 有关乳腺癌和相关疾病的具体理解误区，读者可以参考格尔德·吉格伦策（Gerd Gigerenzer）的著作《计算风险》（*Reckoning with Risk*）。

说到名人效应的强大威力，最有影响力的现代人物当属美国著名脱口秀主持人奥普拉·温弗瑞（Oprah Winfrey）。以她的名字命名的脱口秀连着办了25季，她也由此成为整个美国的代言人。她对舆论有着前所未有、无与伦比的强大影响力，这种影响力甚至被称为“奥普拉效应”。从音乐界到出版界，得到奥普拉的认可和推荐是无与伦比的。她在节目中推荐的书会迅速登上畅销书单，而节目嘉宾也常常一夜成名。甚至有人估计，在2008年美国总统大选期间，奥普拉对奥巴马的支持可能为他在初选阶段增加了100万张选票。时至今日，她强大的影响力依然在“奥普拉·温弗瑞电视网”上长盛不衰。奥普拉头脑聪明、思想自由，而且敢于直言。很多节目对一些重要的话题都避而不谈，多亏了奥普拉在节目中提出，才让公众注意到了这些重要的问题。

奥普拉有很多值得称赞的优点，但她对伪科学的热衷，也让一些荒唐的谣言披上了道貌岸然的外衣，有了登堂入室的机会。奥普拉的脱口秀播了这么多年，节目中时常提到各种医疗建议，可惜很多都是空话废话。更糟糕的是，这类话题能在电视上播出，反而让原本见不得光的利益集团和危险产品变得非常体面了。医生兼作家大卫·古尔斯基（David Gorski）曾称赞过奥普拉的天赋，但也感慨道：“令人遗憾的是，奥普拉在科学和医学问题方面几乎毫无理性思维能力…… 没有人，绝对没有一个人像奥普拉·温弗瑞那样，每周向公众传播如此多的伪科学、庸医骗术和反疫苗思想。”

奥普拉脱口秀的很多嘉宾都会在健康问题上宣扬一些早就被推翻了的谬论。反疫苗运动人士、《花花公子》杂志模特珍妮·麦卡锡（Jenny McCarthy）就是节目的常客，还在奥普拉的畅销杂志 *O* 和个人网站上开设了定期专栏。甚至连一些医学界嘉宾也在节目中传播一些经不起推敲的医学观点。比如，克里斯蒂安娜·诺斯拉普（Christiane Northrup）曾在奥普拉脱口秀中对观众说，人乳头瘤病毒（HPV）疫苗有致死可能，所以不建议使用。很多观看奥普拉脱口秀的观众们很可能都没意识到，这一观点显然有悖于常规医学建议。此外，诺斯拉普甚至还把占星术和塔罗牌都看作诊断手段。这些不负责任的观点危害极大，却完全没有人提出质疑。

奥普拉脱口秀是个大熔炉，混合了各种自我感觉良好且新奇时髦的理念，还有很多往往毫无意义的陈词滥调。比如，奥普拉曾在节目中称赞《秘密》（*The Secret*）一书是具有革命意义的工具。其实这本书的核心思想就是“吸引力法则”，也就是说“专注而积极的思想可能改变人生，给你带来财富、健康与幸福”。得益于奥普拉的大力推荐，这本书一飞冲天，登上《纽约时报》畅销书单，连续上榜 146 周之久。奥普拉的节目非常推崇积极思想的力量。当然，这种理念反过来就是说，人们遭遇逆境主要是因为他们的想法不够积极。再极端一点，这种逻辑似乎意味着，那些遭受饥荒的孩子们和深陷战火的人们，说到底只能怪自己不够积极。

这种思想会造成一些后果。2007 年，金·廷卡姆（Kim Tinkham）拒绝接受传统的乳腺癌治疗方案，而选择依赖积极心理疗法与替代疗法。尽管她的医生恳求她接受传统治疗，也有很大把握将她治愈，但她非但不听，还在奥普拉脱口秀上吹捧罗伯特·O. 杨（Robert O. Young）提供给她的新疗法。在那次节目中，连奥普拉本人都深感疑虑，觉得这种“积极思想”是不是有点过于极端了。其实事实情况比这还要糟糕，廷卡姆所用疗法的核心思想，是认为癌症源于体内酸性过高。杨后来还声称她的癌症已经“治愈”，并在自己的网站上发表了廷卡姆提供的证明。可怜的金·廷卡姆最终因乳腺癌于 2010 年 12 月病逝，享年 51 岁。而罗伯特·O. 杨也因无照行医而落得入狱的下场。

奥普拉的支持者们可能会说，节目中所表达的并非“她的”观点，而是那些嘉宾的观点。不过奥普拉经常对嘉宾的观点表示赞同，当他们在节目中受到质疑时还出手圆场。她本人也宣传过不少值得存疑的观念。演员兼励志偶像苏珊娜·萨默斯（Suzanne Somers）曾在节目中宣传过所谓的“生物同质性荷尔蒙”（bioidentical hormones），当时奥普拉对她大加褒奖，还亲自试用了这种并无医学依据的保健产品。奥普拉不仅认同这个非常离谱的理念，还在节目中批评医药行业对此不够尊重，并指出“我们有权为自己争取更好的生活质量……医生们必须首先明白这一点，才能开始懂得尊重”。

在这一点上，奥普拉的爱徒梅米特·奥兹（Mehmet Oz）更是有过之而无不及。他的节目《奥兹医生秀》（*Dr Oz*）在全球拥有 400 万观众，此外还有一系列相关杂志和图书产品。在某种意义上，他可以算是全球知名度最高的医学专家了。他在节目中确实提出过不少合理有效的饮食或健身建议，但其中也不乏一些明显有悖科学常识的谬见。奥兹本人对替代疗法非常热衷，尤其认同顺势疗法、心灵疗法和非常可疑的膳食补充理念。

《奥兹医生秀》成了一个大舞台，形形色色的医疗理念与产品争先恐后粉墨登场。奥兹医生称赞默科拉是“整体治疗（holistic treatment）的先驱”，放任崇尚“量子疗法”的庸医迪帕克·乔普拉（Deepak Chopra）在节目中说瞎话，对“食物宝贝”赞不绝口。抛开那些可疑的推测和商业推荐不说，奥兹的很多医疗建议实在是糟糕，发表在《英国医学杂志》的一项研究发现，《奥兹医生秀》里面医学方面的说法有 51% 是不靠谱的，要么不被科学文献支持（占 36%），要么被确切的证据证明是错的（占 15%）。尽管奥兹医生获得一群忠实的拥趸，但代价却是他的专业声誉。詹姆斯·兰迪教育基金会曾多次向他颁发“飞猪奖”（Pigasus Award）[1]，而这个奖项是专门为“表彰”那

1 这个奖项的名字戏仿的是 Pegasus，希腊神话中的飞马，传说可以给人带来灵感。——译者注

些宣扬和推广庸医骗术的人设立的。2015 年，来自美国各地的医生联名致函哥伦比亚大学，抗议奥兹医生在该校任职，谴责他“为了个人私利，毫无诚信操守，四处兜售江湖医生的疗法”。

尽管奥兹在医学同行中触犯了众怒，但这些人的影响力毕竟是有限的。大多数医生都不像奥兹那样拥有庞大的媒体帝国。无论这些批评意见多么有道理，他们的声音根本不足以抗衡对方强大的噪音。令人遗憾的是，很多原本并不靠谱的说法一经媒体宣传就很容易深入人心，让质疑和批评都变得无效。据说可以“排毒”的“净化产品”在市场上的热销，就是个很典型的例子。从科学角度而言，这些东西毫无用处。我们功能正常的肝脏和肾脏就是价廉物美的净化系统，可以完美有效地过滤各种毒素。而那些所谓的“排毒”产品压根就没什么效果。埃查德·厄恩斯特（Edzard Ernst）曾经哀叹说，“排毒”这个术语如今已经“被各色企业家、江湖郎中和骗子用来兜售假药了”。

如今，各类排毒产品和所谓的净化节食产品年销售额高达 50 亿美元，这在很大程度上要归功于名人代言的强大影响力。如今，无论在报刊还是新媒体上，都充斥着女明星代言的各种饮食养生法。比如，流行歌手凯蒂·佩里（Katy Perry）在 *Vogue* 杂志上表示，自己有这么好的状态得归功于一种净化节食减肥法。[1] 女演员格温妮丝·帕特洛（Gwyneth Paltrow）则更为极端，她创办了生活类新闻平台 Goop，专门推广有关排毒净化的小众生活用品和营养品，价格还令人咋舌。其中大部分产品都是纯粹的伪科学。此外，帕特洛还时常在网站上发表毫无依据的错误观点，妇科专家兼科普作家珍·冈特（Jen Gunter）甚至在个人网站上开辟了一个版块，专门用来指出 Goop 网站上的各种

1　排毒减肥饮食是毫无用处的，跟螯合疗法这类解毒治疗完全不同，后者是用来治疗那些接触到危险剂量的有毒金属的患者，请勿将两者混淆。在解毒治疗过程中，螯合剂会与有害金属形成螯合物降低毒性。这与人们日常所说的排毒意义不同，但是凯蒂·佩里应该不太可能发生重金属中毒。

错误，比如“阴道气蒸法”和“胸罩致癌论”等。

所谓的“玉蛋”也是一个很典型的例子。Goop 网站向女性们推荐这种高尔夫球大小、标价高达 66 美元的石头，声称放在阴道里面不仅可以“补气”，而且还能“保持身材”。冈特对此的评论是：“给你们一点免费的建议吧，千万别用什么玉蛋。”尽管受到专家的批评，Goop 网站反而变本加厉，又发了一篇题为《12 条（以上）用上玉蛋的理由》的文章，恐怕他们自己也明白，要想招揽生意就不能直说“12 条把石头塞进你的阴道的（愚蠢）理由”。这个理念如此荒谬，专家一致表示担忧，但“玉蛋”的销量竟然丝毫未受影响，很快就售罄了。

现如今，不乏在医学与科学问题上混淆视听、误导公众的名人。但他们本不应该这样。在历史上，很多名人曾用自己的影响力来改善民生、推动社会进步。猫王埃维斯·普雷斯利（Elvis Presley）在 1956 年的一次记者招待会上当场接种小儿麻痹症疫苗，以鼓励更多青少年接受疫苗接种。英国作家罗尔德·达尔（Roald Dahl）的女儿奥利维娅（Olivia）不幸死于麻疹，他随后写下一篇感人肺腑、影响深远的文章来支持麻疹疫苗的推广。艾伦·阿尔达（Alan Alda）等演员也都在普及科学常识方面做出过卓越的贡献。无论如何，名人都有着传播思想、影响公众的巨大能量，至于该将这种能量用在哪个方面，就取决于他们的个人选择了。

说句题外话，有些所谓“大师”的言论也很值得玩味。大卫·“鳄梨”·沃尔夫（David ‘Avocado’ Wolfe）就是其中一位。他在脸书上坐拥 1 200 万“粉丝”，他向他们推销各种心灵鸡汤、反疫苗阴谋论和来路不正的膳食补充剂。沃尔夫有别于其他网络商贩的地方，是他的说法都荒唐得离谱。比如，他坚持认为的“巧克力是太阳能的八度音阶”，就是他标志性的毫无意义的词语混杂。在学术界有一个合适的术语来描述这种说法，那就是“狗屎”。哲学家哈利·法兰克福（Harry Frankfurt）就把“狗屎”定义为那种刻意博人眼球而完全无视真相的东西，保健领域就充斥着这种故作深奥的狗屎。研究者发现，只要把抓人眼球的说法跟有效的文法和花哨的术语结合起来，哪怕是毫无意义的说法，也足以愚弄大众。比如，“整体性可缓解无穷的现象”这句话就让很多受访者觉得尤其深刻。

现实情况实在令人忧心。这些荒唐的言论只要出现，就有人接受。想法一传播，很快就能被吸收，错误很容易就能生根发芽。对传统或现代媒体而言，不应该以“出于好意”为借口不加甄别地刊载有害言论与传闻，在事后也不应该逃避相关责任。我们对自己所用的媒体也在不断选择和分享，因此每一个人其实都难辞其咎。

眼前的情况就是如此，街头传闻与名人代言这类信息在很大程度上影响着我们。当代媒体喧嚣嘈杂，想要从中辨识真假、判断是非，谈何容易。这听来不免沉重，但只需要进行一定程度上的理性思考就能免受其害。面对某种言论时，我们首先应该质疑信息来源是否可靠，以及说话人是否可能从中谋求私利。日常经验表明，在关系到健康、政治与科学等复杂问题的时候，我们尤其应该警惕那些简单粗暴的简化主义论调。此外，如果没有充分证据，对于那些过分夸张煽情、哗众取宠的言论也应该保持高度怀疑。总而言之，如果听起来完美得不像是真的，那很有可能就不是真的。

至关重要的一点是，我们应该要求那些制造和传播言论的人做到言之有据。当然，这也就意味着作为消费者的我们必须保持警惕，当然，我们也不是孤立无援，有良好声誉的专业机构也可以提供各种建议，帮助我们识破各种骗局。比如，非营利组织“科学意识”就曾发起过“求证”运动，支持人们对保健和公共政策等各种理念与言论提出质疑。我们至少可以做到的是，在某种说法被充分证实之前不要贸然接受它，这个好习惯必定对我们大有裨益。分析性思维可以让人不会轻易接受那些“故作深奥的狗屎”，也会鼓励人们更多地反思，而非单凭直觉就接受某种说法，这样我们也更容易发现其中的疑点与陷阱。如果我们想要突破周围喧闹的噪音，分辨出真实的世界，就需要运用分析性思维方法与科学质疑的精神。要做到这一点，我们还有必要探究什么是科学——什么又不能算是科学。

第六部分 黑暗里的微光

Section VI: The Candle in the Dark

科学就是设法避免自欺欺人。第一原则就是你不可以自欺，而最容易被骗的就是自己。

—— 理查德·费曼

(Richard Feynman)

19 科学的边界

The Edge of Science

《自然》杂志是全球最权威的科学期刊。这本历史悠久的刊物的每一页内容都吸引着科学界关注的目光。1988 年，一位名叫雅克·邦弗尼斯特（Jacques Benveniste）的法国免疫学家一鸣惊人，震惊了整个学术界。他声称自己将人类抗体极度稀释到了几乎为零的程度，但只要将溶剂剧烈振荡，就依然能够发现免疫反应。在邦弗尼斯特看来，这一发现证明水的结构似乎可以“记住”原先溶质的内容。用他的话来说，这就好比“用汽车钥匙在河水里搅动几下，然后到下游几英里的河里去取出几滴河水，用这几滴水就可以来启动汽车”。有些人也把这种现象称为“水的记忆”，而另一个名字则更为古老：顺势疗法。

顺势疗法的概念最初是德国学者塞缪尔·哈内曼（Samuel Hahnemann）在 1807 年提出的，核心思想就是药物越稀释则效果越佳。这一点与科学常识恰好相反，一般科学观察会发现，溶液的效力与溶液中活性成分的浓度成正比。顺势疗法的稀释程度更是达到了极致，稀释度达到了极不正常的 30C，也就是差不多在 1060 个粒子中有一个活性粒子。这样的稀释程度在地球上是不可能存在的[1]，因此顺势疗法的溶液中不可能含有任何活性成分。支持者们认为这一点无关紧要，因为水能够“记住”它所稀释的物质，但是水的“记忆力”只有大约 50

1　我在过去的一篇文章中曾经做过计算，如果要溶液中包含哪怕 1 个活性成分的分子，30C 的溶液需要的水量就会是太阳质量的 1.5 万倍，体积则是太阳的 28 倍。

飞秒，大概就是一秒的千万亿分之几而已。[1]

撇开物理学上的可能性不谈，临床证据也未能发现任何真实的疗效。哈内曼本人有此奇思异想尚可理解，因为在他的时代过去一个世纪后，人们才终于证实了原子的存在。但现在的人们已经具备了当代化学和物理学知识，若还是固守这种不合常理的错误观念，就显得匪夷所思了。其实顺势疗法早在几十年前就该寿终正寝了，但邦弗尼斯特的研究发现却把这个问题再次推到风口浪尖：这要么是错的，要么物理学知识都必须被重写。

《自然》杂志编辑约翰·马多克斯爵士为此陷入了两难困境。作为一名物理学家，他深知顺势疗法的作用机理根本站不住脚。但出于科学精神，他不能因为一个证据有违常识而轻易将其弃之不顾。邦弗尼斯特的研究经过了同行评议，尽管结果值得怀疑，但评审专家也未能找到任何明显的方法缺陷或夸大失实的迹象。可如果邦弗尼斯特是对的，那这就是一项足以震惊世界的革命性发现。马多克斯选择的折中方法是，在发表文章的同时刊登一篇“编辑保留意见的说明”，提出了一个条件，就是独立调查人员将会监督这项实验研究的复现。即使如此谨慎，这篇文章还是迅速成为轰动全球的头条新闻。对替代疗法的支持者们而言，科学界最权威期刊好像也在为他们辩护，这不亚于给了那些长期质疑这一理念的科学家们一记响亮的耳光。

在媒体聚焦之下，风度翩翩的邦弗尼斯特很快成了名人。同时，马多克斯也召集了一个调查小组，来开展实验的复现。化学家沃尔特·斯图尔特（Walter Stewart）在揭露科学骗局方面素有威名，自然成为马多克斯召集的对象。这个小组中还必须有一位成员擅长发现各种弄虚作假的伎俩，最后马多克斯选定的不是一名科学家，而是魔术师

1　地球上的水属于一个封闭的系统，而每一个存在的分子无疑都会不停地流动，所以也许我们应该感激水的记忆力如此短暂。

詹姆斯·兰迪。

“神奇的兰迪”是一位有着几十年表演经验、技艺精湛的魔术师，曾在19世纪70年代与歌手艾丽斯·库珀（Alice Cooper）一同巡演。他还是一位技艺高超的逃脱大师，打破过魔术师哈里·胡迪尼（Harry Houdini）从水下棺材中成功逃生的记录。与胡迪尼一样，兰迪也热衷于拆穿各色骗子，揭露各种骗术，所以请他加盟的理由也很充分。《自然》杂志刊登“编辑保留意见”是极其罕见的，只在1974年出现过一次。当时那篇论文声称发现了以色列人尤里·盖勒（Uri Geller）拥有通灵能力的证据。而当时也正是兰迪挺身而出，指出盖勒的表演根本不需要超自然力量，而只需要要一些小手段，糊弄住调查员。[1]

被媒体称为“驱鬼三人组”的研究团队动身前往巴黎。到了地方之后，邦弗尼斯特坚持要求由科学家伊丽莎白·达弗纳（Elizabeth Davenas）来做实验演示，因为她有本事能保证实验成功。实验用品包括若干药瓶，其中有几个盛着清水作为“控制组”，其他则盛着顺势疗法的水溶液。像往常一样，顺势疗法的水溶液引发了令人费解的现象。但整个演示过程有些问题，最重要的是实验并不是“盲”的，也就是说，达弗纳始终都知道自己手头的样品是控制组还是实验组，这就意味着，无论是有意还是无意，偏向都在所难免。为了解决这个问题，马多克斯让组员想办法把实验变“盲”。他们摘除了样品标签，斯图尔特还设计了秘密代码来区分不同的样品。代码都放在信封里，为防止有人闯入，兰迪把房间布置得密不透风，最后信封用锡纸包裹起来，藏在天花板上以防万一。

防范措施到位后，他们用没有标签的样品重新做了一次实验。为了缓和紧张的气氛，兰迪还为在场的人表演了一些小把戏。但是邦弗尼

1 无独有偶，兰迪一直把前文中提到的飞猪年度大奖颁发给各种超自然骗术。第一次颁奖的名称就叫“尤里杯”。

斯特对他没有丝毫的好感，正相反，他似乎特别讨厌有魔术师在场。实验结果原计划在晚餐时间向新闻界公布，邦弗尼斯特还准备了好几瓶冰镇香槟酒等着庆祝自己的辩护成功。实验完成后，代码被取回以便分析结果。在场聚集的研究者与记者们紧张而兴奋地屏息等待着，可最终的发现令人大失所望，也让法国研究团队沮丧不已。在盲选条件下，压根就没有出现什么惊人的结果，原先那篇论文就是幻觉。这个结果让在场的许多人流下了眼泪。

在随后的报告中，马多克斯团队还揭露了实验中的大量缺陷，比如实验记录暴露出统计方法的漏洞，还发现了多次主动筛选的问题。最终发表的调查报告并没有断言研究造假，但还是提出了质疑：该研究并未说明其获得了顺势疗法大品牌 Boiron 公司的资助，所以很可能受到了资助方的不良影响。事实令人心寒，邦弗尼斯特研究团队盲目迷信顺势疗法，让自己受到了误导，“在阐释数据的过程中产生了幻觉，而且对此深信不疑，引以为傲”。

上述例子发生在病理科学界，研究者们在一厢情愿的思维误导下，不自觉地得出了错误的结果——这就是在科学家身上发生的“动机性推理”。邦弗尼斯特随后的反应更令人惊讶。他宁愿玩弄辞藻也不肯老实认错，反而污蔑马多克斯的调查“是指控塞勒姆女巫般的暴行，是麦卡锡式的迫害”。他甚至矫情地把自己比作伽利略，却完全无视两者之间最关键的本质差别——伽利略的理论是被实验证实了的，而邦弗尼斯特的断言在多次实验中都未能得到重复检验。尽管顺势疗法目前已经被认定为伪科学，但仍有不少拥趸依然笃信所谓“有科学依据的顺势疗法”——这个名号本身既是一种矛盾修辞法，也是一句毫无意义的蠢话。

其实，邦弗尼斯特想脱离这种尴尬的境地也不难，只要运用一下“奥卡姆剃刀”原则即可。根据这个准则，当一种观察结果有多种解释的时候，需要做出最少假设的那个解释最有可能是正确的。如果要解释这个结果，我们可以接受的解释有两种：一、我们所知的大部分物理和化学知识都是错误的；二、实验有缺陷。尽管第一种也可能存在，可一旦接受了这个解释，我们就必须进一步解释为什么大量已有证据和理论都是错的。与此相比，第二种只需解释单独一项研究的缺陷就够了。“奥卡姆剃刀”原则是种启发性思维，因此也绝不是放之四海而皆准。不过，当遇到多种假设的情况时，至少可以用该原则作为指引，让我们找到最有可能正确的起点。同样的原则也适用于医疗诊断领域，针对各种症状，常见的疾病往往比疑难杂症更有解释力。美国医学家西奥多·伍德沃德（Theodore Woodward）曾经对他的实习医生说过这样一句著名的箴言：“当你听到马蹄声时，应该想那是马，而不是斑马。”因为这句妙语，“斑马”一词如今在医学俚语中的意思就是“疑难杂症”。

这场“水的记忆力”闹剧很好地说明了科学的本质。科学精神和人类的求知欲让我们走出愚昧与恐惧，收获新知与美好。医学让我们拥有更长寿、更健康的生活，科学让我们对天地万物有了更深刻的理解。可以说，科学成果是当今世界一切的基础。遗憾的是，我们虽然依赖科学，却并不真正理解它。对很多人来说，所谓的“科学方法”不过是个朦胧混沌的概念，其中掺杂了他们自己的偏见与想象，比如护教论者就坚持认为科学和宗教一样都是基于信念。像反疫苗运动这些亚文化潮流也无法区分传闻与证据之间的根本差异。新闻媒体一味热衷于呈现“双方立场”，有时也分辨不出哪些是情绪化的表达，哪些才是值得信赖的证据。政客与决策者们也常常分不清因果关系与相关关系，从而做出了有害公众利益的错误决定。

卡尔·萨根（Carl Sagan）曾经表达过类似的忧虑，他说“我们文明中最关键的要素都是深深扎根于科学与技术的。与此同时，我们的社会中却极少有人懂得科学与技术。这种矛盾会带来灾难”。萨根的担忧不是杞人忧天，但也并非不可避免。提高科学素养与理性思维能力，无论是对整个社会还是我们个人而言都大有裨益。如今，各种错误思想大行其道，很多人认为科学不过是事例和数字的堆砌，会让人想起学校里那些穿着实验工作服的家伙，这些人好比某个神秘宗教里的高级祭司，向他们不断地灌输琐碎的陈词滥调。邦弗尼斯特的故事让我们明白，科学家也会犯错，比如出现细小的失误，被失实的结论蒙蔽，甚至是变得腐败。我们也看到科学研究之间也并不是平等的。有些设计精巧、逻辑缜密，小心地排除了各种混乱因素，有些研究却不堪一击，研究方法也并不合理。

要分辨结果是否可信并不容易，但科学的优美之处在于，我们只需信任方法就够了。孤立研究只能提供单一的数据。理想情况下，这一数据是准确的，但许多因素会导致数据有误。最重要的应该是整体的情况，也就是结果和分析集中到一起之后显现出来的规律与趋势。正因如此，人为影响气候变化的研究或疫苗安全性研究的证据都非常具有说服力，因为这些数据来自成千上万项独立研究与理论模型，而且都共同指向了同样的结论。而那些否认气候变化或反对疫苗的社会活动人士却刚好相反，他们只会抓住一两个根本站不住脚的研究大做文章，事实上，那些基于主观意愿特别挑选的个别研究根本无法推翻强有力的科学证据。

科学既不是一成不变的冰冷事实，也不是神圣的僵化教条，而是探究问题的系统方法。科学家不是这一神秘学科高高在上发号施令的祭司，表面的权威与荣誉都不重要，即便是德高望重的诺贝尔奖获得者的理论，也可能被普通学生的实验结果一举推翻。客观事实可一点不会顾及我们的偏见与颜面。科学知识总在发展变化，一项研究发现是否会被接受，取决于它所提供的证据是否有力。日新月异的新发现总在不断修订我们的认知，而理论洞见能够引导我们发现新知，最终让科学实现自我修正。

在证据面前，巨人泰坦也必须折腰。19 世纪的科学界就曾见证过一系列的飞速进步。这个古老而神秘的世界似乎在一瞬间敞开了所有的秘密，这其中科学巨人开尔文勋爵（Lord Kelvin，原名 William Thomson [威廉·汤姆森]）开创了很多惊人的发现，他在数理物理学、热动力学与电学方面均成就斐然。他还在跨大西洋电报通信工作中做出了巨大的贡献，并因此被授以爵位。国际单位制中温度的单位就是以他的名字命名的。

到了 19 世纪末，科学界遇到了一个新问题——地球的年龄。那个时代最伟大的地质学家查尔斯·赖尔（Charles Lyell）认为，地球并不是宗教典籍里所说的大灾变的产物，而是在缓慢渐进的过程中逐步形成的。地质学家们汇总了当时的各种有力证据后提出一个假设，无论是火山还是地震，地球表面的种种特征都可以用一种简单而不断重复的地质过程来解释。如果这一假设是正确的，那么地球的年龄将十分古老——应该有上亿年甚至数十亿年的高龄。有这种想法的不止地质学家们。查尔斯·达尔文在《物种起源》的第一版中也曾做过估算，英格兰南部威尔德地区的白垩沉积层剥蚀可能就耗时 3 亿年之久。所有这些都令开尔文勋爵深深着迷，于是他运用自己的数学天赋，尝试推算地球的年龄。

开尔文首先假设地球最初是一个炽热的岩浆球。受空间的限制，地球表面的温度很快就趋于稳定，而在地球表面之下，热量缓慢向外扩散。这一点是法国物理学家和数学家约瑟夫·傅立叶在 1822 年就已经发现了的。开尔文早在 16 岁时就成功推演过傅立叶的一些演算，自然也会用他的理论来解决实际问题。热能方程明确定义了一个系统如何随着时间发生变化，所以根据熔体模型就可以确定，自系统开始后一共过去了多少时间。谨慎起见，开尔文还估算了热扩散率和岩石的熔点，以推算地球的热梯度。基于这些参数，他最终演算出地球的年龄大约在 2 400 万年至 4 亿年之间，与德国博物学家赫尔曼·冯·亥姆霍兹

（Hermann von Helmholtz）的计算结果大体一致。[1]

开尔文接着开始关注太阳，并假设太阳辐射出的能量来自引力坍塌。基于太阳辐射能量的速度，他估算出太阳的年龄大约在 2 000 万年，但地质学证据表明地球的年龄比这个要古老得多，于是两种结论发生了抵触。开尔文本人对地质学兴趣寡淡；还有一些老学究依然坚持认为地球没有年龄，是永恒不老的，不过这种说法显然违背了能量守恒定律。当然，并非所有的地质学家都不懂理论物理，有些年轻的地质学家就颇有一番见地。尽管他们都认同地球一定有明确的年龄，可他们对待数据的态度也是非常谨慎，就跟开尔文对待理论的态度一样。这导致了科学界两位巨人之间的对立。其实达尔文对威尔德地区的剥蚀时间只是做了大略的推测，但开尔文却紧咬不放，认为他"荒唐可笑"，所以这个内容在《物种起源》之后的版本中都被删掉了。这段被同时代顶尖科学家所鄙夷的经历让达尔文耿耿于怀，他哀叹这是他"最大的痛处"。

无论如何，有关古老地球的证据却越来越多。在这一点上，理论与现实好像赫然对立了起来。这些矛盾对立说明某一个环节存在着根本性的偏差，我们必须把它找出来。

随着开尔文的态度变得越来越强硬，有人便去问他的朋友兼助手约翰·佩里（John Perry）对这件事的看法。佩里认为计算过程应该不太可能出错，他说："对地质学感兴趣的朋友经常来问我，还要我评价开尔文勋爵有关地球年龄的计算问题。我一般都会说，你们别指望开尔文爵士会出现计算错误。"佩里没有去关注计算问题，而是重新审视了开尔文的基本假设。于是，他发现了一处极易被忽略的逻辑漏洞。假如地球一开始不是熔体，也就是说热量在地核传导的效率要高得多，那

1　亥姆霍兹绝不只是一位博物学家。在物理学领域，他在能量守恒、电动力学和热动力学方面都进行了开创性研究。在医学领域，他不仅发展了神经生理学，还推动了声音与视觉的心理感知方面的研究。此外，他还写了科学哲学与社会批判等方面的鸿篇巨制。有些人的存在，好像就是为了让其他人显得平庸的。

么开尔文的估算就可能完全错了。当时的物理学家已经知道了热对流的原理，这是热量在流体中传递的主要方式。

加入这个因素重新考虑后，佩里估算地球的年龄应该至少是 20 亿或 30 亿年。佩里私下联系了开尔文，告诉他自己发现了这个错误。不知道开尔文是误解还是无视了佩里的消息，佩里最终把他的发现发表在 1895 年的《自然》杂志上。开尔文的演算固然严谨优雅，但前提假设存在缺陷，导致最后的分析站不住脚。佩里的发现不仅调和了地质学证据与数理物理学之间的矛盾，更揭示出不可思议的新发现：地球的核心是温度极高的流体。这一发现完全出乎大家的意料，而它是在数据和理论的逻辑推演的基础上自然产生的。如今我们已经知道，地球的外核确实是由液态的铁与镍组成的，正是它们的运动导致了地球磁场的产生。[1]

此后不到 10 年，人类发现了放射性物质。很快，爱因斯坦提出了狭义相对论，并由此推导出质量与能量是对等的。1920 年，英国天文学家阿瑟·埃丁顿（Arthur Eddington）提出，星体在聚合微小粒子的同时会释放出大量的能量，也就是说质量可以转化为能量。如今我们把这个现象称为“核聚变”，太阳及其他恒星正是通过核聚变产生能量的。这一发现宣告了“年轻太阳理论”（young sun theory）的终结，在日新月异的科学新时代里，“年轻地球理论”也轰然倒下。如今，这些新发现带来的新科技（如放射性定年法）可以准确地计算出地球的年龄大约是 45.4 亿年。

1　如今这方面已经积累了无可辩驳的大量证据，但佩里于 1895 年发表的文章却备受冷遇。直到 20 世纪 60 年代时，还有许多地质学模型都认为地球是固态的球形！很多人认为，当初开尔文是因为不懂放射性才错误估算了地球的年龄，这种说法是错误的。放射性方面的知识欠缺确实让他大大低估了太阳的年龄，但在地球年龄计算方面并没有这个问题。即使他考虑到放射性衰变带来的热量变化，最终结果也是大同小异的。正因如此，佩里的发现着实有着很大的意义，值得在历史书上留下浓墨重彩的一笔。

开尔文[1]拥有他那个时代最先进的理论，也有着足以理解和运用这些先进理论的头脑，但即便像他这样德高望重的人，也不能保证不会犯错。当然，他也无法阻挡理论推演与事实观察相互结合的不断努力。严谨完美的逻辑演绎不仅解决了两个科学领域的矛盾，更让人们对地球有了全新的理解。我们已经知道，地球竟然有着一个熔化的核，如此惊人的发现并非来自直接观察，而是在证据与理论的结合过程中自然而然产生的。这一点最令人叹服，也正好体现了科学的自我修正能力。无论一个理论看起来多么完美，多么强大，一旦出现有力证据反驳，这个理论就必须进行修订或被果断抛弃。常有人批评科学变幻莫测，常常一时兴起就改变主意。其实他们不能真正理解科学的研究方法——科学家会根据新证据不断修订自己的想法，这不是科学的缺陷，而是科学的特色。

如果理论假设与实验发现相互吻合，这样美妙的结果让人深感快慰。但如果出现了预料之外的结果，就说明仍有问题等待发现——也许是个意外之喜。有时候，科学发现也要看缘分，意料之外的结果可能会将你引向开天辟地的全新结论。事实确实如此，我们今天很多司空见惯的现象，最初都来自那些看起来不正常的研究结果。亨利·贝克勒尔（Henri Becquerel）当初发现放射性物质时，正是因为他不小心在一块感光板上留下了一块铀矿石。亚历山大·弗莱明（Alexander Fleming）之所以能发现拯救苍生的青霉素，起初也是因为他度假归来后发现托盘里长出了一些不明真菌，还把他培养的葡萄状球菌都杀死了。微波加热的原理也是意外之喜，只因为工程师珀西·斯宾塞（Percy Spencer）懊恼地发现，每次走到磁控管附近时，口袋里的巧克力都会融化。总之，各种新奇有趣的研究发现会推动理论的进步，而

---

1 有些支持“年轻地球理论”的神创论者把开尔文引为同道，但他们大错特错了。第一，开尔文所质疑的是进化的时间范围，而非进化论本身。第二，开尔文认为地球的年龄应该至少是两千万年，而不是区区几年。他还反对各种有关太阳的化学模型，是因为那些模型推导出的地球年龄实在太小了（约1万年）。

精妙独到的理论预见又会引导研究的方向。实验与理论是科学的两个方面，不分伯仲，相互依存。

但是，究竟什么才能决定一件事是否科学呢？同样都是关心天体的运行，为什么天文学是科学，而占星术就是迷信呢？同样都是以“能量”为核心，为什么放射疗法是科学，而“灵气疗法”（reiki）却是伪科学呢？仅凭直觉，我们并不能准确分辨理性与荒谬，也无法清晰划分科学与假象。[1]

著名哲学家卡尔·波普尔认为，用“可证伪性”（falsifiability）就能分辨科学与伪科学。只要假设存在一个实验，实验结果有可能推翻某一假设，那么这个假设就属于科学猜想。

“科学假设”必须能够做出可检验的具体预测，否则就不能被视为科学。关键一点是，可证伪性并不意味着假设是错的，而是意味着在原则上有被证实是错误的可能性。比如，“星期二纽约会下雨”这个论断就是可证伪的。如果那天没有下雨，这个说法就是错的。但是，一位灵媒声称某种无形的灵魂在对自己说话，即使这可能是假的，却也无法证伪。科学思想必须经受毁灭性的考验，如果有强有力的证据与假设发生矛盾，那就只能修订或抛弃假设。严格来说，这也就意味着没有哪个假设得到了“证实”。我们只能说，随着时间的推移，有越来越多的证据符合某一假设，而那些经得起严苛检验的想法最终成了科学理论。当然，一旦有证据与之抵触，既定理论也必须进行修正。在过去 220 多年，牛顿的运动定律一直看似无可辩驳，无论是小到微观的世界还是大到日月星辰的运转，它都能预测其运动的规律。可到了 1905 年爱因斯坦指出，当物体以接近光速运行时，牛顿力学就不再适用了，而我们对于自然的理解也由此发生了巨大的变化。

---

1 在哲学中，这属于划界问题。对很多科学家而言，这种奇怪的争论既耗费精力，也没什么意义。据说理查德·费曼评价说：“哲学对于科学家的用处就像鸟类学对于鸟一样。”虽然费曼很傲慢，但他也许会带头同意区分科学和非科学是至关重要的。

可证伪性是科学方法的根本所在。[1]它要求科学家不仅寻求确凿的观察证据，也要积极谨慎地检验自己的想法。正因如此，占星术并不是科学，它是含糊不清的，根本不可能进行检验。天文学则正好相反，天文学的假设不仅清晰具体，而且可以验证。“灵气”理论声称能够采天地之灵气，可非但拿不出证据，甚至连这种神秘力量究竟为何物也说不清楚。可以说，灵气理论是可以检验的，但目前的临床研究没有发现它有任何相关疗效，也就等于直接证伪了。而放射性疗法则不同，无论在理论上还是实验中都已积累了大量的佐证数据。

不能被检验的想法就不是科学，而经不起调查检验的想法就应该被抛弃，但伪科学并非如此。当自己笃信的理念暴露出弱点或错误时，信众们往往会求助于诡辩或传闻来进行辩解。信念肯定发挥了作用。比如，进化论是科学，因为它的理论能够得到检验，而且也经受住了重重实证的检验。神创论就不是科学，它未能提出任何可检验的预测，不过是个“如此这般”的宗教故事罢了。这就是科学与信仰之间的重要差异。在科学上，哪怕看似再严谨再完美的理论，只需一丁点相互矛盾的数据都足以将其推翻。而信仰——无论是宗教信仰、政治信仰还是别的信仰——很多会要求把理念奉为圭臬，不容置喙，无条件固守信念的做法更会被视作一种美德。

区分科学与伪科学确实不容易。很多含混不清的说法披着科学的外衣粉墨登场，无非是想让那些虚妄的言论显得更为可信。遗憾的是，我们确实也很容易轻信那些并不靠谱的言论，因此上当受骗。要分清科学与非科学的观点并非易事，面对任何一个自诩科学的言论，我们都必须认真考虑一些重要的细节，其中包括：

1 哲学概念总是充满争议，有关划界问题的作品汗牛充栋，但论点往往不够清晰。我在这里不多谈，有兴趣的读者可以进一步了解。

证据的质量：科学结论的基础，是有能够佐证的数据以及有对相关研究方法的清晰描述。如果结论主要是基于传言，其科学性就值得怀疑。

权威性：科学结论的权威性并不是来自科学家。一个结论是否能被接受，取决于结论背后的证据是否有力。相反，伪科学的结论通常只关注所谓专家或大师的身份，而不是证据本身。

逻辑：在陈述一个观点时，每一个环节都必须紧密相扣，不能有遗漏或跳跃。不合理的推论过程往往意味着不合理的结论。还要特别警惕那些过于简化的结论，比如把复杂情况归因于单一因素，或者对复杂病症提出过于简单的治疗方案等。

可以检验的观点：可证伪性是检验一个观点是否合理的最重要的标准。如果无法证明这个观点有误，那它就不科学。在科学领域，可重复性也是同样重要的。独立调查不能证实的观点很有可能也是伪科学。

证据的整体性：一个假设必须考虑所有证据，而不能主观筛选有利于自己的佐证。如果一个观点与当前所有证据吻合一致，那就应该接受。但如果这个观点与此前各种数据都矛盾，就必须提出可被检验的理由，以解释为什么会出现这种不一致。

“奥卡姆剃刀”原则：一个结论的成立，是否依赖大量附加的条件与假设呢？如果某个假设可以更好地解释当前的数据，那就必须以强有力的证据说明那些额外假设的合理性。

举证责任：谁提出观点，谁就有责任提供佐证，反对的人则无此责任。想推卸或者转移举证责任的，就是伪科学的信号。为了给证据缺乏辩护而生出观点(包括阴谋论的观点)，

> **肯定是伪科学。此外，经验还告诉我们，相比于那些为辩解而提出的观点，那些出于探究而提出的观点更有可能是真正的科学。**

上述这些并不能代替审慎严谨的思考与推理，但我们遇到各种新言论新观点时，不妨先考虑一下这些问题。即便问题不是与科学直接相关，这些思考也是大有裨益的。心理学家托马斯·吉洛维奇（Thomas Gilovich）就曾说过这样一段话：

> **科学的目标是拓展已知世界的界限，所以科学家们总是不断地与无知对抗。科学的所知越多，人们就越会意识到各种未知，也越明白目前已知的局限。所有这些，都有助于培养一种健康的对待各种观点的怀疑精神。**

要明确区分各种观点的真假优劣，确实是一个漫长而艰巨的任务，有时甚至徒劳无功。毕竟在我们生活的这个时代，到处充斥着伪科学的论调与荒诞不经的言论。面对真假难辨的海量信息，很多人不可避免地变得麻木迟钝。但漠不关心的态度只会让我们糊里糊涂地步入危途，既无法对抗气候变化的恐怖前景，也无法应对其他各种危机与挑战。萨根的悲叹言犹在耳，但也并非不可避免。若要保护自己免于那些坑蒙拐骗的把戏，必须要把科学与伪科学明确区分开来。

20 “草包族”的兴起 Rise of the Cargo Cult

理查德·费曼有着巴洛克式绚烂的一生，而他最大的特点是求知若渴的强烈好奇心。当他还是一名年轻的物理学家时，曾效力于美国洛斯阿拉莫斯的“曼哈顿计划”，新墨西哥州长夜漫漫，他的消遣是尝试打开各种各样的保险箱，还会留下许多神秘的笔记。不难想象，当一个核弹设施里面出现这些神秘笔记，自然会引起恐慌，让人以为有人准备蓄意破坏。自那以后，费曼的爱好也转为打小鼓了。他在战后成为杰出的理论物理学家，于 1965 年获得了诺贝尔奖。除了学术成就，他的教学水准也颇负盛名，尤其擅长讲述引人入胜的故事，其中最精彩的故事之一，当属南太平洋岛屿的原住民和他们神秘的货物崇拜（cargo cults）[1]。

这种神奇的信仰是在第二次世界大战后忽然出现的，遍布太平洋上零星的一些岛屿上，岛上居民是美拉尼西亚原住民，世世代代隔绝于西方世界之外，浑然不知当代科技的发展水平。在二战期间，交战国之间的战火蔓延到了他们的家门口。首先来的是日本人，还空运来了药品、食品、设备等。不久以后，盟军也在这些岛屿上建起军事基地，并源源不断地运来了当地人从未见过的各种物资。有些士兵还将一些物资分送给一脸困惑的原住民。这些士兵和物资仿佛从天而降，而当战争接

1　费曼讲这个故事，是用来说明那些徒有其表的伪科学，因此 cargo cult science 多被译成“草包族”科学。——译者注

近尾声时，他们又很快消失不见了。

对岛上的一些居民而言，这些士兵和货物有着近乎宗教的意味。科幻作家阿瑟·C. 克拉克（Arthur C. Clark）曾写道："任何足够先进的科技，看起来都与魔法无异。"宗教本身就往往需要选择性地无视一些自然法则，因此，很多岛民把空投物资视为天神下凡也就不奇怪了。当地一些有号召力的"大人物"利用了这种崇拜心理，在废弃的军事建筑当中布置起了各种崇拜设施。与所有宗教教派一样，这种信仰分布在不同的地区，拥戴不同的先知，但他们都有一个共同的信念，即货物代表着神的眷顾。这些宗教头目在传统的美拉尼西亚社群中传播福音，声称虔诚的信众将被赐予吉普车、食物和衣物。

岛民们相信这一切都来自祖先神灵的庇佑。为了讨好神灵，他们通过自己的观察发展出一套动作，将其转化成了高度模式化的仪式。他们还精细复制了曾经目睹过的各类遗址，比如宽阔的草场跑道和控制塔模型，还在上面做了各种艺术品装饰，代表着那些他们曾经见过军人们用过的神秘的通信设施和军事设备。

在塔纳岛上的信众都等待着神灵的回归。这位神灵被他们称为约翰·弗鲁姆（John Frum），据说他会带着货物回到虔诚的信徒身边。关于他的容貌则有各种版本，有时他被说成是白人，有时又被说成是个黑人，但通常都很像二战时期的军人。纪录片制作人大卫·阿滕伯勒（David Attenborough）曾经向那些信众询问弗鲁姆的模样，当地人告诉他："他就像你。""他有一张白色的脸。""他很高。""他住在南美洲。"遗憾的是，那些虔诚的遗迹和仪式并没有换来货物。跑道上一片荒凉，塔楼也始终寂静无声。

信众们把希望的落空归因于弗鲁姆不靠谱。但更根本的问题在于，这些岛民仅仅复制出那些技术的表象，却完全不理解表象之下的科学原理。据此，费曼造出"'草包族'科学"这个词，意指那些只会模仿科学的排场，却完全无视科学方法的基本事实。他认为有意义的科学研究必须基于"科学诚信，就是相当于无条件诚实的科学思想原则——再麻烦也得保证万无一失。比如，如果你做实验研究，就必须如实报告所有可能导致实验无效的因素，而不是仅仅报告那些你认为能让实验成功的因素"。

费曼的忧虑不无道理。科学的表象很可能掩盖极其错误或危险的思潮。无论是否合理，"科学"的光环总会带来某种权威感，令人不加分辨地盲从。更糟糕的是，这种肤浅的表象有时就像特洛伊木马，在掩人耳目的情况下传播各种错误言论与荒诞思想。越是形迹可疑的说法，越是容易披上科学的外衣来招摇撞骗。正因如此，在这个信息爆炸的时代里，想要分别哪些是学术垃圾，哪些又是真知灼见着实不易。

讲到这里，如果说我们有什么一以贯之的主题，那就是：人类是一个充满矛盾的物种。这些矛盾自然也延伸到了科学领域，甚至那些藐视科学的人也会依仗科学来佐证自己的想法。顺势疗法也有自己的学术期刊，上面刊载的文章会吹嘘某种摇晃的仪式可以让水拥有神奇的功效。可事实上，顺势疗法的理念根本经不起最基本的分析检验。这类期刊充斥着虚假的想象，表面上看起来却酷似真正的学术刊物，引文格式规范，术语高深玄妙。尽管表面看似科学，但宣扬顺势疗法的人们面对大量质疑其信念的科学依据，却始终拒不接受。也就是说，这些期刊根本就不具备科学方法所要求的基本诚信。它们所体现的正是费曼所说的货物崇拜，只是构建出看似科学却毫无意义的表象而已，与太平洋岛民修建的草地跑道如出一辙。

之所以会出现这种现象，一部分原因在于科学与医学给这个世界带来了翻天覆地的变化，而其中很多原理却艰深难解。既然没有人可以否认科学的丰功伟绩，人们在潜移默化中就会形成某种共识，认为科学即权威。今天遍地都是"草包族"科学家们，在一定程度上也是得益于互联网大众化的影响力。如今我们只需要动动手指，就可以轻松开启全世界信息资源的宝藏，但弊端在于，谣言也会迅速传播。面对海量信息，要大浪淘沙般去伪存真可不是一件容易的事。正是在这样的环境中，“草包族”科学家应运而生，他们道貌岸然、故作权威，四处推销不正确的观点与言论。在看似引用严谨的网站和论坛上，从国际新秩序的阴谋论观点到芳香疗法，话题可谓是五花八门无奇不有。这些奇谈怪论尽管毫无科学依据，但从头到脚都精心包装成了典型的科学风格。

毋庸置疑，一旦披上科学的外衣就很容易获得认可，而那些特别让人忧心或沉重的话题尤其如此。例如，常用于低糖饮料的甜味剂阿斯巴甜，在 1995 年就卷入了一场由电子邮件引发的恐慌之中。当时出现了一则流传广泛的警告信息，据称一位名叫南希 · 马克尔（Nancy Markle）的博士在一场科学会议中报告这种甜味剂可能会产生不良作用，其中包括引发狼疮、癌症、老年痴呆，甚至海湾战争综合征等。这则警告是以半正式文体撰写的，术语颇有科学感，也有不少零散分布的学术引用。人们收到这封邮件后，大概并没有意识到这类垃圾邮件提供的所谓医学建议其实危害极大，于是进一步在朋友与同事中间传播开来。这些收件人都被邮件中看似科学的表象所迷惑，不由得担心起来。当公共卫生机构出面澄清事实，并揭露这封邮件是谣言的时候，疯狂转发的势头却丝毫没有减弱。人们后来又发现，这位马克尔博士其实是臭名昭著的医疗骗子贝蒂 · 马蒂尼（Betty Martini）一手编造出来的，可邮件转发的狂热还是没有就此打住。如今，这一谎言已经在公众意识中留下了深刻的印象，难以磨灭。2015 年，百事可乐公司担心公众对甜味剂的恐惧会影响产品销售，决定不再使用阿斯巴甜，但是消费者并不喜欢新口味，于是公司在一年后重新开始使用这种甜味剂。说来不免令人寒心，尽管早有众多研究完全驳斥了这类传闻，但科学的声音总会淹没在那些“草包族”信徒的叫嚣中，而他们则根本没有能力区分真正的科学和拙劣的模仿。[1]

互联网也让一些老旧的流言再度抬头，它们盗用了科学的表现形式，因此也比以往更难辨认。关于水中加氟的阴谋论就是这种新瓶装老酒的例子。在斯坦利·库布里克（Stanley Kubrick）执导的经典电影《奇爱博士》（*Dr Strangelove*）中，精神错乱的里佩尔将军就坚信水中加氟是共产党人为了害他阳痿而制造的阴谋，这无疑是在讽刺那些反对水中加氟的怪论和妄想。其实当这部电影于1964年上映时，这种阴谋论情绪就已经过时了。在此后的几十年间，很多科学研究都反复证实，水中加氟可以安全有效地减少龋齿的发生，照理说，此前那些反对意见也应该就此翻篇成为历史了。可结果并非如此，步入互联网时代，反对水中加氟的运动居然又卷土重来。更令人忧心的是，这种观点出现在很多看起来科学的网站上，相关网页上还罗列出引发癌症、抑郁等各种可怕的副作用。这些危言耸听的网站毫无科学精神可言，但这也并不影响它们最终获得了很多公众的接受与认可。

我自己也有过类似的亲身经历。2013年时，一些反对党政客在爱尔兰众议院提出议案，要求从供水中去除氟。他们的议案中引用了很多看似科学的研究报告，警告说氟会造成一系列恶劣的后果，如引发阿兹海默症、唐氏综合征、抑郁症、糖尿病、癌症，以及其他很多健康危害。其实，稍做调查就不难发现，这些可怕的想法其实是那些反对在水中加氟的自诩为“专家”的人所灌输的。这些科学报告也是典型的“草包族”科学，里面充斥着伪科学的论述、严重的错误和扭曲的逻辑。这些报告只有貌似科学研究的表象，实质上丝毫未能遵循科学的研究方法。可即便内容如此愚蠢，很多记者与政客依然无法明辨是非，面对大量真实的科学研究成果也未能识破谎言，这实在令人忧心不已。

1 相信你也不会感到奇怪，臭名昭著的约瑟夫·默科拉正是在这一谬论的基础上一手缔造起了自己的伪科学帝国，他还把阿斯巴甜称作“市场上添加进食物中的最危险的物质”。

就这件事，我曾为《爱尔兰时报》和《卫报》写过一些文章，分析那些报告中存在的问题。我还跟那些政客领袖进行辩论，向他们解释这些观点只不过是危言耸听，毫无实质意义。这让我成了那些边缘群体的眼中钉，受到来自各方面的攻击，有人指控我动机不纯，也有人质疑我的学术能力。这项议案最终被爱尔兰众议院否决，但禁氟运动依然时有抬头。而且不仅仅是在爱尔兰，甚至在美国、加拿大、新西兰和澳大利亚等国家，虽然早已把水中加氟纳入公共卫生政策的范畴，但还是有人打着科学的旗号理直气壮地加以反对。总是有很多地方政客喜欢用伪科学来混淆视听，无论是真的对科学一无所知，还是企图拉拢选民，都让人感到沮丧。[1]

“草包族”科学常常被人用来兜售一些奇谈怪论，使其看起来有种科学性。在这方面，被误解最深、滥用最严重的当数量子力学。量子力学是物理学中一个引人入胜的分支，关注微小的亚原子粒子的行为特征，与我们熟悉的宏观世界截然不同。微小粒子的领域可能完全不符合我们的常识。量子世界中的实体兼具粒子和波两种特性，即具有“波粒二象性”，这打破了粒子和波之间经典的二分对立。这一物理理论本身已远远超出本书范围，而且量子力学也创造出了一些外行很难理解的深奥又奇特的想法，“量子纠缠”就是其中之一，指尽管粒子之间相距很远，但相互之间依然存在联系。另一个概念是“量子隧穿”，指的是粒子“隧穿”过经典物理学中认为无法穿越的“势垒”。而在有些理论中，对一个过程的观察行为也会影响观察结果。这些现象实在太过奇异，远远偏离了我们对这个世界固有的认知。由此，量子物理学也提出了一些

1 我曾与几位煽动民意的政客面谈过，结果令我倍感困惑。我想当他们拿着爱尔兰氟化物与健康专家委员会（Irish Expert Board on Fluoride and Health）出具的破除迷信的复杂专业报告时，应该就能够信服了。这一机构是十年前为了应对反氟恐慌专门设立的。他们可能并非只是愚蠢无知，我怀疑大多数支持这项法案的政客只是想利用这场反对政府的活动，为自己积累政治资本。为了达到这个目的，他们甚至不惜危害公众健康。

深奥的科学和哲学问题，比如现实的性质究竟是什么，人类认知的边界又在哪里。

令人遗憾的是，很多人总是热衷于盗用科学术语，任意曲解量子力学中“高大上”的概念。量子神秘主义这种新时代信仰也应运而生，牵强附会地用量子力学去解释各种陈旧荒谬的思想，给空洞的观点也平添了几分深度。这些毫无意义的陈词滥调，将量子力学的术语堆砌在一起，再拼凑上一些看起来像东方哲学的内容，其实对相关现象没有任何真知灼见。物理学家默里·盖尔曼（Murray Gell-Mann）对此颇为厌恶，将其称为“量子胡扯”。在滥用量子力学术语方面，声名狼藉的迪帕克·乔普拉算得上是行家里手，他四处兜售荒谬言论并从中牟取暴利，甚至还出版了一本名为《量子治疗》（Quantum Healing）的畅销书。

这种对科学的曲解与滥用实在令人匪夷所思。事实上，只需对量子力学大致有所了解，就应该知道这门学科主要是针对那些比原子还要微小的领域。敏锐的读者也能很快发现，人类可比量子粒子大得多了，要把量子力学牵强附会地应用于人类活动，无疑是谬以千里。

那些“量子骗局”就是赤裸裸地向公众灌输所谓新时代信仰，盗用科学的名义来显得表面上可靠。这类“草包族”科学有时也比较隐晦，却可能造成更为严重的危害。正如费曼所说，科学的首要条件是诚实，以及基于诚实而公开承认自己理论与研究中的缺点和局限的意愿。这并非科学家单纯的理想主义或自我苛责，而是真正的科学精神要求人们时刻准备去接受其他可能的假设，只要这一假设能够对研究现象做出更好的解释，我们就要接受。

为了做到这一点，我们需要对错误进行量化，认识到结论的确定性是有限的，而最为关键的是愿意客观地质疑自己的理论与研究结果。但这么做显然有违人们渴望确定性的天性。为了消除不确定性，我们常常抗拒犯错的可能，也不愿采纳不同的解释。在科幻小说《银河系漫游指南》(*The Hitchhiker's Guide to the Galaxy*)中，作家道格拉斯·亚当斯(Douglas Adams)就曾调侃过这种错误的执念，他为《银河系漫游指南》中形形色色的错误写了这样一个免责声明："《银河系漫游指南》是绝对正确的。现实常常出错。"令人遗憾的是，亚当斯嘲讽的这种故步自封的僵化思想如今依然很常见，甚至可能取代科学研究的逻辑推演，成为至高无上的神圣信仰。

如果原本应该能够明辨是非的人也被"草包族"科学所蛊惑，那后果肯定非常可悲。1981 年 2 月，在华盛顿的国会山地区，一位年轻女子不幸遭到持枪歹徒的残暴袭击。歹徒强奸了她，将她捆绑起来并堵上嘴巴，还洗劫了她的所有财物。在遭受暴行的过程中，借着窗帘缝隙透入的微弱的街灯光亮，她只看到了暴徒一眼，只知道袭击者是一名年纪轻轻、未蓄胡子的黑人男子。案件发生几周后，18 岁的科克·奥多姆(Kirk Odom)因为毫无关联的另一件事被警察叫住问话。负责问询的警察拿出袭击者的画像，问奥多姆是否觉得自己长得与画中人有些相似。奥多姆否认后，警察又问了其他一些信息就让他离开了。几天后，警察出现在奥多姆的住处，以强奸与抢劫罪将其逮捕。其实控告奥多姆的证据非常薄弱，根据受害人提供的信息合成的肖像中是一名肤色中等的黑人男性，而奥多姆本人肤色很深。受害人也一度指认了奥多姆的照片，但这也不能算作有力的证据，奥多姆很年轻，也没有胡子，在一大堆邋遢的中年男性照片中，他的大头照自然非常显眼。而且目击者的指认也不能被当作充分的证据，这一点在前面章节中已经讨论过。此外，奥多姆还有一个非常有说服力的不在场证明：事发当天，他与家人一起正在为姐姐的女儿庆祝生日。奥多姆满心期待着指控能尽快撤销，自己也能早日摆脱这场噩梦。

谁也没能想到，尽管眼前的定罪证据不足，控方却还有一张王牌，那就是从犯罪现场发现的一根头发。特工迈伦·T. 斯科尔伯格(Myron T. Scholberg)出庭作证。斯科尔伯格隶属于联邦调查局显微分析部门，称自己是全球毛发检查领域的权威专家，他的证词决定了奥多姆的命运。这根从犯罪现场找到的头发与奥多姆的头发完全匹配，绝无二致。不仅如此，斯科尔伯格更指出这样高度的匹配是“非常罕见的现象”，在他本人的职业生涯中也只遇到过几次而已。对于陪审团而言，科学依据就是无可辩驳的铁证。尽管奥多姆坚称无罪，但还是不予取信，最终被驳回。

于是，奥多姆平白无故地遭受了整整 22 年的牢狱之苦。刑满释放后还需再经过 9 年的假释期，并且背上了性犯罪的前科。这件事不仅令他名誉扫地，还极大地影响了他与女儿之间的关系——他被捕时，他的女儿还只是个小婴儿。很难想象他当时遭受了多么大的打击。他始终坚称无罪，但根本无人理会，法医学的鉴定绝对不会出错，这起案件就此盖棺定论。同时，公众舆论也对案发现场的调查津津乐道，更让人对那些证据深信不疑。而这种现象也被称作“犯罪现场调查效应”。不过，在 2009 年 12 月的另一起案件中，哥伦比亚特区的公设辩护人服务处成功打赢了官司，帮助唐纳德·盖茨（Donald Gates）获得了无罪判决。盖茨曾遭到误判，因强奸罪和谋杀罪入狱服刑 28 年之久。改判无罪的关键，是推翻了原本看似无懈可击的法医分析结果，其中也包括毛发的显微分析，这与奥多姆被定罪的情况可谓如出一辙。

盖茨案推翻原判的消息引起了桑德拉·莱维克（Sandra Levick）的注意，她正是最初为奥多姆辩护的公设律师，现在已经升任为公设辩护人服务处特殊诉讼业务部的主任，但她并没忘记当初给奥多姆定罪的那些草率的证据。2011 年 2 月，也就是罪案发生整整 30 年后，莱维克依据《哥伦比亚特区无辜者保护法》提出进行新的 DNA 检测。从尘封多年的箱子里，警方把当年从犯罪现场找到的各种证据重新拿了出来：沾染血迹的床单、一件浴袍和那根作为铁证的头发。莱维克随即要求用当代技术对这些物证重新进行检验，检验结果令人瞠目结舌：从犯罪现场提取到的精液根本不是奥多姆的，却与另一位性罪犯完全吻合。

此外，对头发的线粒体检测也排除了奥多姆的犯罪嫌疑。也就是说，针对奥多姆的所有指控都是错的。于是莱维克在 2012 年 3 月提议撤销对奥多姆的指控并无罪释放。2012 年 7 月 13 日，也正好是他的生日那天，奥多姆最终被无罪释放，但他已经在冤狱中度过了大半的人生。这个案件的平反让公众重新关注起过去的许多案件，一个令人不安的问题也浮出水面：毛发显微分析到底错在哪里呢？

其实不难理解为什么陪审团会被看似严谨的科学分析所愚弄。1977 年联邦调查局有关毛发分析的手册上充斥着技术名词，在最鼎盛时期，毛发分析部门有 11 名全职特工，仅一年内就处理了 2 000 多个案件，出庭作证超过 250 次。1985 年在美国弗吉尼亚州召开的美国联邦调查局（FBI）内部会议上，伦敦市警察厅的首席科学家曾表达过疑虑，他指出："英国的调查员并不愿意检验毛发，因为英国普通的毛发检验员所做的匹配结果的取证价值是很低很低的。"也是在同一会议上，来自纽约的犯罪学家彼得·德弗雷斯特（Peter De Forest）还提到了奥多姆一案，指责 FBI 的结论"有很大的误导性"，而且"没有任何数据的佐证"。面对这些批评，FBI 实验室资深员工哈罗德·戴德曼（Harold Deadman,"Deadman"意为"死人"，这名字倒是很适合刑事法医学工作）始终坚称 FBI"非常相信毛发比对分析"。

遗憾的是，问题就出在这种"相信"上。拒绝客观审视分析方法的缺陷，恰好体现出 FBI 长期存在的"草包族"思想。当然也有人意识到误判造成悲剧的可能。特工弗雷德·怀特赫斯特（Fred Whitehurst）就曾多次提出过警告，质疑这种检验技术。在 1992 年至 1997 年，他就此问题给上级写了 237 封信，可惜都石沉大海。出于对伪科学的义愤，怀特赫斯特最终成为一名"吹哨人"，不断提醒那些执迷不悟的公设律师注意这种技术的缺陷。随着科学的 DNA 检验手段的进步，他的努力终有回报，让许多人最终平反昭雪。

直到 2009 年，美国国家科学院的一份报告才终于揭示出惊人的真相。FBI 深信不疑甚至引以为傲的这套显微分析技术，尽管用大量术语装扮成看似科学的表象，实则根本就不具备基本的科学诚信。想要比较两个样本并确认是否相互匹配，首先必须获得总体分布情况的详尽统计数据。如果没有这些基本数据，FBI 的专家说的所谓匹配是“非常罕见的现象”就完全是胡说。这类“草包族”科学架势十足，却徒有其表。这种检验方法看起来好像是法医学，其实只是胡蒙瞎猜，害无辜的老实人蒙冤入狱。

就在奥多姆被改判无罪的那个月，美国司法部和 FBI 宣布，将在“无辜计划”与全国刑事辩护律师协会（National Association of Criminal Defence Lawyers）的协助下，对以往基于毛发证据分析而定罪的案件展开联合调查。2015 年 4 月，调查结果公布，令人难以接受。他们最终承认，在大多数涉及毛发显微分析的审判中，他们所提供的证词都存在致命的错误，其中 32 宗案件中的被告已经被判了死刑，而在这份报告公之于众的时候，其中 9 人已经被处决了。

造成这个悲剧的原因就是，FBI 过分依赖这种看起来像法医分析的伪科学技术。正像萨莉·克拉克的例子那样，FBI 给这种方法披上了科学权威的外衣，也唬住了辩方与陪审团。在无法看清真相的情况下，他们也未能提出至关重要的质疑。就在我写这本书时，又有好几项误判被推翻，而还有数千件存疑的案件等待进一步分析。不过，即使面对这些无可辩驳的强大证据，那些笃信毛发检验的人士依然像“草包族”信徒那么固执强硬，坚称事实并非如此。在美国国家科学院 2009 年的一份报告中就提到了类似情况，也反映出这背后更大的问题，即人们普遍忽视了法医分析也是可能犯错的，而且存在不确定性：

> **有些法医学者始终不愿承认，无论是实验室检验还是其他具体学科都不可能完美无误。专家对调查委员会表示，人们对于什么才算是错误也存在不同意见……一些法医分析人**

士还坚持认为他们的方法完全正确，绝无差错。这种态度也影响了对法医学作用的评估。

这种事例提醒我们，必须明确区分真正的科学研究与装模作样的表面功夫。公众对科学的信任固然鼓舞人心，但科学自身应不断反省，避免成为一种错误的观念，甚至所谓的权威论点，而走向科学诚信的对立面。所有的科学理论都必须清晰明确，且能够接受检验。正因如此才需要进行同行评议，在这个过程中，科学家提交自己的研究成果与相关数据，接受其他彼此独立且大多匿名的研究者的严格评估。审稿人的责任是对稿件进行严格的评审，找出其中可能导致无效结论的各种缺陷、错误或逻辑问题。这个过程可能会让你沮丧，也谈不上完美，但“魔鬼代言人”的做法确实有助于我们规避错误、杜绝谬论。

对想法与观点的严苛检验是科学的重要内容，但“草包族”之徒却丝毫没有这样的观念。他们的把戏也许能模仿出一点科学研究的皮毛，但丝毫没有学到科学诚信的精髓，所以他们兜售的观点也像太平洋岛民搭建的指挥塔那样毫无实效。这说来好像简单，但面对当今世界的海量信息，想要有一双明辨是非的慧眼实在太难了。有的时候真真假假如雾里看花，而我们的感官又不断受到各种信息的轰炸，筛选信息明察秋毫的能力从未像现在这么重要。为了做到这一点，我们需要培养怀疑精神与分析性思维能力，因为这些强大的工具有助于我们辨别身边各种观点意见。无论是科学观点、政治见解或者其他意见，这套方法都能帮我们找到有用的信号，过滤无关的杂音。怀疑精神发挥着无可估量的重要作用，让我们免受他人的操纵或误导。

说句题外话，当今世界上仍有少数几个地方存在着人类学意义上的“草包族”崇拜。在塔纳岛上，被遥南恩（Yaohnanen）部落的人们奉为神灵的人竟然是英国的菲利普亲王，也就是英国女王伊丽莎白二世的丈夫。[1]在当地的古老传说中，山神的儿子曾漂洋过海，迎娶了一位有权势的伟大女士。预言还说，一旦时机成熟，他们就会回到大家身边。人们在口口相传的过程中不断添油加醋，还有人说山神的儿子是约翰·弗鲁姆的兄弟。部落的人们曾注意到殖民地官员对女王格外尊敬，由此推断她就是山神的儿子所迎娶的高贵妻子。这样一来，菲利普亲王就成了山神后裔一说的生动证明，而 1974 年英国皇室造访瓦努阿图更让这种说法显得确凿无疑。在听说自己被奉为神灵之后，菲利普亲王把自己的签名照赠送给了村民，而村民们则回赠给他一根当地传统中用来赶猪的短棍。至于亲王是否真的用它来赶猪，就不得而知了。

1　对于了解菲利普亲王的人们来说，他被奉为神灵这件事本身也颇为滑稽。因为他总自称是一位“臭脾气的老家伙”，平时心直口快，喜欢揶揄嘲讽，甚至时有种族歧视的言论。

21 合理的怀疑精神
A Healthy Scepticism

2012 年 12 月间，一个孩子在英国遭到绑架。被绑架的男孩尼恩·罗伯茨（Neon Roberts）年仅 7 岁，刚刚接受了脑瘤（成神经管细胞瘤）手术，急需接受放疗才能保住生命。绑架者既不是可怕的罪犯，也不是歹毒的恶棍，而是孩子的母亲萨莉·罗伯茨（Sally Roberts）。萨莉坚决反对放疗，因此不愿意带孩子去接受治疗。由于抓住治疗时机是性命攸关的大事，人们担心再拖延下去会危及孩子生命。由于孩子的母亲坚决反对治疗，最后只能采取法律行动。家事法庭迅速做出裁决，认定放疗可以挽救生命，必须强制执行。但萨莉拒不接受这项裁决。就在圣诞节前，她带着儿子尼恩潜逃，引发了一场紧张激烈的追捕行动。

全国的警力都投入到搜寻这对母子的行动之中，终于在四天后在苏塞克斯找到了他们。当他们重新回到法庭时，医生依然给出了完全一致的诊疗意见：若不立即进行治疗，“孩子在较短时间内死去的可能性很大”。但萨莉始终坚信替代疗法可以治好自己孩子的病，她说自己与替代疗法治疗师谈过，他们有各种各样的抗癌方法，有饮食疗法，也有高压氧舱疗法。医院信托理事会非常震惊，反驳说那些人根本拿不出任何证据来证明他们的疗法真实有效，他们甚至连“成神经管细胞瘤”这个单词都拼错了，那些信息很可能来自网络搜索引擎，而非什么正规的医学渠道。可萨莉对此的反应令很多人大跌眼镜。她不仅要求继续用替代疗法给尼恩进行治疗，还解聘了她的律师团队。法官尽管同情萨莉，但反复强调时间已经刻不容缓，所以尽管萨莉在最后一刻依然提出申诉，但依照法院裁决，最终还是让孩子接受了放疗。

尼恩后来痊愈了。经过这番波折，萨莉却还是执迷不悟，她甚至表示："医生导致的死亡是非常普遍的，但如今幸好有了互联网，我们这些人可以自学……明明有许多其他的治疗选择，可我们却得不到，也不让我们得到。"

要说哪种病在公众心中最能产生强烈的震撼，那应该就是癌症了。它就像高悬在人们心头的巨大阴影，时刻警示着人类的脆弱，也反映出心底最深的恐惧。人们对这个话题总是讳莫如深。癌症无处不在，大约一半的人在一生中会不可避免地与其遭遇。那位罗伯茨夫人的想法其实很普遍。长期以来，许多人都认为癌症确有解药，只不过是在医学界和制药业的压制下秘而不宣罢了。"自然健康联盟"（The Alliance for Natural Health）[1]曾表示："一些不合常规的抗癌手段被主流文化所压制。"无独有偶，Naturalnews 网站也宣称："全球癌症产业每年高达约 2000 亿美元。产业内有各种各样的相关职位，如果现在传出新闻说有更便宜、副作用更小且疗效更好的治疗方法，那么现金流会突然停止，就会有很多人因此失业。大药厂也会消失。"

这绝对不是多么边缘的说法。大约 37% 的美国人认为，食品药品监督管理局向来喜欢巴结大药厂，压制了不少治疗癌症的"自然疗法"。研究阴谋论思想的专家罗伯特·布拉斯凯维奇（Robert Blaskiewicz）把这类阴谋论中所说的"大药厂"定义为"一种抽象的实体，涵盖了公司、监管部门、非政府组织、政客，常常也包括医生在内。所有这些人都在数万亿的处方药市场中分得一杯羹"。制药公司诚然获得了高昂的利润，有些做法也确实引人非议，值得谴责，这些早已不是什么秘密。

1 他们甚至还出过一个专题对我进行污蔑和攻击，其中有句话是"他年轻又时髦，发型酷又潮"。我猜测他们的本意是想嘲弄我，但我真心挺想把这句话印在名片上的。

以葛兰素史克公司（GlaxoSmithKline）为例，该公司在 2012 年就曾因一系列刑事和民事违法行为被判支付创纪录的 30 亿美元的高额罚款，罪名中就包括未公开药品安全数据，以及给医生回扣以推销药物。这也难怪全社会对医药公司都心存戒心。药厂总是财力雄厚，却也劣迹累累，还常常跟一些医生串通一气。如果真的有人发现某种天然物质可以治愈癌症，自然会危及这些人的利益，有些公司确实可能会罔顾道德出手压制。

阴谋猜想和很多所谓的信仰是分不开的。热衷于替代疗法的人坚持认为，制药企业只手遮天，想方设法地掩盖替代疗法的效果。我们在前几章讨论有关大麻问题的时候也已经讲到了这一点。上网简单搜索一下就不难发现，大量声称能够治愈癌症的传闻，包括生酮饮食法、果汁排毒法甚至漂白剂疗法，其内核都是一样的。还有一种类似的说法是，癌症是一种现代的、人为制造的疾病，其目的就是让人生病，保证医药产业有利可图。那些“大师”总是对化疗与放疗不屑一顾，认为那些疗法有毒，不断劝告患者采用替代疗法。例如整骨治疗师约瑟夫·默科拉就曾对正规疗法和制药企业恶言相向，他说：“大药厂的美梦就是癌症大流行，所以他们严防死守，绝不肯透露一丁点治疗癌症的信息。”[1]

至于这种自然疗法究竟是什么东西，各种说法则大相径庭。有人说是一种神乎其神的饮食疗法，有人说是一种替代疗法，也可能是某种常见的草药或植物。抛开具体细节不论，这些说法实际上是一样的。坚信这类疗法的人认为，制药公司无法将某种东西申请专利，所以他们与医疗部门沆瀣一气，不遗余力地要掩盖它神奇的疗效。这套说法听起来不赖，简洁明快，好像确实可以解释所有的事情，但仅仅因为这种说法

1　默科拉的网站访问量比很多可靠的科学网站（如美国国家癌症研究中心官网）都要大很多。

符合我们某些固有的观念，并不能就此认定它是正确的。让我们来检视一下其中的各项前提：

前提 1——存在一种治愈癌症的特效药。这个前提假设恰恰暴露出一些人对癌症的无知。癌症并非是一种疾病，而是由变异细胞的不规则增生所导致的所有恶性肿瘤的总称。它可以发生于任何类型的细胞，因此对癌症的预后与治疗方案也千差万别。除病情复杂外，每一名患者的情况也各不相同，因为变异是在他们自身的细胞中发生的。因此，癌症的具体成因不同，反应也各不相同，妄想能找到神奇的万灵药简直是异想天开。这一前提把问题过度简化，基本上毫无意义。无论是关于疾病还是治疗，这种想法都犯下了单因谬误。

前提 2——癌症特效药无利可图。正常的制药企业怎么会想到压制抗癌药物呢？所谓天然产品不能申请专利其实是一个编造出来的谎言——“天然”的来源并不能阻碍商品化过程。我们今天所用的很多药物，都是从植物和动物身上发现的物质中研发而成的，问题在于如何找到其中的活性物质并且合成，这样就能够控制药物使用的剂量。要是姜黄或维生素 D 可以抗癌，那么制药公司只会争先恐后地去分离活性物质并证明其效用，而不会处心积虑地构陷阴谋。如果真的能找到万试万灵的抗癌神药，那这家制药公司肯定一夜暴富，名利双收，不仅能收获诺贝尔奖，还将赢得全世界人们永久的感激。

前提 3——癌症发病率是受大药厂操纵的。癌症并不是新型疾病，自古以来一直都跟人类相伴。我们曾在距今 3000 年前的埃及木乃伊上找到过癌症存在的证据；早在公元前 400 年，希波克拉底就曾区分过良性和恶性两种瘤。古代的医生

尚未掌握解剖学知识，他们观察到那些突起的瘤子很像是螃蟹的脚，这就是“cancer”（癌症）一词的来源。[1] 我们现在已经知道，癌症发病率持续走高是全社会医疗卫生条件不断改善的结果。把它说成是某种险恶的阴谋，完全是一个“不合逻辑的推论”。癌症高发只是因为人类活得更长，而且更少死于霍乱或天花这类的瘟疫罢了。

总结起来，那些耸人听闻的阴谋论无非就是这几条内容，都经不起推敲。当然，那些笃信阴谋论的人会说我们信息有误，而且也受到了大药厂的操纵。但“奥卡姆剃刀”原则在这个问题上可谓一针见血：如果要接受阴谋论，就意味着必须相信全世界数以百万计的人几十年来一直在演戏，甚至不知顾惜自身与家人的生命健康。全世界每一家药厂和监管机构，从小厂家到跨国企业，全都卷入了这场反人类的惊天骗局之中，甚至个个都愿意不顾自己的名利，放弃寻找抗癌药物。这种情形不仅荒诞，而且根本无法持续。[2] 在现实中，参与医学研究的不仅有医生与科学家，还有各类监管机构，大家分工明确、各司其职。这种阴谋论是把这一复杂的生态系统简单粗暴地理解成一个巨无霸“他们”，这个“他们”就是所有坏事的幕后黑手。与之相比，另一个假设则要简单明了得多：这种阴谋压根就不存在。

那这种谣言为什么能长久不衰呢？答案之一听起来有些愤世嫉俗，那就是有很多人要借此来推销各种替代疗法、补充剂、研讨班、饮食法和“保健”理念。诉诸阴谋论就像是一种独特的辩解方式，能够让骗子

1　cancer 一词源自拉丁文，现在一般指巨蟹座（首字母需大写，Cancer），用在天文或占星当中。关于癌症与螃蟹的关系还有各种说法，比如肿瘤周围蔓延的血管像螃蟹脚，或者肿瘤硬邦邦的表面让人联想到螃蟹。——译者注

2　在我关于阴谋论的研究中，曾特别考虑过制药公司与科学家合力“掩盖”抗癌药的可能性。结果显而易见，就连数学模型也表明，就算所有涉事人都完全罔顾道德且不通情理，整个计划也会很快走向失败。

或者傻子们拒绝听信任何相反的意见或证据，也不用在意自己的观点站不站得住脚。对一些其他人而言，阴谋论也很诱人，因为它给很多复杂的问题提供了更简单的答案。心理学研究发现，人们对阴谋论的信任与他们想要获得掌控的心态紧密相关。面对各种不确定性，如果感觉自己有能力掌控一切，哪怕只是错觉，也能让人感到安心。如果人们相信有某种秘而不宣的特效药，也会产生“得到保护”的感觉。也正因如此，天下人谈癌色变，才会将它推向阴谋论的风口浪尖。遗憾的是，这类阴谋论挑唆患者站在医生的对立面，那些自命不凡的所谓“大师”还宣称常规疗法是骗术，进一步加剧了医患之间的不信任，并可能造成悲剧性的后果。2018 年的一项研究表明，对替代疗法感兴趣的病人更有可能拒绝或拖延癌症治疗，因此这些人在确证患癌后 5 年内死亡的可能性是其他人群的两倍。

这一无情的数据[1]也揭示出非常重要的一点：对我们而言，明辨是非、去伪存真实在是性命攸关的重要能力。癌症阴谋论可能只是一个极端的例子，但我们周围每天都是喧扰嘈杂，充斥着各种不实信息。在有些时候，真话里也可能滋生出谣言，几经扭曲而得出荒唐的结论。我们以“一氧化二氢”（DHMO）为例。这是一种无色无味的氢氧酸，在酸雨、核废料甚至人类癌症中都能发现，可能造成严重的环境危害与土壤侵蚀，每年夺去 36 万人的生命。它甚至还能腐蚀金属。而且，这种物质在我们的食物与环境中大量存在。因此，无论是加州还是新西兰，全世界很多市政厅与议会都出现了不同规模的请愿活动，要求将其禁用。根据 2011 年芬兰的一项调查，多达 49% 的受访者支持限制使用一氧化二氢。但是，这些狂热的活动似乎都没有搞清楚一个基本事实，所谓

1　人类寿命的增长与生活质量的提高，至少一部分可以归功于制药公司在医学研究方面的大量投入。研发与发现新药往往耗资巨大，制药公司的大部分利润都用在了研发上。当然，这并不能为他们的一些劣迹开脱，只是说明实际情况比较复杂，并不是树立一个妖魔化的坏典型那么简单。

的“一氧化二氢”还可以写成 H_2O，它有一个更通俗的名字：水。

必须承认，上述各项有关水的危害都是正确的。只不过这些都是精心挑选拼凑出来的。这场“一氧化二氢”的闹剧暴露出不少问题，比如公众普遍科学素养不足，舆论信息时常出现刻意拼凑、夸大或者不实等等情况。有些时候，这种“摘樱桃”式主观遴选信息的做法背后，还可能藏着更险恶的动机。否认气候变化的人士常常指出，气候一直都在变，眼下“全球变暖”的现象不过是大惊小怪、杞人忧天罢了。气候趋势一直起伏不定，这确实是不争的事实，但值得警觉的是如今变化的趋势——气候变化的速度已经远远超出了自然的规律。关键问题是变化的速度，就好像是慢慢减速停下汽车，还是开着这辆车迎头撞向砖墙，这是截然不同的两回事。脱离具体语境陈述孤立的事实，很可能会得到有悖现实的错误结论。

我们在前面讨论过，很多人出于不同的意识形态立场而否认气候变化的基本事实。而就算与这些人持有截然不同政治立场的人，也会有同样荒唐的愚蠢行为。我们都知道，保护环境要求人们减少碳排放量，而温室气体排放大部分来源于能源生产。与排放量巨大的化石燃料相比，核能不仅排放量为零，而且能效非常高。政府间气候变化专门委员会（Intergovernmental Panel on Climate Change, IPCC）也强调，核能是对抗气候破坏的重要手段。有人甚至估算过，需将现有核电产量翻倍才能对抗最糟糕的气候变化。尽管核能有很多好处，很多绿色组织却还是武断地将其一票否决，原因只有一个——切尔诺贝利。

1986 年 4 月 26 日凌晨，乌克兰境内发生了核试验失败，将这个地名永久地铭刻在全世界人民的集体记忆之中。由于工作人员的无能、技术落后和对安全规范的漠视，试验最终造成了两次巨大的蒸汽爆炸，2 000 吨的反应堆所在的建筑的屋顶也被击穿，过热的石墨缓和剂暴露在空气中，冒出熊熊火焰，抛撒出放射性微尘。

苏联方面事后的反应也是一场不折不扣的灾难。他们命令直升机倒 5 000 吨砂石和吸收中子的硼用以灭火，没想到直升机与吊车相撞后坠毁。毫无防护的消防员在炼狱般的现场救火，全然不知自己深处险境。也没有任何措施防止有害物质污染食物链，其中最主要的就是放射性碘 131。这种放射性同位素的半衰期只有短短 8 天，可一旦被摄入人体内，就会沉积在甲状腺中。要是能做到一些基本防护，有些健康危害本可以避免。但当局竭力粉饰太平，甚至还允许当地居民食用受到污染的农产品。苏联当局原本可能会矢口否认到底，但是在事故发生的第二天，瑞典核电站发现了放射性微尘，全世界才终于得知事情的严重性。在事故发生 36 个小时之后，当局终于下令撤离居民，但当时早已有数千人受到了本可避免的辐射伤害。

几十年来，这场全球最严重的核灾难已经成了全球反核运动最重要的关键词，被人们视作核能危害的确凿证据。切尔诺贝利现在也成了大规模伤亡灾难的同义词。绿色和平人士认为，有 9.3 万人因那场灾难而丧生。时至今日，我们始终无法忘却这个地区畸形儿童的骇人画面，以及居高不下的癌症发病率。

不过这些印象与事实并不完全相符。在灾难发生后，联合国原子辐射效应科学委员会（UN Scientific Committee on the Effects of Atomic Radiation, UNSCEAR）、世界卫生组织和其他机构合作监控这场灾难对当地人的健康造成的影响。经过近 20 年的观测，2005 年切尔诺贝利论坛（Chernobyl Forum）发布报告指出，在吸入大剂量辐射和有毒烟雾的消防员中，28 人随后死于急性辐射病；另外 15 人因摄入放射性碘而患上甲状腺癌并最终病故。如此严密的健康监控并没有发现实体瘤或死亡率的增长，甚至在灾后成千上万名几乎没有任何防护就投入救灾现场的工人群体中也没有出现。报告数据还表明，灾后的出生畸形率也没有上升。联合国原子辐射效应科学委员会于 2008 年发表的报告中指出：“尚无科学证据表明，总体癌症发病率、死亡率或非恶性疾病发病率存在与辐射有关的增长。”

报告的内容与我们对那场灾难的理解相符吗？答案是否定的。事实上，很多民间组织为了推动他们的行动，有时不免夸大其词，甚至弄虚作假。许多西方慈善机构常用的那些畸形婴儿的骇人图片其实并非来自切尔诺贝利，而只是一些普通畸形儿的案例图片，在总人口中的实际发生概率也很低。绿色和平组织援引的死亡人数数据也是基于错误的估算与夸大的揣测，这也难怪世界卫生组织发言人格雷戈里·黑特尔（Gregory Härtl）曾说："我们要不断提醒人们想一想，为什么有人要做这样的估算。"出于意识形态的动机而牺牲真相，这么做不仅会混淆视听，也会伤害受到影响的人们的心理健康。世界卫生组织在2006年曾发表一份报告，警告说"把受影响的人群称为'受害者'而非'幸存者'，会让这些人感到无助、软弱，无力掌控未来的生活。这么做……不仅会导致过度谨慎的行为方式与过度的健康隐忧，还可能引起某些不计后果的草率行为"。[1]

日本的福岛核电站事故也成为一个类似的焦点事件。2011年3月，日本东北沿海地区发生大地震，并引起了15米高的海啸灾害。滔天巨浪很快淹没了福岛核电站。浸泡在洪水中的柴油发电机无法为核电站维持冷却系统，导致核原料出现少量泄漏。这一系列事件很快引起了全世界的强烈关注，惊悚的新闻很快占据了各大报纸的头条。事实上，这场事故造成的放射生物学危害目前来看并不严重，至2018年日本首次承认仅发生了一例与辐射有关的死亡案例。遗憾的是，福岛被反核人士所利用，成为千夫所指的又一个靶子。人们把各种愤怒与怨气都集中在了福岛核电站，却全然忘记那场海啸夺取了1.6万人的生命。

当然，核能并不是解决一切问题的万灵神药。利用核能是个复杂

1 当然，这些丝毫都不能改变43人因辐射而丧生的悲惨事实。一些在1986年受到辐射伤害的人如今仍然可能患上一些疾病，不过随着时间的推移，这种概率也已经大大减小了。当时有11.5万人被迫撤离，时至今日，出于谨慎防范的考虑，反应堆周围30公里依然是禁区，而实际上这一区域内的辐射量已经远远低于危险水平。多年来，因为远离人类的侵扰，这里已经变成了野生动物栖居的世外桃源。

的过程，所产生的核废料也需要小心处理。总而言之，无论以哪种客观标准而言，核能都是清洁、安全与高效的能源。核能所背负的骂名可以追溯到当代环保运动萌芽之初，早在那时，绿色和平组织这类的团体就已经开始抗议进行核武器试验了。当时的世界笼罩在冷战的阴影之下，很多人将核电与核武器混为一谈，两者被冠以同样的污名。事实上，这两者有着截然不同的工作原理，正如纸飞机不可能摇身一变成为战斗机那样，核电站也不会变成热核弹头。[1] 那些有关核电站的种种危言耸听的谣言不仅夸大了可能的危险，而且断章取义，让人弄不清真相。自 20 世纪 90 年代至今，风力发电站造成了 100 多人的死亡。但这些事故并没有让这些工程技术蒙上污名。因为事实就是，任何一种发电方式都存在风险。

我们长期依赖的化石燃料对地球环境与人类健康的影响最为严重。化石燃料的碳排放量很高，对气候变化影响巨大，单单因为化石燃料造成的空气污染而丧生的人每年就有大约 550 万。在福岛核电站事故之后，德国迫于反核运动的压力，同意关闭全国的核电站，代之以污染严重的化石燃料发电站。日本也压缩了自己的核电产能，这使该国逐步成为全球化石燃料第二大净进口国。到 2017 年为止，由于逐步停止使用核电站，德国向大气层多排放了 8 000 万吨的二氧化碳，目前已经成为整个欧洲碳排放量最大的国家。与之相反的是，法国全国 78% 的能源都来自核能，因此全国享有更洁净的空气，同时也是碳排放量最低的几个工业化国家之一。一味抵制核电，造成我们不愿意看到的结果就是更加依赖化石燃料，气候的变化更快。如果说这也算是环保运动的一次“胜利”，那这胜利的代价实在太大了。

归根结底，人们有时不愿直面事实真相，才会最终误入歧途。为

1　因为“核”（nuclear）这个词有这种负面的暗示，所以“核磁共振造影”的英文名称就将它省掉了，只保留 magnetic resonance imaging（磁共振造影），免得患者有不必要的疑虑。

了宣传自己的想法而歪曲事实，只会扼杀理性的讨论，增加分歧，变得更加无知。如果我们拒绝接受凭证据说话，就不可能解决实际问题。意识形态和宗教信仰有一个相同的缺陷，就是把顽固不化作为美德，对不符合教义的理念一概不予理睬。伏尔泰曾有句名言——“完美是优秀的敌人”，说的正是这个道理。我们并不是总能找到最理想的解决办法，合理的逻辑也不是总能解决意识形态中存在的困境，但不知变通或墨守成规往往会带来糟糕的后果。面对气候变化这样事关生死存亡的重大挑战时，如果很多人还在一味否认问题的存在，甚至从中造成破坏，那怎么能解决问题呢？这就好像居住的楼房里发生了火灾，可许多住户却依然拒绝接受这个现实，更有甚者还非常固执地拒绝呼叫消防救援。

若要生存下去并且得到好的发展，我们就必须根据实际情况不断改进自己的观点与信念。眼下是否有最佳的解决方案，又该怎样实现，这些问题我们都可以有不同的看法，但我们不可以无视真实的现实，而活在自己的幻想或者错觉里。我们能够对自己的看法负责，但不能对事实负责，事实就是事实。误导公众的如果只是在科学和医学方面，那就已经够糟糕了，可我们在书中已经多次提到，无论是在网络上还是线下，都有各种不可靠的言论污染着政治的话题。很多人都固守在自己的“回音室”里偏听偏信，不愿接受质疑和挑战。相比于以前，现在的人们显得更加极端，要做到明辨是非也绝非易事。很多人也因此变得更加冷漠和愤世嫉俗，但这种漠然的态度是我们的敌人，会让我们变得更容易受人摆布。

当然我们也不是无药可救。对抗上述问题最好的办法，就是我们人类无往不利的法宝：我们不断追问的头脑。我们分析思考的能力就像是坚实的盾牌，能够抵御各种谎言的侵袭。在过去这些年，包括众多科学家们在内，有着怀疑精神的人们做了大量出色的工作，揭穿了很多用心险恶的谎言，从可恶的灵媒到危险的奇谈怪论。在当今的 21 世纪，我们所面临的最大挑战恐怕就是形形色色的阴谋论了。我在本书中也介绍了五花八门的这类想法与言论，还深入讨论过它们造成的危害。那些既顽固又偏执的阴谋论者四处兜售自己的理论，话题包罗万象，内容耸人听闻。他们到处制造不和谐、不信任的氛围，让人与人之间愈发冷漠隔阂，也让每个人更容易受到伤害。阴谋论就像病毒一样，还会不断升级，迅速变异，我们必须不断增强免疫力才能进行有效抵抗。

只有当理性被压制时，阴谋论才会伺机滋生蔓延。也就是说，热衷于阴谋论的群体，其分析思维的水平总是比较低的。现有证据表明，人们对那些奇谈怪论的接受程度，与他们简单化、直觉式的信息加工方式密切相关——也就是喜欢“凭感觉”的思维习惯和做事风格。与此相反的是，强大的分析思维通常会带来开放的思想，而不会让人深陷阴谋论的迷局，因为这种思维方式有助于人们对各种言论和思想——特别是那些缺乏逻辑或证据不足的思想——进行严格的评价与批判。因此，善于进行分析思考的人们就不太会受到各种认知偏见的误导。问题的关键在于，一切都有改善的可能。也有研究表明，即便对于那些易受阴谋论影响的人群而言，合理运用分析性思考也能有效减少误导与偏见。

我们只要意识到理性中可能发生的错误，就能够有效规避不良的后果。在本书中，我深入探讨了很多需要规避的陷阱，有些是逻辑悖论，有些是心理误区，还有一些是措辞的陷阱。当然，仅留意到这些问题是远远不够的——知道陷阱的知识只能减少我们误入歧途的可能。想要彻底解决问题，就得学会运用这些知识。若要评估某种说法是否真实可信，我们不仅要考虑逻辑推理过程，还应该审视其中的前提假设。这些前提是都能得到证据的支持，还是只是在玩弄文字游戏呢？最终的结论是否合情合理，或者值得质疑？我们在上文中探讨有关癌症的阴谋论时，采用的正是这样的思路和方法，从而发现了阴谋论的前提本身就存在问题。在探讨核电恐慌的问题时，我们也看到公众的观念远不是基于理性思考而得出的。

为了应对各种复杂的问题，我们需要运用科学的怀疑精神。这种精神的实质就是不断提出问题，不断严谨求证。“怀疑精神”的英文单词为 scepticism，源于希腊文 skeptomai 一词，意为“仔细地考虑”。哲学家保罗·库尔茨（Paul Kurtz）把怀疑论者定义为“有对任何理论提出质疑的意愿，要求定义更加清晰、逻辑更加连贯、证据更加完备的人。因此，对客观的科学研究与求知探索而言，怀疑精神都是其中重要的一部分”。

怀疑精神原本就蕴含在科学方法中，是我们探索宇宙奥秘的重要工具。怀疑精神对我们的政治生态与社会健康也同样重要。要是没有怀疑精神，我们便不会对权力所有者或者追求权力者的断言提出质疑。要是不知道如何去求证，也不知道如何分辨可靠的信息，我们就很容易受人蒙骗，被那些别有用心的煽动家、独裁者和骗子利用。要是没有健康的怀疑精神，我们就很容易被人操纵，成为邪恶力量的帮凶。要是失去理性的防护，我们便很容易陷入狂热与盲目，容易遭人蛊惑而误入歧途，后果不堪设想，历史上相关的血的教训比比皆是。

怀疑精神要求我们不断追求真理，不要沉湎于自欺欺人的假象。它要求我们无论内心有何种偏见，都必须从事实证据出发，严格依照逻辑，对最终的结论进行求证。这绝对不是什么轻松愉快的事，分析性思考需要我们去挑战很多看似神圣不可侵犯的人。但是只有这么做，我们才能克服盲目轻信的弱点。

那么，我们面对某种说法应该怎样进行严谨的分析呢？我们能不能接受某种说法，并不在于它是不是符合我们内心固有的偏见，也不在于它是不是符合我们所熟悉的日常思维。无论对于什么样的说法，我们都必须认真推敲，以决定该怎样求证。用卡尔·萨根的话来说，就是“特别的说法需要特别的证据”。我们在本书中列举了政治、科学及其他方面的许多议题，探讨了该怎样全面审视各种说法。要真正做到明辨是非并不容易，在此提出一个简单的提纲供大家参考：

推理：前提能不能得出结论？推理过程中有没有歪曲或错误？结论要正确，整个论证链条的每一个环节都必须环环相扣、严丝合缝。任何一个不合理的推断都意味着潜在的错误。同样道理，如果按照逻辑推导得出的结论是矛盾或荒谬的，那就是提醒我们必须谨慎对待。论证的前提本身也很重要。这些前提是不是合理、充分，经不经得起质疑？如果前提就是“见光死”，从这样的前提推导而来的结论肯定也站不住脚。

措辞：作者用了怎样的论证方式？仅仅引用权威并不能代替客观证据。当引用权威时，还必须提供与论点相关的证据。对于那些把复杂问题简单化的说法尤其要警惕，比如把各种不同意见简单归为非此即彼的二元对立。曲解或误解他人立场的说法也是不足取的。无论是谁提出观点，都有责任提供相关证据。靠污蔑和抹黑对手进行攻击的方法是无效的。

个人因素：各种说法中可能存在哪些个人偏见？我们每个人都不能完全杜绝动机性推理与确认偏误，所以有必要判断一个观点是合理的还是一厢情愿的认识。提出的观点是否仅仅基于主观选择的有限信息？是否只是为了确认自己的立场？在很多方面，我们的说法都是靠不住的。当面前的证据存在主观性或仅仅是道听途说，那我们的感知与记忆也可能存在偏差或错误。

信息来源：各种信息是从哪里来的？是来自真实可靠、可以验证的源头吗？那些没有可靠来源的说法是不值得相信的。我们所获得的信息会受到我们所处的“回音室”与思想观念的影响，因此必须格外小心地加以辨别，考察这些信息确实是公正可靠的，还是说只是我们偏听盲信的结果。道听途说的信息必须仔细评估，以辨真伪。对于存有争议的问题，

即便还没有定论，也不能认为每一种观点都是合情合理的。

量化：这种说法可以被量化吗？如果有数字信息，那么数字背后的语境也是至关重要的。统计数据虽然有用，但也可能遭人利用和操纵，用来混淆视听、蛊惑人心。我们要牢记相对风险与绝对风险的差异，确保在相似的事物之间进行有意义的比较。此外还应切记的是，两者之间存在相关关系并不意味着它们之间就存在因果关系。

科学：这个说法可以验证吗？至少在原则上是否可以被证伪呢？如果某种说法看起来像是一个科学假设，那么它是基于严谨扎实的科学发现，还只是"草包族"科学呢？如果呈现了科学数据，那么这些数据所反映的是学界共识（即"证据整体性"），还只是"采樱桃"式主观选择导致的特殊情形呢？这些数据足以支持最终的结论吗？如果有另一个假说也可以充分解释这些数据，而且只需更少的前提假设，那么根据"奥卡姆剃刀"原则，我们就需要更加谨慎。

这个提纲里的一系列问题可以帮助我们审视各种看法。当然，我们最应该审视的还是我们自己的看法。我们每个人都应该像科学家那样去思考，追求事实和理性，勇于承认错误，并积极改正。换句话说，我们要意识到所有的结论与立场都只是暂时的，都有可能随着信息更新而不断变化。要做到这一点并不容易，因为我们都不免受限于自己的观念，难免会把对看法的质疑看成是对自己这个人的攻击。可我们必须努力去克服这一人性的缺点。

想法只是想法，并不等于我们这个人。想法常常会出错，随着新信息的不断出现，我们也不必羞于及时调整自己的想法，面对铁证还拒不改变才是需要羞愧的。当证据不足时，也不必急着做出判断，草率得出的结论往往容易出错，而且往往更不愿意改变。不急着下结论没什么丢人的，更不是懦弱的表现。不确定的感觉确实会让人不舒服，但我们必须忍一忍。罗素就曾警告说：“只要人们还没有学会在证据不足时先保留判断，就很容易被那些自以为是的所谓先知们引入歧途，也更容易把无知的狂热分子或狡诈的江湖骗子当成自己的领袖。要忍受不确定的感觉确实很难，不过大多数美德都是这样的。”

最后一点也很重要：永远不要把怀疑的科学精神与廉价的愤世嫉俗混淆起来。怀疑精神不是随随便便地说一句“我不相信”，而是认真地提问“我们为什么会这么想？”怀疑精神是一种开放的心态，鼓励讨论，促进理解，而不是把自己封闭起来。在气候变化或疫苗接种这种问题上，有很多持反对意见的作家与节目主持人也喜欢自称是“怀疑论者”，这是有意的误用。怀疑的精神认为，所有的说法在得到确认或被推翻之前都是不确定的；相反，否定主义是顽固地拒不接受证据和任何合理质疑的非理性态度。那些毫不理会科学界的共识又自称是“怀疑论者”的人，其实是彻头彻尾的“否定论者”，他们拒绝接受不容辩驳的铁证，自己错误的立场不堪一击。

最后，我并不希望这本书留给读者一个错误印象，以为科学方法只不过是用来揭穿各种谎言与骗术的方法，是给人泼冷水。其实远远不止这些。科学探究就像熊熊燃烧的火炬，在愚昧与惶恐的阴影中为我们照亮前行的道路。我们栖居一隅的神奇宇宙有着无穷的奥秘，远远超出我们的想象。举例来说，生命最基本的元素是碳、氧和氮，而且这些元素只有在恒星内部才会产生。这就自然推出一个结论：组成我们每个人的原子，很久以前都是在某一颗爆炸的恒星内核中出现的，然后以极快的速度在宇宙间扩散开来。在这个意义上，我们都只是点点星尘，诞生于众多超级太阳的爆炸尘埃之中。正是理性的光辉让我们有了过去完全无法想象的伟大发现，也正是理性让我们得以脱离愚昧无知的黑暗永夜。

尾声
Epilogue

热爱真理，原谅错误。

—— 伏尔泰

选择和什么人“对战”，是非常重要的。与达尔文共同发现进化现象的科学家阿尔弗雷德·拉塞尔·华莱士的故事，恰好说明了这一点。1870 年 1 月，有人在《科学观念》（*Scientific Opinion*）杂志上发起挑战，看什么人可以证明地球是圆的而不是平的。发起挑战的人是约翰·汉普登（John Hampden），一名富有的宗教狂热分子，他坚信《圣经》的经文有力证明了地球是平的，于是豪掷 500 英镑向敢于提出质疑的人发起挑战。他的想法很荒唐，因为地球是个球体，这从古希腊时期就是人所共知的常识了。早在公元前 3 世纪，古希腊天文学家埃拉托色尼（Eratosthenes）就已经准确计算出了地球赤道的周长。自 16 世纪开始的人类环球航行也反复证明地球是个球形。尽管如此，当时手头拮据的华莱士还是对这一大笔奖金颇为心动。他向地质学家查尔斯·莱尔爵士（Sir Charles Lyell）咨询，自己应不应该接受挑战。“当然了，”莱尔回答说，“没准能让那些傻子别再四处招摇了。”

华莱士和莱尔认为有些人是受到了误导才以为地球是平的，只需做一番说理解释，就能扭转他们的错误想法。经过一番友善的联系之后，华莱士与汉普登约定在英格兰东部诺福克郡的老贝德福德运河会面。实验设计非常简单直观：在相距约 10 公里的两座桥上，华莱士会在距离水面同样高度的位置留下标记。在两桥之间的中点，他还叫人竖起一根长竿，也在距离水面同样高度的位置留下标记。如果真如汉普登所说“地球是平的”，那么通过望远镜观察这三处标记应该是在同一高度排成一排。如果地球表面是弯的，那么通过望远镜观察时，中点位置的标记应该显得高一点。实验结果和预期一致，地球表面确实存在曲率。但华莱士并没有想到，汉普登早就留了一手，特意挑选了一位同样笃信神创论的人担任裁判，这人也相信地球是平的。这两个人在技术细节上吹毛求疵，华莱士只得根据他们的要求重新做了一遍实验。实验结果还是证明地面是弯的，华莱士终于胜利了。

实验虽然成功了，却只是一场空洞的胜利，华莱士的麻烦也才刚刚开始。汉普登拒不接受这个结果，为了宣布赌注无效，他发起一场旷日持久的官司。尽管华莱士赢得了几场判决，但汉普登就是拒绝支付奖金，甚至干脆宣布破产。汉普登的精神状态也变得越来越不稳定，他开始到处给人写措辞尖刻的威胁信。他在给华莱士妻子的信中写道：“夫人，如果您那位罪大恶极的丈夫有一天被绑在木框上送回家，脑袋被人打开了花，您应该知道是因为什么。请您务必向他转告我的话，这个叫华莱士的狗贼谎话连篇、罪大恶极、不得好死。”做出这么歹毒的诽谤，而且发出死亡威胁，汉普登最后锒铛入狱。用华莱士自己的话来说，这件事：

> **折磨了我足足十五年，让我长期承受着焦虑、官司还有各种精神上的残害，最终还损失了几百英镑。这一切都是因为我的无知——我忘了已故教授德摩根（de Morgan）的话，他说那些“悖论者”是不可能被说服的。是我错误地想要和他们打赌弄些钱。可以说，这是我一生中最后悔的事。**

在华莱士遭受这些磨难的时候，卫星技术、太空旅行与商业航空等技术都尚未出现。也许有人会认为，随着新技术的产生，“地球是平的”这种陈旧思想自然就能被淘汰。但事实并非如此——如今，这些奇谈怪论还在互联网上生根发芽，在各种自说自话的群体内四处蔓延。在那些网络论坛上，很多人运用一知半解的几何学知识与光线折射原理，想方设法地反驳各种科学证据，就为了证明地球是平的。正如华莱士当年所感慨的那样，这些人即使面对证据也不愿意改变自己的想法。

类似的人绝不只有这些，那些反疫苗人士的想法也是非常顽固、很难改变的。2014 年加利福尼亚州曾做过一项调查，发现了一个看似矛盾的结果。科学家驳斥了麻腮风三联疫苗可能导致自闭症的说法后，那些原本最不乐意接受疫苗接种的家长们的接种意愿反而更低了。也就是说，对于那些坚定反对疫苗接种的人群而言，科学合理的解释反而会强化他们原先错误的想法。[1] 也许有人会认为这只是少数人的想法，不足为虑，但别忘记我们所生活的这个世界是互联互通的，谣言很快就会广泛传播开来。尤其值得担心的是，那些谣言会影响我们的世界观。虚假信息与危言耸听会被极少数人所利用，在更大范围内制造混乱和危害。在这个问题上最令人揪心的事例，莫过于蔓延全球的有关 HPV 疫苗的信心危机。

HPV 病毒对人类的纠缠由来已久，伴随着人类最深层的欲望：性本能。HPV 病毒是通过性接触传播的，已知的品种超过 170 个，而几乎每一个性生活活跃的成年人多少都会携带其中的一些。大多数是无害的，或者可以被人类免疫系统轻松清除，但有些变体却比较凶险，其中 16 型与 18 型还可能致癌。[2] 目前全球大约 5% 的癌症病因源于 HPV 感染，其中包括 90% 以上的宫颈癌，每年有大约 27 万人因宫颈癌而失

1　有些人会把这视为“逆火效应”（backfire effect）的一种情形，面对矛盾的数据时，那些本不合理的观念反而变得更加强势。产生这种“逆火效应”的原因比较复杂，有些时候，“动机性推理”也可能造成类似的现象。华莱士曾经一反常态地积极反对疫苗，由此也卷入了不少争议之中。这也说明，一个人可能在某一个领域中成就卓著，但这并不意味着他能克服自己思想上的盲点。

2　6 型和 11 型也会导致生殖器疣，同样也可以通过接种疫苗来避免。

去生命。HPV 疫苗则可望把这个恐怖的鬼魂彻底驱除，给全人类带来福音。加德西疫苗（Gardasil）可以针对最危险的类型提供有效防护，截至 2017 年，这种疫苗已经在 80 多个国家获得了许可证。免疫的效果也是有目共睹的：截至 2013 年，这款疫苗已经让美国 14 岁至 19 岁少女群体中 HPV 感染率下降了 88% 之多。到 2018 年，澳大利亚率先通过疫苗接种消灭了年轻女性群体的 HPV 感染，在人类历史上，这是第一次做到根除整整一类的癌症。

可惜再有效的疫苗也无法对抗人类的愚蠢。美国的宗教保守人士不断阻挠该疫苗在全国的推广工作，只因为他们担心疫苗会助长纵欲滥交的行为。他们的理由是，疫苗会成为有些人无节制纵欲的通行证，但这种揣测是根本站不住脚的。有证据表明，接种疫苗的人群并没有增加性活动；而以保护的名义宣扬禁欲其实也没什么效果——接受这类宣传的青少年开始进行性活动的时间与其他同龄人也相差无几。不论是有意还是无意，有相当一部分的美国人认为青春期的孩子们表现出的正常性冲动是相当值得忧虑的，为此他们甚至愿意让孩子们冒不必要的生命危险，而不是采取一些更为务实的行动。

反疫苗运动是一个历史久远的社会现象，对当今世界的危害巨大。反疫苗运动人士竭力反对加德西疫苗，宣称它会产生各种各样的副作用，可他们罗列的症状五花八门、含糊不清，有不少都只是主观感受而已。这些所谓的症状也完全没有流行病学方面的数据支持。基于全球数据的后续研究，更是覆盖了数百万名接种疫苗的妇女，在这些庞大的数据中只发现了极少数的副作用。所有证据都表明，该疫苗不仅安全可靠，也完全可以耐受，对 HPV 感染的预防效果非常好。但是，反疫苗运动却从不考虑眼前的现实，一味盲信自己的理念。在一起轰动事件中，这个人数不多却喧嚷高调的组织通过全球社交网络把荒唐的谬论推销给了政客与家长们。

这样做的后果非常严重。2013 年，日本爆发了对该疫苗的恐慌，厚生劳动省大臣不得不暂缓了推广活动。随后开展的调查很快得出结论，所报告的病症与疫苗之间毫无联系。但这件事留下了政治上的后遗症，到 2017 年，疫苗接种率已经迅速从原来的 70% 降到不足 1%。因为一些反疫苗人士不遗余力的鼓吹，到 2014 年，丹麦的媒体上已经出现了大量声称疫苗会危害健康的报道，丹麦电视二台的专题节目更是火上浇油，暗示疫苗可能会有损年轻女性的健康。这下更增强了反疫苗运动的影响力，各种情绪化的控诉压倒了一切数据和事实。在这样的氛围下，很多人都开始进行所谓“疫苗危害”的自我诊断，也没人提出质疑。疫苗接种率急剧下降，从原先的 79% 一路下滑到 17%。

2015 年，这场恐慌也席卷了爱尔兰。当时我虽然在牛津大学，但始终密切关注家乡的情况。由于我经常关注疫苗接种和癌症方面的话题，时常会有人来问我的意见。但是，当一大群记者把我包围，询问有关 HPV 疫苗有害健康的问题时，我还是颇感意外。这些记者讲到不少耸人听闻的传言，比如疫苗含有毒素，疫苗未经科学检测，还有疫苗的副作用被医学界与药物行业串通一气掩盖了。以我亲身参与科学讨论的经历而言，很多人的焦虑与关切根本不是出于真心，只是装模作样。如果说公众对疫苗安全性心存疑虑，这当然可以理解，但利用公众疑虑来散播恐慌、从中牟利，就完全是另一回事了。当时日本和丹麦的恐慌信息还没有传到英语媒体上，但在我看来，这些流言蜚语显而易见就是典型的反疫苗舆论战。[1]

这些说法不但非常荒谬，而且毫无新意。反疫苗运动由来已久，屡禁不止，到现在也只不过是新瓶装旧酒罢了。这些流言只有一个市场，那就是最容易受影响的那些反疫苗大众群体。流言的反复出现其实

1 经常被人提及的一个例子就是铝中毒。这个谣言最初是在韦克菲尔德那场闹剧中出现的，据说是有些疫苗中含有浓度极低的铝，可能导致自闭症。事实上自闭症就不是能够“染上”的获得性疾病。即便抛开这个基本事实，这种谣言也存在逻辑问题，似乎是在提醒人们每次开罐头都得小心翼翼。更令人啼笑皆非的是，麻腮风三联疫苗中压根就没有用到铝。

是在提醒我们，这些表面上的担忧其实都是反疫苗行动主义的手笔。

我指出，大量有力的证据都能证明疫苗安全可靠，还强调了疫苗可以帮助人们根除一整类癌症。大多数记者听了我的意见后，也决定不再过度报道那些流言与传闻。正如我在前文所说，在公众认知方面，科学家能做的最大贡献就是遏制谣言，避免人们产生不必要的恐慌。但也有些不太负责任的新闻媒体还是做了一些报道，这些报道中经常提及一个缩略名叫"悔恨"（REGRET）的组织，完整的名称是"加德西引起极端创伤的反应与后效"（Reactions and Effects of Gardasil Resulting in Extreme Trauma），其缩略名已经清楚地表达了组织的主张。这个组织声称代表数百名受到疫苗伤害的年轻女性，其中很多人自称忍受了巨大的痛苦，比如有的人不能走路，只能以轮椅代步，有的人必须接受 24 小时预防自杀的严密看护。这个组织在社交网络上非常活跃，向不同阵营的政客宣扬传播他们的信息。

这个组织还很善于利用标题吸引注意力。2015 年 8 月，爱尔兰癌症协会（Irish Cancer Society, ICS）在戈尔韦郡举办讲座时，该组织策划了一场抗议活动，最后对世界著名的病毒学家玛格丽特·斯坦利（Margaret Stanley）教授进行谩骂侮辱。对于这次痛苦的遭遇，斯坦利教授说："我的职业生涯中从未经历过如此强烈的敌意与仇恨。"面对大量的谩骂与威胁，爱尔兰癌症协会在后面的活动中不得不加强了安保。如今像这种有计划有目标的抨击行动已经成为常态了。我和电视节目主持人西娅拉·凯利（Ciara Kelly）在电台与报纸上驳斥了很多类似的谣言，随后就收到了大量言辞恶毒的投诉。这不是我第一次有这样的遭遇了，但我很幸运，能够得到大学方面的支持。可是西娅拉就没这么幸运了。她是一名执业医生，反对者们向爱尔兰医学委员会提出多项针对她的控诉，每一项都必须进行调查，令她不胜其扰，压力很大。西娅拉说，自己"从未收到过真正病患提出的投诉——所有涉及医学委员会的麻烦事务都是来自反疫苗运动组织，而我甚至从来没有见过这些人。

尽管我承受着极大的压力，但也暗下决心，一定不能向这些反科学的阴谋低头”。

除了威胁恐吓之外，另一个很有煽动性的卖点就是可怜的天下父母心。有些新闻报道被同情心主导，完全丧失了新闻行业应有的质疑精神。而事实上，简单浏览一下“悔恨”组织的网上信息就不难发现，该组织在加德西疫苗之前就已经明确提出了反疫苗的主张。[1]确实也有人敏锐地注意到了这一点。记者苏珊·米切尔（Susan Mitchell）就曾提出，她可不可以与医学专家探讨以求证这些病例是否真实可信，也质疑这个组织是如何管理那些数额惊人的公众捐款的。面对这样一位执着严谨、丝毫不肯“放水”的专业记者，“悔恨”组织拒绝做出回应。

2015 年末，第三电视台播放了一部危言耸听的纪录片，立刻引起了强烈的舆论反响。2014 年时，疫苗接种率原本已达到 86.9%，结果到了 2016 年猛然下滑到了 50% 左右。甚至有不少政客也先后对疫苗安全性提出了质疑，其中一位爱尔兰参议员坚持认为“14 岁的女孩子们是不可能集体说谎的”。而事实上，那些所谓疫苗导致的各种不良反应在很大程度上不过是常见的心理[2]或生理不适，遗憾的是大多数人对此视而不见。在公众舆论的风口浪尖，疫苗不再是救命药，反而成了危险品。

为了应对这种情况，爱尔兰国家免疫接种办公室（National Immunisation Office）迅速联合有关机构建立一个领导小组，覆盖了各大医疗协会与家长团体。这个新创建的联合机构清晰地总结了疫苗安全性相关的信息，通过社交媒体广泛传播，从权威立场有力驳斥了错误传闻。对此，卫生部长与一些资深官员都给予无条件的支持，反复强调

1 参与创立这个组织的一名成员曾得意地吹嘘自己的五个孩子都未曾接种过疫苗，还建议那些“被疫苗伤害”的女孩们前往她丈夫开设的顺势疗法诊所接受所谓的治疗。

2 这很像我们曾经提到的“无线网络损伤”的恐慌，在反疫苗运动中也很可能存在“反安慰剂效应”——青少年群体尤其容易受到这种影响。

疫苗的安全性与必要性。各方阵线如此团结一致，这在日本和丹麦是完全没有的。当然，这场战役所关乎的不仅是信息，还有人情。

恐惧与不确定性有力地撩拨着公众的情绪。那些拒绝让孩子接受免疫的人群中绝大多数并不是冥顽不灵的反疫苗狂热分子，他们只不过是出于为人父母的一片苦心，想给孩子最好的照顾。一小部分反疫苗活动者控制了话语权，四处传播疫苗有害健康的谣言。那些妖言惑众的头目最善于利用不明真相群众的同理心，他们打着寻求答案的幌子，四处博取同情表达诉求，而他们绝口不提的是，世界各地展开的反复调查都不支持他们的观点。最为吊诡的是，反疫苗活动人士还反咬一口，声称医学界“驳回”了他们的诉求，还声称科学界与医学界的专家学者都是狼狈为奸的利益集团。无奈的家长们不知道该相信哪一方，也弄不清其中的利害关系，只能选择抽身远离。在一片喧嚣之中，根本没人心平气和地探讨疫苗接种的科学原理。遗憾的是，我们自以为在选择要不要接受可怕的疫苗副作用，其实真正的选择是要不要保护孩子免于癌症之苦，要不要让他们因为子虚乌有的原因而冒生命的危险。

尽管如此，公众对这个问题过于关切，哪怕只是在公共话语中为疫苗辩驳几句，都有可能引火上身，在社交网络上惹来一片口诛笔伐——有的是人身攻击，有的是指控贪腐，而最为常见的是指责我们对他人“毫不关心”。这种中伤实在过于荒谬。每一项健康促进运动都是出于对残酷现实的考虑，目的就是要拯救更多的生命；而每一个死亡率统计数据的背后，都是一场人类的悲剧，一个破碎的家庭，一位失去的亲人。医学与科学界之所以大力宣传疫苗接种，非但不是冷漠无情，正是寄希望于疫苗来拯救苍生的仁心。这种推己及人的悲悯之心是普天下共通的人性——任何一个正常人都会乐于伸出援手，救人于危难，根本不需要什么功利的动机。想要尽快恢复疫苗接种率，我们就需要换一个方式来说服公众。

爱尔兰国家医疗服务中心（Health Service Executive, HSE）的

研究表明，个人视角所讲述的故事往往能够在很大程度上影响人们接种疫苗的意愿。正因如此，所谓“晓之以理不如动之以情”，那些反疫苗团体也特别善于利用那些捕风捉影却又催人泪下的故事来笼络人心。2017 年 8 月，爱尔兰国家医疗服务中心发起了一项活动，重点关注接受疫苗的年轻女性群体，呼吁公众“保护我们的未来”。到当年年末，全球致力于消灭 HPV 的专家学者在严密的安保措施下齐聚都柏林。我也有幸参会，考虑到当时许多国家的疫苗工作正遭遇信任危机，情况迟迟不见好转，我就谈论了如何对抗谣言的问题。爱尔兰的这些举措最终成效如何，目前尚不明朗。不过在会议中期时我们得到了令人振奋的数据：疫苗接种率已经逐步爬升至 62%，这意味着只要我们的信息目标精准，就有希望拨乱反正，驱散谣言。

要想扭转公众的思想，消除危言耸听带来的危害，我们就必须从造谣蛊惑者的手中夺回话语权。所谓的“可得性启发法”的影响力是很大的。那些自称受疫苗所害的年轻女孩的故事原本并没有实质内容，但反复传播后仍不免在公众意识里留下深刻的印象。要扭转人们的观念，就需要用特别能够触动人心的好故事，向公众解释疫苗接种的重要意义。令人欣喜的是，爱尔兰国家医疗服务中心恰好遇到了这样一个好故事。劳拉 · 布伦南（Laura Brennan）在 24 岁时被诊断出患有转移性宫颈癌，且预后并不乐观。在得知自己得病的消息后，她主动提出分享个人经历，希望可以帮助更多的人。劳拉着实是一位不可多得的理想的倡导者，她善于表达，容貌出众，充满个人魅力。她的故事就像是一剂解毒剂，驱散了关于疫苗的种种流言蜚语。她的话也成为这场舆论战的有力武器：

> **在 24 岁那年，我被诊断出患有转移性宫颈癌 2B 期。我当时非常乐观，觉得肯定能有办法，只要接受化疗和放疗，就一定有治愈的可能。可是两个月后，癌症又复发了——情**

况也大不如前。其实，根本没有什么疗法可以治愈我的癌症，这些治疗只是暂时延长我的生命罢了。如果说我的经历能给大家带来什么好处，那我希望家长们都让自己的女儿接种疫苗吧。疫苗可以救命，但现在救不了我了。

面对劳拉的勇敢与坦诚，无人不为之动容。在她的故事中，疫苗不再是危险品，而是可以防止悲剧发生的坚强堡垒。劳拉的故事不仅有力反击了那些反疫苗运动的传闻，还有着他们一贯缺乏的重要内容——科学事实。在这场宣传中，劳拉的故事中融合进了专业意见，极其有效地抨击了当时颇有市场的一些谣言。在劳拉之前，迎击谣言的战斗中始终缺乏一些人情味，而这个勇敢坚强的姑娘却成为谣言反击战中的关键一环，将疫苗的重要性活生生地展现给大家。这一方法的宣传效果极佳，最终被各大国际医疗机构所采用，劳拉也继续带领世界卫生组织在全球的 HPV 疫苗推广运动。

当然，这并没有让反疫苗分子就此偃旗息鼓，但至少打破了他们对话语的垄断。在 2018 年 7 月的一次会议上，疫苗发明人之一伊恩·弗雷泽（Ian Frazer）担任主旨发言人，劳拉与我也都做了发言。“悔恨”组织依旧在会场外抗议，不过公众对他们的同情已经远不如以往了。自这场疫苗恐慌爆发以来，这是在场的记者们第一次把关注点从场外闹剧转向了会议内容，而对劳拉的故事尤为关切。在离开会场的时候，我们还是遇见了不少诋毁疫苗的抗议人群。劳拉临危不惧，她直接反驳在场的抗议者：“如果我当初接种了疫苗，我就不会得癌症了。”她的癌症就是因 HPV16 感染导致的，而疫苗就是保护人们不要受此感染，这就是无可辩驳的事实。

不仅要晓之以理，也要动之以情。我们不是智能机器，而是感情生物，而且感性常常会压倒理性。如果不能在感情层面打动人心，再多的事实、论证和逻辑都是徒劳。劳拉的故事远胜于一座图书馆里所有的科研论文。她为提高疫苗接种率做出了巨大的贡献，无论是爱尔兰的皇家医师学会（Royal College of Physicians）还是世界卫生组织都以她的故事来推动疫苗接种工作。劳拉取得这样的成就令人钦佩，因为需要无比强大的个人力量，而且因为HPV与性活动之间本不存在的关联，她也背负了不应有的污名。劳拉曾告诉我：

> **现在有这种能够避免癌症的疫苗，这真是不可思议。疫苗很安全，也可以救命，这些都是科学事实，所以那些误解让我寒心。如果我的故事能让一位家长改变想法，愿意给孩子接种疫苗，那这世界上就会少一个像我这样受罪的人。我会坚持下去，利用一切机会发出自己的声音，只希望下一代人不用像我们这些人一样遭受这些痛苦。我现在已经处于癌症晚期，再也没有转机了。那你们为什么还不保护好自己的孩子呢，每一位家长都应该扪心自问啊。**

我有幸能够成为劳拉的好友之一。她在2019年3月20日病逝时，年仅26岁。这个噩耗让很多人悲痛不已。残酷的现实再次说明，这场悲剧原本是可以通过疫苗接种避免的。那些反对HPV疫苗的闹剧其实无非是些熟悉的伎俩：罔顾官方数据而盲信道听途说，利用媒体来影响公众心理，当然还少不了动机性推理。但这件事也提醒我们，证据和逻辑至关重要，但情感也同样重要。为了改变人们的观念，打动他们的内心，我们不仅要提出强有力的论据，还要让人们心悦诚服地认可疫苗接种的重要意义。劳拉的故事让世人的眼光重新转向了疫苗的重要性上。在她投入宣传工作18个月之后，疫苗接种率上升了超过20%。劳拉无私地参与到世界卫生组织与爱尔兰国家医疗服务中心的相关工作中，在全世界范围推广疫苗宣传工作。这位杰出的女性为我们留下了难以磨灭的珍贵遗产，即便在离世之后，劳拉也会继续拯救无数人的生命。[1]

要知道我们都是社会化的动物，身边的观点与立场对我们有着极大的影响力。我们形成一个个“部落”，正是因为三观一致，哪怕有时这些三观是极其错误的。比如，那些热衷阴谋论的人最喜欢待在非此即彼的“回音室”里，对其他的信息充耳不闻，关起门来沉浸在自己的故事中。这些故事不只是信念，更是自我身份认同的一部分，哪怕是虚幻的，其中特别的知识和由此而来的掌控感是很有诱惑力的。人们盲信谣言，不只是因为谣言让原本复杂的世界看似简单了，而且还让他们自我感觉良好。有研究表明，听信谣言的人们总是自认为是一群特别的“知情人”，觉得自己比无知大众更有优越感，渴望在羊群似的“顺民”中鹤立鸡群。就算有人比他们更博学或更有经验也无所谓——那些“外行专家”[2]们指点起来总是理直气壮，因为往往越无知就越自信。

如果一个人的身边都是回音与附和，自己的观念就会不断得到强化，批评与质疑的声音就被隔绝。在这样的密闭空间中，人们因统一的信念而团结在一起，谁敢对信念提出质疑，谁就可能遭到族群的驱逐，而那些勇于揭露阴谋论的人，也常常被自己曾经的同伴指责为叛徒。现实就是这样。太多的人执着于一己之念，虽然现实就摆在面前，却依旧无动于衷，这实在让人觉得心寒。只要还有这种不顾现实的人，我们还怎么可能在难题上达成共识？

每次我看新闻报道的评论区，绝望与无助的感觉就会更加强烈。常言说得好，“满罐水不响，半罐水叮当”，有人曾分析过《卫报》网站上的评论留言，结果发现最多的时候也只有 0.7% 的读者会留言评论，

1　在我写下这段文字时，她的故事就好像发生在昨天，令人心痛。她的离世让所有爱她的人们感到心碎，我也是其中之一。但我同时也感到一丝欣慰，正因为她的无私奉献，许多人确实不用再遭受她曾经历的痛苦，也不用再感受我们此刻感到的悲痛。

2　“外行专家”（ultracrepidarian）这个词在《牛津英语字典》中被定义为那种“对个人专业领域之外的事务发表意见的人”。如果要给这个概念找到一个集合名词的话，那我的建议就是“发推特的人”。

而全部评论中多达 17% 的内容都来自 0.003 7% 的读者。还有其他分析也表明，很多给新闻报道留言的人其实并没有读过文章。这些人虽然动静很大，但人数不多，根本不足以代表广泛的民意。目前网络话语就是这样一种混乱的状况，在一些极端情形下，仿佛每个人都困于一场你死我活的攻伐战。其中最吵的那些人，往往就是最无知、最盲信、偏见最深的那些人。当然这也早已算不上是什么新鲜事了。诗人 W. B. 叶芝（W. B. Yeats）就曾经在诗中这么感叹：“良善者再无信念，奸恶者愈发激越。”

我们中的大多数人其实并没有这种根深蒂固或者说过于极端的立场。往往是有着强烈的宗教或政治思想的人才会无视现实、固执己见，热衷于散布谣言却又不肯承认错误。最大的目盲是不愿睁眼去看，谁也无法叫醒那些装睡的人。所幸大多数人并非不讲道理，他们能够尊重逻辑和事实。要做出改变，未必需要做出什么惊天动地的努力，只需让沟通能够尊重证据和逻辑就够了。最重要的是，我们应该学会辨别哪些信息是可靠的，而哪些是可疑的。我自己的文章下面也有不少评论，两派人剑拔弩张，一派赞同文章的观点，另一派则拒不接受文章中的任何证据。当然，这些持极端立场的人并不是我的读者群，我更为关注的是那些沉默的大多数，那些愿意去理解，也会在铺天盖地的嘈杂中寻找可靠信息的人。

人们常说现在是所谓的“后真相”社会，真相被各种谎话与谣传所掩盖。这完全可以理解。就在我写这本书时，全世界还在为特朗普成功当选美国总统而震惊，也在为英国的脱欧公投而惶恐。在这两件国际大事中，我们看到的是赤裸裸的虚伪欺骗、舆论宣传和煽情表演。这些事不免令人心寒，所幸人们并没有放弃对真相的追求，仍怀有好奇心和理解力。在这个即时信息时代，真正的挑战是学会区分可信与可疑，学会冷静反思而非意气用事，学会孜孜不倦地质疑求证。时不我待，任重道远。讽刺作家乔纳森·斯威夫特（Jonathan Swift）曾经说过：“谣言满天飞，真相却姗姗来迟。当人们恍然大悟时往往为时已晚。谎言大获全胜，闹剧圆满收场。”这段文字是斯威夫特在1710年写下的，也许听来有些夸张，但300年后依然振聋发聩。如今，招摇撞骗之徒成群结队地围拢在我们身边，谣言与瞎话传得沸沸扬扬。我们如果不抵制，就很容易受到蛊惑与误导，可能做出失误的决策，也可能招来灾祸。

迎击谣言的第一步是从我们自己做起。我们的自我认同感跟我们的价值观信念常常密不可分，所以有时候可能会忽略一个至关重要的问题：我们的想法并不等于我们自己。我们是怎样的人，并不取决于那些观念，而是取决于我们思考的能力。人非圣贤孰能无过，但我们也有改正错误的能力，犯错并不可耻，可耻的是有错不改。面对新信息，我们每个人都应该积极调整，需要的时候应该扔掉错误想法，即便不甘心也要勇敢接受事实真相。科学团体“善思协会”（Good Thinking Society）的迈克尔·马歇尔（Michael Marshall）曾给出这样的建议：

> **最重要的就是心悦诚服地接受一个基本事实——你有可能是错的。要想克服偏见，拒绝诱惑，避免上当受骗，最重要的是学会耐下性子，不要急着为自己辩解，而是敞开心扉，尽可能公正客观地检视自己的想法。像苛责旁人一样严格地质疑自己，在你最为在意、特别自信的问题上更应如此。像质疑别人那样质疑自己——充满怀疑精神的先知大概也会这么说。**

谁也不能改变别人的想法，这是不言而喻的。我们只可能改变自己的想法，同时让别人也有能力与自由去改变他们自己的想法。建设一个尊重事实的社会，一定是场漫长的马拉松而不是短跑，那些根深蒂固的错误观念不会因为某一事件就被轻易根除，文明的新时代也不会自然而然地轻易到来。在这个渐进的过程中，我们不断汲取新知，纠正错误，也不断加深自己的理解与见识。如果要让这个世界变得更明智、更健康、更公平，我们应该团结一致，通过积极的讨论来杜绝各种谎言、伪科学与逻辑谬误。

我们一直觉得理不辩不明，不过，赢得辩论的往往不是得理的那个，反而是那些巧舌如簧的演说家。在剑拔弩张的对立氛围下，获胜的往往是措辞高明或善于煽情的一方，而不是表达清晰、通情达理的一方。辩论过程也常常沦为某种错误的二元对立，本应该各抒己见、百花齐放，结果演变成简单粗暴的针锋相对。现实本是复杂多样的，可我们在辩论中却只想着选边站队。所以说，这种辩论本身就让我们两极分化，在其中根本不可能改变主意或进行反思，正好相反，这种辩论只会让我们嫌隙更大，所知更少。

这些辩论还在无意中充当了谣言的帮凶。我数不清自己曾经多少次受邀参加电视节目，针对气候变化或疫苗问题参与“辩论”。我一直对制作人说这类节目很不合理，因为既成事实根本用不着“辩论”，正如我们不会争论格陵兰岛是否真的存在一样。这类交流平台反而会被政治极端分子和偏执盲信之徒利用，因为他们很明白，只要让公众听到这些谎言，对他们而言就已经是胜利了。宣扬伪科学的所谓“专家”和各种边缘团体最热衷于辩论，因为辩论让歪理邪说反而显得好像合理了。我当然不是说人们不该讨论这些话题——正相反，讨论是绝对应该的。我们应该弄清楚气候变化为什么是真的，应该克服对疫苗的恐惧，也应该警惕政治极端主义的复苏。不过我这里说的“讨论”只是一种形式，电视辩论总是难免流于肤浅，双方剑拔弩张，迫使每个人都固执己见，不肯让步，根本无助于相互沟通和理解。真正的讨论则正好相反，是一个灵活动态的过程，我们的想法会在讨论中不断变化。这种辩证的方式不仅鼓励人们提问“你为什么这么想”，还会扪心自问“我为什么这么想”，这就让我们的交流变得更为理性，也更有人性。通过交谈，而不是交战，人们才能改变思想、纠正错误——无论是别人的还是我们自己的错误。用伏尔泰的话说，就是我们应该“热爱真理，原谅错误”。

共情也是至关重要的。我们通过讲述故事来理解这个世界，那些英雄与恶棍的故事情节就很简单，善恶分明，同样，我们总是急于神化或丑化，总喜欢简单地区分“好人”与“坏人”。但生活并不总是这么黑白分明的。人性复杂多变，难免有些缺陷，每个人或多或少都有一些愚蠢的念头，可能没道理，可能伤人，甚至是邪恶的。因为我们过分拘泥于本质主义，就会将观念等同于人本身，把本属于这些观念的标签贴在那些人身上。当代话语的特征之一就是争强好胜，因此很容易造成不同立场之间的相互误解，甚至沦为相互攻击。

当然，击败几个“稻草人”是毫无意义的。如果我们真心希望进行有意义的讨论，就应该遵循宽容原则，也就是尽量认为对手的论点是强有力的、合乎理性的。这么做可以迫使我们从对方的角度来考虑问题，可能会得出一个周密而有力的反对意见，也可能迫使我们在反思的基础上修正自身的想法。当然，这么做并不是给盲听盲从脱罪，也不是为那些流言骗局辩护，而只是确保我们充分运用了自己的思考能力。

最后，诋毁他人不光没用而且有害。当受到谩骂和指责的时候，几乎不会有人会选择改变想法。我过去也有过对人摆出傲慢轻蔑的态度，现在想来觉得挺讨厌的。我会尽力避免这种态度，因为这种态度也许能博得同道中人的赞赏，但也会让那些本来可能被我们见解影响到的人敬而远之。事情往往比大多数人理解的要复杂微妙。公众的意见也常常像钟摆一样来回变换，那些把你捧上神坛的人，也可能转眼又把你投入火坑。其实我们每个人都有盲点，都会在某些事情上犯错。如果想要让这个世界好一点点，我们就必须给他人改进他们的看法的空间，而不是中伤他们个人——我们自己也正是希望别人能够这么对待我们。

当然，宽容并不是毫无原则的。首先，这仅适用于诚挚善意的讨论。那些故意歪曲事实的人绝无可能回心转意，因此不可能和他们进行有建设性的对话。其次，开诚布公的讨论不应该成为仇恨或压迫的幌子。对于恶毒仇恨的言论，我们根本没有必要卷入讨论；对于那些践踏他人基本权利与人格尊严的歪理，我们更不应该给他们自由发声的机会。而这就是宽容的矛盾之处：在一个无限度宽容的社会中，反而会是那些最狭隘最不宽容的人会占据上风。卡尔·波普尔曾说："以宽容的名义，我们有权不去宽容那些不够宽容的人。"

社会本身是脆弱的，很容易因流言与恐慌而分崩离析。在这个美好的世界上，我们相依相存，成为一个不可分割的命运共同体。如果这个世界遭殃，我们每个人也跟着遭殃。迷信、幻觉以及不加思考的分裂与抱团绝不会让世界变得更好。危言耸听、妖言惑众之徒会让我们置现实于不顾，自闭在一个真空中，任由暴君与骗子给我们灌输仇恨与谎言。伏尔泰的警告言犹在耳："凡是让你相信荒谬的人，也必然能让你犯下暴行。"这句警语还有一个重要的推论：谁能使我们失去基本的信任，怀疑那些基本的真相，也能让我们屈从于邪恶。有人为了挑拨而操纵舆论，有人因为盲信而散布谣言，无论动机是什么，后果都是给社会带来对立和不信任，由此，我们也会变得脆弱、无为，根本没有能力去合作对抗真正的全球危机，只能一步步滑向灾难的深渊。

拒绝事实、否认证据和抛弃理性，就等于站在危难的悬崖边缘。柏林的许多纪念碑上都记录着纳粹时期的种种暴行，而在我看来，最让我揪心的却是最不起眼的那一座。在优美的倍倍尔广场中央，有一块透明的楼板，它纪念的是 1933 年 5 月 10 日的第一次纳粹焚书事件。在那一天，所有被纳粹当局视为异端邪说的书籍都被付之一炬。如今，这块楼板仍在提醒世人，不要忘记那个癫狂的时代。透过楼板往下看，只见到一排排空荡荡的书架上没有一本书。楼板旁边刻着德国诗人海因里希·海涅（Heinrich Heine）的诗句："这只是个开始；他们在哪里焚烧书籍，最终也会在哪里焚烧人群。"

这座位于柏林的纪念碑一直提醒世人，真理被抛弃和毁灭会带来怎样可怕的后果。其实海涅的诗句是在希特勒当权前一个多世纪前写下的。恐怕他也根本没有想到会有如此残暴的第三帝国，更没想到自己竟会一语成谶。这诗句直指人心险恶，总有人不愿接受事实，企图抹杀真相，也总有人热衷于制造混乱和谎言。所幸我们远比自己想象中的更为坚韧。在今天这个时代，错误的信息传播的速度、范围都前所未有，但我们仍然可以用分析思考来明辨真伪。被错误包围容易让人疲倦，转而变得漠不关心。但冷漠是我们的敌人，如果我们被惰性击垮，变得消极散漫，这个世界是不会变好的。只有我们愿意提出质疑——“为什么”和“为什么不”——才能避免被人误导或操纵，这就像是一个指南针，带我们走向正确的方向，找到解决问题的合理方法。

从否认气候变化到抵制抗生素，再到地缘政治的动荡不安，都给我们带来了极大的挑战。要想直面挑战渡过难关，我们需要像科学家那样去思考，先反思再反应，遵从证据而非盲从情绪，时常进行自我纠正。要想创造美好的未来，我们每个人不仅要运用智慧，还要心怀勇气和同情。说到底，尽管我们一开始只不过是一些非理性的猿，但却有着无与伦比的禀赋。我们应该勇敢地丢掉错误的想法，拥抱新的观念。我们也应该心怀宽容，原谅他人的错误，也原谅自己的错误。说到底，我们会变好还是变坏，取决于在面对自己的错误时，我们是从中有所受益，还是屈从于它们。

致谢
Acknowledgements

有意义的工作绝少是独立进行的。最好的科研工作都是合作完成的，在很多方面，本书的写作过程也是如此——若没有这么多人为我提供专业知识与无私支持，就不可能有这本书。

书中每一段故事背后都有着大量的科学、医学与心理学研究，凝聚着众多研究者多年的心血。我对他们的真知灼见怀有无尽感激，也希望能准确无误地向公众传播他们的科学发现。我在书中也适当引用了一些文献资料，对感兴趣的读者也许会有所帮助。

我很感激我的经纪人帕特里克·沃尔什（Patrick Walsh）、约翰·阿什（John Ash）和布莱恩·兰根（Brian Langan）给予的宝贵指导。同时也要感谢我的编辑伊恩·马歇尔（Ian Marshall），他的专业素养对本书的完成起到了至关重要的作用。我还要感激理查德·道金斯（Richard Dawkins）给我非常有益的意见。尤其想要感谢西蒙·辛格（Simon Singh）的支持，否则我可能压根一开始就没有提笔的动力。

我还要感谢各家媒体的编辑给予我写作与表达的机会，特别是《爱尔兰时报》《卫报》《星期日商业邮报》以及英国广播公司。我也要感谢“科学意识”组织，是他们发现了我喜欢给自己惹麻烦，而他们的认可让我下定决心，就算是在逆境中也要继续为科学发声，因为往往在逆境的时候才更需要有人发声。

这几年来我有幸得到了学术界极大的支持，遇到出色的同事们和卓越的导师。在这里，我还想特别致谢恩达·麦格林（Enda

McGlynn）、大卫·巴桑塔（David Basanta）和迈克·帕特里奇（Mike Partridge）——他们愿意给我这样一个年轻的科学家一次机遇，由此不仅改变了我的视野轨迹，还让我对科学家的责任有了全新的认识。我还要感谢曾经工作过的几所大学——牛津大学、贝尔法斯特女王大学以及都柏林城市大学，它们不仅给了我宝贵的科研机会，在我因工作受到攻击之时也给了我极大的支持。

我还有幸拥有一群志同道合的科学界的朋友与同事，他们给了我很多的支持：安妮塔·伯恩（Anita Byrne）、罗南·麦克马纳斯（Ronan Macmanus）、罗伯特·奥康纳（Robert O'Connor）、伯尔尼·奎因（Bernie Quinn）、苏菲·克里门（Sophie Cremen）、珍·基恩（Jen Keane）、利奥妮·希拉德（Leonie Hillard）、帕德里克·麦克洛克林（Padraig McLoughlin）、安东尼·沃纳（Anthony Warner）、苏珊·米切尔（Susan Mitchell）、多萝西·毕晓普（Dorothy Bishop）、西娅拉·布伦南（Ciara Brennan）、迈克尔·马歇尔（Michael Marshall）、大卫·科洪（David Colquhoun）、大卫·古尔斯基（David Gorski）等等，还有其他很多人因篇幅所限或我个人疏漏，请原谅我不能在此一一提及。

当然，我要感谢身边最亲近的朋友与亲人给我一如既往的支持与鼓励，帮我理清思路，也包容我犯错与过分的地方。我想感谢很多人，特别是玛蒂尔德·埃尔尼（Mathilde Hernu）、丹尼·默里（Danny Murray）、劳拉·布伦南（Laura Brennan）和格雷厄姆·基特利（Graham Keatley），我对他们的感激溢于言表。最后，最重要的是感谢我的家庭：我的好兄弟斯蒂芬（Stephen）、我了不起的母亲帕特里夏（Patricia）和父亲布伦丹（Brendan）。正是他们让我成了今天的我，没有他们，就不会有这本书。

参考文献及延伸阅读
References and Further Reading

导言：从荒唐到暴行

* H. Rosling, *Factfulness*, Flammarion (2019).
* U. Eco, 'Eternal fascism', *New York Review of Books* 22 (1995).
* S. Wineburg et al, 'Evaluating information: The cornerstone of civic online reasoning', Stanford Digital Repository (2016).
* M. Gabielkov et al, 'Social clicks: What and who gets read on Twitter?', *ACM SIGMETRICS Performance Evaluation Review 44*, no.1 (2016): 179–192.
* W. Hofmann et al, 'Morality in everyday life', *Science* 345, no.6202 (2014): 1340–3.
* W. J. Brady et al, 'Emotion shapes the diffusion of moralized content in social networks', *Proceedings of the National Academy of Sciences* 114, no.28 (2017): 7313–18.
* S. Vosoughi, D. Roy, S. Aral, 'The spread of true and false news online', *Science* 359, no.6380 (2018): 1146–51.
* Office of the Director of National Intelligence, 'Assessing Russian activities and intentions in recent US elections', Unclassified Version (2017).
* L. Hasher, D. Goldstein, T. Toppino, 'Frequency and the conference of referential validity', *Journal of Verbal Learning and Verbal Behavior*

16, no.1 (1977): 107–112.

* T. Goertzel, 'Belief in conspiracy theories', *Political Psychology* (1994): 731–742.
* K. E. Stanovich, 'Dysrationalia: A new specific learning disability', *Journal of Learning Disabilities* 26, no.8 (1993): 501–515.
* C. K. Morewedge et al, 'Debiasing decisions: Improved decision making with a single training intervention', *Policy Insights from the Behavioral and Brain Sciences* 2, no.1 (2015): 129–140.

1 不正当的主张

* R. E. Nesbitt, L. Ross, *Human Inference: Strategies and Shortcomings of Social Judgement*, Eaglewood Cliffs, NJ; Prentice Hall (1980).
* FEMA 403, 'World Trade Center Building Performance Study', Federal Emergency Management Agency (2002).
* K. D. Thompson, 'Final Reports from the NIST World Trade Center Disaster Investigation' (2011).
* J. McCain, *Debunking 9/11 myths: Why conspiracy theories can't stand up to the facts*, Sterling Publishing Company, Inc. (2006).
* T. Goertzel, 'The Conspiracy meme', *Skeptical Inquirer*, 35(1) (2011).
* D. R. Grimes, 'On the viability of conspiratorial beliefs', *PloS one* 11.1 (2016): e0147905.

2 归于荒谬

* G. H. Hardy, *A mathematician's apology*, Cambridge University Press (1992).
* S. Singh, *The code book: the evolution of secrecy from Mary, Queen of Scots, to quantum cryptography, Doubleday (1999).*

* B. Russell, *History of western philosophy: Collectors edition*, Routledge (2013).
* The World Health Organisation, 'Electromagnetic fields and public health: mobile phones' (2014).
* INTERPHONE Study Group, 'Brain tumour risk in relation to mobile telephone use: results of the INTERPHONE international case-control study', *International Journal of Epidemiology* 39.3 (2010): 675–94.
* P. Frei et al, 'Use of mobile phones and risk of brain tumours: update of Danish cohort study', *British Medical Journal* 343 (2011): d6387.
* J. Schüz et al, 'Cellular phones, cordless phones, and the risks of glioma and meningioma (Interphone Study Group, Germany)', *American Journal of Epidemiology* 163.6 (2006): 512–20.
* D. R. Grimes, D. V. M. Bishop, 'Distinguishing polemic from commentary in science: Some guidelines illustrated with the case of Sage and Burgio (2017)', *Child development* 89.1 (2018): 141–7.
* J. Ronson, *So You've Been Publicly Shamed,* Riverhead Books (2016).

3 不合逻辑

* J. A. Greene, '"For Me There Is No Substitute": Authenticity, Uniqueness, and the Lessons of Lipitor', *American Medical Association Journal of Ethics*, 12.10 (2010): 818–23.
* United States Bureau of Chemistry, Service and Regulatory Announcements, Issues 21–30 (1917).
* R. Wiseman, D. West, 'An experimental test of psychic detection', *The Police Journal* 70.1 (1997): 19–25.
* D. Druckman, J. A. Swets, *Enhancing human performance: Issues,*

theories, and techniques, National Academies Press, 1988.

4 细节中的魔鬼

* F. C. Bing, 'The book forum', *Journal of the American Medical Association* (1971).

* H. Hemilä et al, 'Vitamin C for preventing and treating the common cold', *Cochrane Database of Systematic Reviews* (2013).

* D. J. A. Jenkins et al, 'Supplemental Vitamins and Minerals for CVD Prevention and Treatment', *Journal of the American College of Cardiology* 71(22) (2018).

* J. W. Wheeler-Bennett, 'Ludendorff: The Soldier and the Politician', *The Virginia Quarterly Review* 14 (2): 187–202 (1938).

5 无风也起浪

* B. F. Skinner, 'Superstition in the pigeon', *Journal of Experimental Psychology* 38, (1948) 168–172.

* B. Goldacre, *Bad Science*, London: Fourth Estate (2008).

* B. Deer, 'How the case against the MMR vaccine was fixed', *British Medical Journal* 342 (2011).

* F. Godlee, J. Smith, 'Wakefield's article linking MMR vaccine and autism was fraudulent', *British Medical Journal* 342 (2011).

* F.E. Andre et al, 'Vaccination greatly reduces disease, disability, death and inequality worldwide', *Bulletin of World Health Organization* 86: 140–6 (2008).

* D. Kahneman, *Thinking, fast and slow*, New York: Farrar, Straus and Giroux (2011).

6 野兽的本性

* University of Virginia Center for Politics, Reuters/Ipsos/UVA Center for Politics Race Poll (2017).
* D. Canning, S. Raja, A. S. Yazbeck, 'Africa's demographic transition: dividend or disaster?', The World Bank (2015).
* A. Rutherford, *A Brief History of Everyone Who Ever Lived: The Stories in Our Genes*, Weidenfeld & Nicolson (2016).
* T. C. Daley et al, 'IQ on the rise: The Flynn effect in rural Kenyan children', *Psychological Science* 14(3), (2003), 215–9.
* S. Ritchie, *Intelligence: All that matters*, Hodder & Stoughton (2015).
* N. W. Bailey, M. Zuk, 'Same-sex sexual behavior and evolution', *Trends in Ecology & Evolution* 24.8 (2009): 439–446.
* G. Galilei, 'Dialogue Concerning the Two Chief World Systems' (1632).

7 诱饵 - 调包手法

* C. Darwin, *On the Origin of Species* (1859).
* National Academies of Sciences, Engineering, and Medicine, 'The health effects of cannabis and cannabinoids: The current state of evidence and recommendations for research', National Academies Press (2017).
* Joint Committee on Health, 'Report on Scrutiny of the Cannabis for Medicinal Use Regulation Bill 2016', Houses of the Oireachtas (2017).

8 薛定谔式的本 · 拉登

* G. Beale, 'The cult of T. D. Lysenko: thirty appalling years', *Science Journal* (1969).
* L. Festinger, *When Prophecy Fails: A Social and Psychological Study*

of a Modern Group That Predicted the Destruction of the World, Harper-Torchbooks (1956).

* M. R. Allen et al, 'IPCC fifth assessment synthesis report-climate change 2014 synthesis report' (2014).
* P. Diethelm, M. McKee, 'Denialism: what is it and how should scientists respond?', *European Journal of Public Health* 19.1 (2009): 2-4.
* S. Weart, 'Global warming: How skepticism became denial', *Bulletin of the Atomic Scientists* 67.1 (2011): 41–50.
* S. Lewandowsky, K. Oberauer, G. E. Gignac. 'NASA faked the moon landing – therefore, (climate) science is a hoax: An anatomy of the motivated rejection of science', *Psychological Science* 24.5 (2013): 622–33.
* D. R. Grimes, 'Denying climate change isn't scepticism — it's "motivated reasoning"', *Guardian* (2014).
* D. M. Kahan et al, 'Motivated numeracy and enlightened self-government', *Behavioural Public Policy* 1.1 (2017): 54–86.

9 残留的记忆

* National Research Council, 'Identifying the culprit: Assessing eyewitness identification', National Academies Press (2015).
* O. Sacks, 'Speak, Memory', *New York Review of Books* (2013).
* E. F. Loftus, J.E. Pickrell, 'The formation of false memories',*Psychiatric Annals* 25.12 (1995): 720–5.
* E. F. Loftus, 'Planting misinformation in the human mind: A 30-year investigation of the malleability of memory',*Learning & Memory* 12.4 (2005): 361–6.

* N. Schreiber et al, 'Suggestive interviewing in the McMartin Preschool and Kelly Michaels daycare abuse cases: A case study',*Social Influence* 1.1 (2006): 16–47.

10 头脑中的匕首

* T. E. Moore, 'Scientific Consensus and Expert Testimony: Lessons from the Judas Priest Trial', *Skeptical Inquirer*, 20(6) 1996.
* O. Blanke et al, 'Neurological and robot-controlled induction of an apparition', *Current Biology* 24.22 (2014): 2681–6.
* J. A. Cheyne et al, 'Hypnagogic and hypnopompic hallucinations during sleep paralysis: neurological and cultural construction of the night-mare', *Consciousness and Cognition* 8.3 (1999): 319–337.
* M. E. Chevreul, 'De la baguette divinatoire: du pendule dit explorateur et des tables tournantes, au point de vue de l'histoire de la critique et de la méthode expérimentale', Mallet-Bachelier (1854).
* C. A. Mercier, 'Automatic Writing', *British Medical Journal* (1894): 198-9.
* M. P. Mostert, 'An activist approach to debunking FC', *Research and Practice for Persons with Severe Disabilities* (2014): 203–10.
* D. L. Wheeler et al, 'An experimental assessment of facilitated communication', *Mental Retardation* 31.1 (1993): 49.
* M. P. Mostert, 'Facilitated communication and its legitimacy—Twenty-first century developments', *Exceptionality* 18.1 (2010): 31–41.

11 强烈的期待

* B. R. Forer, 'The fallacy of personal validation: a classroom demonstration of gullibility',*The Journal of Abnormal and Social*

Psychology 44.1 (1949): 118.

* Carlson, 'A Double-blind test of astrology', *Nature* 318, (1985), 419–25.
* D. J. Pittenger, 'Measuring the MB TI . . . and coming up short', *Journal of Career Planning and Employment* 54.1 (1993): 48–52.
* G. Montgomery, I. Kirsch, 'Mechanisms of placebo pain reduction: an empirical investigation', *Psychological Science* 7.3 (1996): 174–176.
* E. Ernst, 'The attitude against immunisation within some branches of complementary medicine', *European Journal of Pediatrics* 156.7 (1997): 513–5.
* G. J. Rubin, R. Nieto-Hernandez, S. Wessely, 'Idiopathic environmental intolerance attributed to electromagnetic fields (formerly "electromagnetic hypersensitivity"): An updated systematic review of provocation studies', *Bioelectromagnetics* 31(1) (2010).
* The World Health Organization, 'Electromagnetic fields and public health — Electromagnetic hypersensitivity', (2003).
* M. Lamberg, H. Hausen, T. Vartiainen, 'Symptoms experienced during periods of actual and supposed water fluoridation', *Community Dentistry and Oral Epidemiology*, 25.4 (1997): 291–5.
* J. Kruger, D. Dunning, 'Unskilled and unaware of it: how difficulties in recognizing one's own incompetence lead to inflated self-assessments', *Journal of Personality and Social Psychology,* 77(6) (1999).

12 无巧不成书

* S. Selvin, 'A Problem in Probability (Letter to the Editor)', *The American Statistician* 29 (1): 67, (1975).
* W. T. Herbranson, J. Schroeder, 'Are Birds Smarter Than

Mathematicians? Pigeons (Columba livia) Perform Optimally on a Version of the Monty Hall Dilemma', *Journal of Comparative Psychology* 124(1) (2010).

* G. Gigerenzer, *Reckoning with risk: learning to live with uncertainty*, Penguin UK (2003).
* Royal Statistical Society, 'Royal Statistical Society concerned by issues raised in Sally Clark case' (2001).
* Royal Statistical Society, 'Letter from the President to the Lord Chancellor regarding the use of statistical evidence in court cases' (2002).
* S. J. Watkins, 'Conviction by mathematical error?: Doctors and lawyers should get probability theory right', *British Medical Journal* (2000): 2-3.

13 筛选信号

* P. J. Bickel, E. A. Hammel, J. W. O'Connell. 'Sex bias in graduate admissions: Data from Berkeley', *Science* 187.4175 (1975): 398–404.
* D. R. Appleton, J. M. French, M. P. J. Vanderpump, 'Ignoring a covariate: An example of Simpson's paradox', *The American Statistician*, 50.4 (1996): 340–1.
* T. Vigen — *Spurious Correlations*, Hachette Books (2015).
* J. P. A. Ioannidis, 'Stealth research: is biomedical innovation happening outside the peer-reviewed literature?', *Journal of the American Medical Association* 313.7 (2015): 663–4.
* E. P. Diamandis, 'Theranos phenomenon: promises and fallacies', *Clinical Chemistry and Laboratory Medicine*, 53(7) (2015): 989–93.

14 大小很重要

* E. Yong, 'Beefing With the World Health Organization's Cancer Warnings', *The Atlantic* (2015).
* J. P. A. Ioannidis, 'Why most published research findings are false', *PLoS medicine*, 2.8 (2005): e124.
* D. Colquhoun, 'An investigation of the false discovery rate and the misinterpretation of p-values', *Royal Society Open Science*, 1.3 (2014): 140216.
* D. R. Grimes, C. T. Bauch, J. P. A. Ioannidis, 'Modelling science trustworthiness under publish or perish pressure', *Royal Society Open Science*, 5.1 (2018): 171511.

15 不平衡的平衡

* P. Krugman, 'The Falsity of False Equivalence', *New York Times* (2016).
* D. R. Grimes, 'Impartial journalism is laudable. But false balance is dangerous', *Guardian* (2016).
* D. Michaels, M. Jones, 'Doubt is their product', *Scientific American*, 292.6 (2005): 96–101.
* M. T. Boykoff, J. M. Boykoff, 'Balance as bias: global warming and the US prestige press',*Global Environmental Change*, 14.2 (2004): 125–136.
* British Broadcasting Corporation, 'Trust Conclusions on the Executive Report on Science Impartiality Review Actions' (2014).
* M. Brüggemann, S. Engesser, 'Beyond false balance: how interpretive journalism shapes media coverage of climate change', *Global Environmental Change*, 42 (2017): 58–67.

16 “回音室”里的故事

* E. Bakshy, S. Messing, L. A. Adamic, ‘Exposure to ideologically diverse news and opinion on Facebook’, *Science* 348.6239 (2015): 1130–2.
* M. Del Vicarioet et al, ‘The spreading of misinformation online’, *Proceedings of the National Academy of Sciences*, 113(3): 554–9, (2016).
* M. Van Alstyne, E. Brynjolfsson, ‘Electronic Communities: Global Villages or Cyberbalkanization?’, ICIS 1996 Proceedings (1996): 5.
* R. Gandour, ‘Study: Decline of traditional media feeds polarization’, *Columbia Journalism Review* (2016).
* J. Maddox, ‘Has Duesberg a right of reply?’, *Nature* 363.6425 (1993): 109.

17 愤怒制造机

* E. Williamson, ‘Truth in a Post-Truth Era: Sandy Hook Families Sue Alex Jones, Conspiracy Theorist’, *New York Times* (2018).
* C. Silverman, ‘This Is How Your Hyperpartisan Political News Gets Made’, Buzzfeed (2017).
* D. R. Grimes, ‘Russian fake news is not new: Soviet Aids propaganda cost countless lives’, *Guardian* (2017).
* C. Andrew, *The Sword and the Shield: The Mitrokhin Archive and the Secret History of the KGB*, Hachette UK (2000).
* United States Department of State, ‘Soviet Influence Activities: A Report on Active Measures and Propaganda, 1986-87’ (1987).

18 那些糟糕的网红

* B. Donelly, N. Toscano, *The Woman Who Fooled The World: Belle Gibson's cancer con, and the darkness at the heart of the wellness industry,* Scribe US (2018).
* D. R. Grimes, 'Beware the snake-oil merchants of alternative medicine – your life could depend on it', *Irish Times* (2018).
* L. Lancucki et al, 'The impact of Jade Goody's diagnosis and death on the NHS Cervical Screening Programme', *Journal of Medical Screening*, 19.2 (2012): 89–93.
* P. Cocozza, 'Whatever happened to the Jade Goody effect?', *Guardian* (2018).
* S. Chapman et al, 'Impact of news of celebrity illness on breast cancer screening: Kylie Minogue's breast cancer diagnosis', *Medical Journal of Australia*, 183.5 (2005): 247-250.
* D. Gorski, 'The Oprah-fication of medicine', *Science-Based Medicine* (2009) .
* C. Korownyk et al, 'Televised medical talk shows — what they recommend and the evidence to support their recommendations: a prospective observational study', *British Medical Journal* 349 (2014): g7346.
* J. Gunter, *The Vagina Bible: The Vulva and the Vagina: Separating the Myth from the Medicine, Citadel* (2019).
* G. Pennycook et al, 'On the reception and detection of pseudo-profound bullshit', *Judgment and Decision Making* (2015).

19 科学的边界

* D. R. Grimes, 'Proposed mechanisms for homeopathy are physically

impossible,' *Focus on Alternative and Complementary Therapies*, 17.3 (2012): 149–55.

* J. Maddox, J. Randi, W.W. Stewart, '"High-dilution" experiments a delusion', *Nature* 334.6180 (1988): 287.
* C. Sagan, *The Demon-haunted World: Science as a Candle in the Dark,* Random House (1995).
* P. C. England, P. Molnar, F. M. Richter, 'Kelvin, Perry and the age of the Earth', *American Scientist,* 95.4 (2007): 342–9.
* K. Popper, 'The Logic of Scientific Discovery' (1959).

20 "草包族"的兴起

* R. P. Feynman, 'Cargo Cult Science', California Institute of Technology commencement address (1974).
* The Irish Expert Body on Fluorides and Health, 'Appraisal of Human toxicity, environmental impact and legal implications of water fluoridation' (2012).
* National Research Council, 'Strengthening forensic science in the United States: a path forward', National Academies Press (2009).
* Federal Bureau of Investigation, 'FBI Testimony on Microscopic Hair Analysis Contained Errors in at Least 90 Percent of Cases in Ongoing Review' (2015).

21 合理的怀疑精神

* J. E. Oliver, T. Wood, 'Medical conspiracy theories and health behaviors in the United States', *JAMA internal medicine*, 174.5 (2014): 817–8.
* D. R. Grimes, 'Six stubborn myths about cancer', *Guardian* (2013).

* S. B. Johnson et al, 'Complementary medicine, refusal of conventional cancer therapy, and survival among patients with curable cancers', *JAMA oncology*, 4.10 (2018): 1375–81.

* United Nations Scientific Committee on the Effects of Atomic Radiation, '"UNSCEAR 2008 report Vol. II." Effects of ionizing radiation. Annex D: Health effects due to radiation from the Chernobyl accident', United Nations, New York (2011).

* The World Health Organization, 'Health effects of the Chernobyl accident: an overview', (2006).

* D. R. Grimes, 'Why it's time to dispel the myths about nuclear power', *Guardian* (2016).

* V. Swami et al, 'Analytic thinking reduces belief in conspiracy theories', *Cognition* 133.3 (2014): 572–85.

尾声

* B. Nyhan et al, 'Effective messages in vaccine promotion: a randomized trial', *Pediatrics*, 133.4 (2014): e835–e842.

* D. Jolley, K. M. Douglas, 'The effects of anti-vaccine conspiracy theories on vaccination intentions', *PloS one*, 9.2 (2014): e89177.

* G. Prue et al, 'Access to HPV vaccination for boys in the United Kingdom', *Medicine Access@ Point of Care*, 2 (2018): 2399202618799691.

* B. Corcoran, A. Clarke, T. Barrett, 'Rapid response to HPV vaccination crisis in Ireland', *The Lancet* 391.10135 (2018): 2103.

* D. R. Grimes, 'Anti-HPV vaccine myths have fatal consequences', *Irish Times* (2017).

* S. Mitchell, 'REGRET's regrettable behaviour', *Sunday Business Post* (2017).

* R. Imhoff, P. K. Lamberty, 'Too special to be duped: Need for uniqueness motivates conspiracy beliefs', *European Journal of Social Psychology*, 47.6 (2017): 724–34.
* D. Crotty, 'The Guardian Reveals an Important Truth About Article Comments', *The Scholarly Kitchen* (2013).
* K. Popper, *The Open Society and Its Enemies, Volume 1, The Spell of Plato*, Routledge, United Kingdom (1945).

非理性决策：在信息焦虑的时代如何掌握真相

产品经理｜张　越　　装帧设计｜山葵栗
产品监制｜黄圆苑　　责任印制｜刘　淼
技术编辑｜丁占旭　　出 品 人｜于　桐

图书在版编目（CIP）数据

非理性决策：在信息焦虑的时代如何掌握真相 /（爱尔兰）大卫·罗伯特·格兰姆斯著；朱晔译. -- 上海：上海文化出版社, 2021.10
ISBN 978-7-5535-2361-3

Ⅰ. ①非… Ⅱ. ①大… ②朱… Ⅲ. ①信息学- 研究 Ⅳ. ①G201

中国版本图书馆CIP数据核字(2021)第178076号

著作权合同登记号 图字：09-2020-887号

出 版 人：姜逸青
责任编辑：顾杏娣
特约编辑：张 越
装帧设计：山葵栗

书　　名：非理性决策：在信息焦虑的时代如何掌握真相
作　　者：[爱尔兰] 大卫·罗伯特·格兰姆斯
译　　者：朱晔
出　　版：上海世纪出版集团 上海文化出版社
地　　址：上海市闵行区号景路 159 弄 A 座 2 楼 201101
发　　行：果麦文化传媒股份有限公司
印　　刷：北京盛通印刷股份有限公司
开　　本：710mm×960mm 1/16
印　　张：21.5
字　　数：288 千字
印　　次：2021 年 10 月第 1 版 2021 年 10 月第 1 次印刷
印　　数：1—7, 500
书　　号：ISBN 978-7-5535-2361-3/C · 003
定　　价：68.00 元

如发现印装质量问题，影响阅读，请联系 021—64386496 调换。